白馬 白宮 痲瘋院：起底敵基督

林克華／著

序

世上一切的居民和地上所住的人哪，山上豎立大旗的時候你們要看，吹角的時候你們要聽。（賽 18:3）

鐵娘子梅克爾將政權移交給蕭茲時，曾經告訴他不要讓烏克蘭加入北大西洋公約組織，這位牧師的女兒，東德大學教授，領導德國十六年，也有好幾年領導歐洲共同體，憑著經驗的叮囑，偏偏就是不聽。於是今年歐洲發生俄烏戰爭，影響全世界，全世界遭遇空前未有的經濟危機，到今天仍然未見雙方有和談的跡象。這個由美國人主導的代理人戰爭，整垮歐洲經濟，歐洲陷入能源危機，但是主理其事的美國，趁機發了盟友的國難財，牠發動制裁俄國能源，但是這些糊裡糊塗的歐洲國家跟著制裁，結果害了自己，肥了美國。糧食供應也危及全球，俄烏兩國是世界大穀倉，因爲戰爭的緣故，加上全球氣候變遷，結果非洲那些弱小國家幾乎天天餓肚子。這個號稱超級強國而且以世界警察自居的美國到底為我們貢獻了甚麼？

聖經中描述美國：形狀強橫，過於牠的同類；牠的同類是誰？很清楚就是歐洲共同體這些國家，牠也是從這些國家的人民匯集起來，造就今天的美國，如今他們對美國唯唯諾諾，仰人鼻息，難道就沒有一個聰明人能起來領導共同抗拒美國？

美國一向見不得人家好，當牠覺得你有點越過牠，牠立刻向你制裁，日本就是最早的例子。當 RCA 發明第一顆電晶體，於是善於模仿的日本人立起直追，在半導體產業超越了美國，於是東芝在美國的欺騙下，停止半導體生產，被牠扶助的韓國和台灣取代。現在牠發現中國突起，大事不妙，恐怕危及牠的軍工產業，馬上又搞 Chip4，這個向來自大的獸一向都是牠說了算，沒想到在安克拉治和楊潔篪、王毅會談時，被他們指著鼻子罵，中國人不吃你們這一套，你們不能像以前，指著別人頤指氣使，好像全世界就是你們說了算，美國人受了前所未有的奇恥大辱，這口氣怎麼吞得下？

神在什麼時候豎立大旗？2001 的 911 事件，這個向來只向別人發動戰爭的國家，怎麼也想不到，只能占人便宜，沒人敢在太歲頭上動土，結果在聯合國總部的紐約，會發生這樣的事。不但如此，還是幾個受過幾小時飛行訓練的塔利班分子，就把他們搞得人心惶惶。自此之後，世界上禍事的不斷發生，天災人禍都有，今年更來到前所未有的空前狀態。

川普就是大喇叭，聖經說的吹角。2016 就吹得響亮，本來 神的意思是要他連任，但是美國人選錯頭目，就是敗凳，他上任以來，遇到前所未有的難題，接二連三的發生，國內經濟危機及瘟疫不斷，甚至爲了減少開銷，從阿富汗撤軍，美國再次表現那令人難以置信的賣友背信忘義一貫作風，有識之士莫不以爲恥辱。現在川普的豪宅被聯邦調查局搜索，川普再次成爲新聞人物，以前就蠢蠢欲動的要爲自己翻案，現在又給他口實，國內內亂擁川普的群眾到處攻擊聯邦調查局的幹員，爲了制裁中國，國內經濟陷入危機，從來沒有看過美國人明目張膽的打劫火車，打劫商店，以前人人稱羨的國家，現在變成啥樣子？

本書目的在起底聖經預言中的敵基督，就是當今的美國，雖然說了那麼多，你想牠會敗下陣來嗎？不會，因爲聖經說「有冠冕賜給牠」，到世界末日前牠永遠都是第一名，牠還要幫助以色列重建聖殿，末日來臨前，聖殿必須重建，川普已經將大使館從特拉維夫遷到耶路撒冷，全世界鬧得沸沸揚揚，但是敵基督有辦法說服以色列周圍國家，讓他們在耶路撒冷重建聖殿。敵基督是大家共同推舉的共主，這就是民主毒藥的結果。

沒有人能以智慧、聰明、謀略敵擋耶和華（箴言21：30），人類勞勞碌碌的結果，就是一場空，歐洲是全世界最講究人權、環保、民主的社會，但是現在爲了現實，不得不說核能是清潔能源，哀哉！國內的環保團體們，醒醒吧！你們向來以歐盟爲標準的人，該讀的書不讀，與我們至關緊要的聖經卻棄置不顧，歐洲人變了，你們的神主牌倒了，能不能反省反省？是爲序。

林克華

2022.9.12

目錄

序……4
前言……10
第一章　但以理書第二出現的敵基督……14
第二章　但以理書第七章的敵基督……27
第三章　但以理書第八章的敵基督……38
第四章　敵基督來自何方……52
第五章　新約的啓示……65
第六章　抓鳥……76
第七章　大紅龍　古蛇　獸……97
第八章　有一條路……131
第九章　敵基督可能出現的時間……146

第十章　白馬　白宮　痲瘋院 156
第十一章　正本溯源 179
第十二章　保守我們的心 205
第十三章　哈該書以後的啓示 212
第十四章　該亞瑪的啓示 224
後記 316

前言

美國大選，跌破世人眼鏡，川普當選了，普世驚奇，在 YouTube 網上，看到美國救火員先知 2007 年的預言，2016 年川普將會當選總統。2016 年八月先知撒都也預言他會當選總統，2013 年他在異象中看到一隻羊羔的影象，一下變成龍的樣子，又慢慢的變成羊的樣子。這樣反來復去，變來變去， 神告訴他這是即將到來的假先知，幾天後，梵蒂岡選出新任教宗方濟各。

幾年前外甥從德國回來，我告訴他要留心，當時教宗本篤十六世剛剛當選不久，他是德國出身的樞機主教，我就想到會不會他就是聖經啓示錄十三章 11 節所說的末世的假先知？從地中上來的獸？

平常，沒事就看看電視打發時間，好萊塢電影台常常播放一部《穿著 Prada 的惡魔》，演員的演技很不錯，從新聞上得知，本篤十六很喜歡 Prada 的鞋子，他的鞋幾乎都是 Prada，或許名牌的鞋穿起來比較舒服吧。我心想，他會不會就是啓示錄十三章 11 節的地獄？　神常常透過許多不同的管道向我們說話，比方說 911 就是一種，很明顯的末世警訊。啓示錄十三章 1 節海中上來的很明顯是敵基督，11 節地獸出現比海獸早，心裡不免有些疑惑。但是仔細多讀幾次，發現海獸本來一直存在，只是我們沒有留意。牠之所以從地中上來，表示一直存在，是我們輕忽，不以爲意。啓示錄十七章有很好的解釋，答案就在那裡。

據先知撒督說，本篤十六請辭一事，是　神要他這麼做。他很健康，此舉舉世震驚，不但史無前例，也是後無來者。

新任教宗方濟各，阿根廷意大利裔的天主教徒，他之所以以方濟各爲聖名，乃是他崇拜十三世紀一個意大利聖徒方濟各，在十字軍東征途中，個人脫隊，到埃及回教陣營周旋，和他們有良好的溝通，一個星期不到，和回教領袖成爲好朋友，化解一場不必要的戰爭，使他們的團隊能毫不費力繼續前進，此舉爲他留名。天主教有一個修會叫做方濟各會，就是以他的名字而起。但是以方濟各爲聖名的教宗，他是第一個，也會是最後一個。

方濟各外表看來慈祥和藹，平易近人。上任以來，訪問世界各地，備受各界推崇，創造許多天主教的第一。最顯著的績效就是他促成美國總統歐巴馬和古巴總統卡斯楚之間的和談，在斷交五十年後復交。過去古巴曾經是美國屬地，二戰後獨立。因蘇俄飛彈事件遭受美國制裁，在方濟各的斡旋下，重修舊好。古巴也希望能夠恢復頽廢的經濟。

他到處出訪，到美國和歐巴馬會面，到美國國會演講，也到美國各處訪問，所到之處無不掀起一陣旋風，甚至許多教會領袖，也認爲教宗爲人類帶來新希望，寄望人類和平在他的推波助瀾下，有更好的未來。德州休斯頓康柏中心主任牧師在教宗訪問他的教會後說，能得到教宗這般的關愛，倍感殊榮。我則對教會不能分辨是非感到憂心。

他到土耳其訪問東正教領袖，尋求天主教和東正教合一的可能性，也與伊斯蘭領袖一同在清眞寺禱告，又飛到耶路撒冷和猶太教領袖會合，在他的努力下，猶太教，東正教，伊斯蘭教，天主教終於能夠在梵蒂岡聚集，商討如何消除彼此之間的岐見，進而促成彼此合作。

在其主持樞機主教大會中，向來自世界各地的樞機主教講話，要他們正視同性戀的議題，在全球普遍接受同性戀的情況下，要求主教們接受同性戀者，他向世界靠攏，不要受到外界的批評。

婚姻制度也大開方便之門，本來離婚這件事天主教的規定十分嚴峻，本堂神父同意外，經地區主教批准，再經婚姻法庭同意才能成立。但是在他手裡，本堂神父在倆造當事人同意下，即准離婚。凡此種種，許多過去天主教的藩籬都被打破，本來就是爲人所詬病的異端，在他的加持下，更顯敗壞。聽到這些信息，我更加確定，先知撒督所言是實，方濟各就是即將來到的假先知，撒督說，接下來他要做的工作就是引進敵基督，也要引進耶洗別的靈敗壞世界。

本文目的在起底敵基督，是這幾年讀經默想的心得，和大家分享。時侯眞的很近，有如迫在眉睫一般。加上聽猶太牧師 Michael Rood 講耶和華七個節期，再加上 2013、2014 兩年接連而來的四個血月，分別落在逾越節和住棚節，美國還有其他地區發生全日蝕，事情豈是這麼湊巧？當然是耶和華大而可畏的日子未到以先，　神藉這些記號向我們發出警告，希望能引起大家關切。

川普不是將來的敵基督，然而敵基督定然出自美國。同時撒督和其他先知證實，川普是　神所選擇的人，爲要改變華府和華爾街之間的政商勾結。同時也要改變積習已久的傳統政治觀念，在動蕩不安的局勢下，使人人歸向主。

第一章　但以理書第二出現的敵基督

先知書對於敵基督的啓示，最多最明顯最清楚的，莫過於舊約但以理書。敵基督不但是指末世那一個行毀懷可憎的那個人，也是那個國家，那個人就是那國的頭頭，他手中掌管全世界最大最強的殺人武器，在人坦然無備的時侯，承接大位。第二章是但以理非常年輕的時候，經由尼布甲尼撒的夢得到的啓示，聖經最早將人類歷史的大概做清楚的描述，是用人像表達。以世人的眼光看人類的歷史，人模人樣。這章聖經是解釋人類歷史預言的基礎，　神用一個簡單的人像顯示人類近三千年的歷史，可見歷史不是人寫的，是　神早就寫好，讓自高自大的人類看清自己的無能，進而反躬自省。

王啊，你夢見一個大像，這像甚高，極其光耀，站在你面前，形狀甚是可怕。這像的頭是精金的，胸膛和膀臂是銀的，肚腹和腰是銅的，腿是鐵的，腳是半鐵半泥的。（但二：31-33）

你觀看，見有一塊非人手鑿出來的石頭打在這像半鐵半泥的腳上，把腳砸碎；於是金、銀、銅、鐵、泥都一同砸得粉碎，成如夏天禾場上的糠粃，被風吹散，無處可尋。打碎這像的石頭變成一座大山，充滿天下。（但二：34-35）

這就是那夢；我們在王面前要講解那夢。王啊，你是諸王之王。天上的　神已將國度、權柄、能力、尊榮都賜給你。凡世人所住之地的走獸，並天空的飛鳥，他都交付你手，使你掌管這一切。你就是那金頭。在你以後必另興一國，不及於你；又有第三國，就是銅的，必掌管天下。第四國，必堅壯如鐵，鐵能打碎剋制百物，又能壓碎一切，那國也必打碎壓制列國。（但二：36-40）

你既見像的腳和腳指頭，一半是窯匠的泥，一半是鐵，那國將來也必分開。你既見鐵與泥攙雜，那國也必有鐵的力量。那腳指頭，既是半鐵半泥，那國也必半強半弱。你既見鐵與泥攙雜，那國民也必與各種人攙雜，卻不能彼此相合，正如鐵與泥不能相合一樣。（但二：41-43）

當那列王在位的時候，天上的　神必另立一國，永不敗壞，也不歸別國的人，卻要打碎滅絕那一切國，這國必存到永遠。你既看見非人手鑿出來的一塊石頭從山而出，打碎金、銀、銅、鐵、泥，那就是至大的　神把後來必有的事給王指明。這夢準是這樣，這講解也是確實的。（但二：44-45）

但以理先敘述尼布甲尼撒的夢，31-38節就是夢的內容，接著他解釋那夢。這個夢涵蓋的時間很長，從巴比倫帝國起，一直講到末世　神掌權，世上的國成爲主和主基督的國，祂的國充滿天下。

大家都同意，人像中金頭的部分是指當時的巴比倫帝國，銀胸和膀臂是指後來的波斯和瑪代帝國，銅的部分是指希臘帝國，鐵的腿就是羅馬帝國。

通常一般解經家講到鐵腿之後就直接講到末世的敵基督，因爲接下來腳和腳趾頭是鐵和泥。尤其是三十年前信主之初，歐洲共同市場方興未艾，正如火如荼的進行著。歐洲共同市場源起於德法的煤鐵聯盟，有鑒於二戰後美國興起，歐洲各國過去在世界貿易上都處於領先的地位，美國本身土地市場都很大，資源充足，不必依賴貿易，就能自給自足，較之於歐洲各國，不論在資源或是市場，都有很明顯的優勢。歐洲各國處於競爭的劣勢之下，爲抗衡美國，工業和經濟上面資源互補，市場共享的情況下，逐漸形成共同市場。成立之初有德、英、法、比、義等幾個國家，後來逐漸增加到八、九個。初信主的時候。講臺上就臆測，將來會有十個，因爲人的腳指頭有十個，末世敵基督會從這裡興起，沒想到沒幾年十個就滿了，過幾年又多了好幾個，今天的歐盟，顯然超出很多。因此，敵基督從歐洲出現的觀念，當然解釋不通，雖然如此，還是和歐洲脫離不了關係，有其一定的歷史淵源。

我就是因爲鐵腿——羅馬帝國的啓示信主，太讓我驚訝了，未信主之前，我自學算命，也頗有心得，喜歡看算命和預言的書籍，諸如《推背圖》、《燒餅歌》等。但是看到兩條鐵腿就是羅馬帝國，我就直說「歷史是　神寫的，不是人寫的」。兩千多年前就能如此精準的說出歷史大綱，除了　神以外，無人能及，因爲羅馬帝國後來分裂成東西羅馬帝國，是高中二年級的歷史課本告訴我們的，居然連羅馬帝國分裂都能精準預言，除了信祂的話，別無選擇，什麼時代改變青年，青年創造時代，都是騙人的鬼話。

解經家講到兩條鐵腿羅馬帝國就直接講到敵基督，但是33節明明說「腿是鐵的，腳是半鐵半泥的」，腿和腳分別敘述，而且40節鐵腿的解釋，很明顯和半鐵半泥的腳不同；再者，半鐵半泥的腳，其解釋的篇幅顯然比其它部分來的長。如果硬把腳和腿一同解釋，實質上有困難，而且預言應該應驗在歷史上。今天的時事，過去的歷史，在在都考驗預言的眞實性和可靠性，如果不能合乎這個要求，不免令人質疑。

光就腿的部分，時間上，其他三個帝國都不及他的長。主耶穌誕生前，羅馬帝國已經存在，直到第一次世界大戰後，預言中的羅馬帝國才正式結束，時間長達兩千多年。這二千多年，歷史有很多變化，然而，預言就用兩條腿表示，當然也給我們許多解釋的空間。當然長達兩千多年的歷史，豈是三言兩語能夠道盡；更何況還要解釋到末世，的確有困難；再參照歷史，顯然有很多和近代史現代史不符合的地方。如果再多讀幾次經文就可以確定，腳和腿必須分開解釋；最明顯的地方在非人手鑿的，打在半鐵半泥的腳上；很顯然，腳有其獨特之處。

這段經文最普通的解釋，都用他所呈現的金屬價值判斷他的王權，這種解釋十分正確。巴比倫王擁有極大的生殺大權，叫他往東，他絕對不敢往西；這四個帝國中，王權最大的一個，以金代表；接下來波斯瑪代帝國，用銀代表，明顯價值不如黃金，我們很快的在第六章看到，但以理被囚禁在獅子坑，加上封條，蓋上玉璽，只要玉璽一蓋上，王連反悔的機會都沒有，尼布甲尼撒可以隨意生殺，波斯王沒有；接下來希臘帝國的銅更不值錢，羅馬帝國的鐵，比銅還不如，皇帝不是世襲，由元老院產生；半鐵半泥的腳比腿更差，民主投票，甚至罵總統都可以，這也預表由人民作王，導致今天的混亂。

反觀人類歷史，重心都放在歐洲和中亞一帶。以中國人的眼光，自然不做如是觀。我們自認泱泱大國，五千年的歷史文化，豈是金髮碧眼的洋鬼子可以相提並論？事實勝於雄辯，洋鬼子船堅炮利，我們被打得落花流水，甚至今天的時事新聞都側重於歐洲美國這一塊。如果以聖經的眼光看人類的歷史，就不足爲奇。人類起源於兩河流域，和東亞有相當的距離，雖然是地緣關係，卻是　神的計劃。

打開中國近代史，我想和我同年的朋友們，都有相同的感覺，四個字就能道盡，慘不忍睹，晚清列強環伺，割地賠款，小日本也來侵門踏戶，豈有此理，泱泱大國何竟至此？以前閉關自守，傲視天下那種自大心態，從藐視洋人，變成仇外，從仇外又變成媚外。這段歷史時間不長，百來年而已。唸書的時候流行一句話，來來來，來臺大，去去去，去美國，臺灣從上到下，充斥崇洋媚外的心態。大官們口口聲聲要我們增產報國，反共抗俄，私底下悄悄地將家人送到國外，一方面人家比我們好，另一方面就怕那天對岸打過來，先找一個地方落腳，免得到時候無處可去。誰知道當初跑得快的人，現在各個想回來臺灣，畢竟還是老家好。

這種現象有沒有聖經根據？今天全球化、地球村的概念，同樣有聖經根據；只是在全球化的一統世界背後，有一股邪惡勢力操控，然而，還是在　神的手中，因為撒旦在他被審判前，找一些幫他墊底的，將來他「上蓋的是蟲，下鋪的是蛆」。我們是　神的兒女，不要變成蟲或蛆，受他的迷惑。

歐洲列強是近代史的重要角色，我們被欺凌的慘兮兮的，其他小國家更不必說了，大家都聽說過殖民地這個名詞吧？美國也是殖民地翻身，但她翻的漂亮，如今是世界超強，人人稱羨的大國；大部分中南美國家都是歐洲殖民地，非洲更慘，人被當作貨物一樣買賣，印度、巴基斯坦、中南半島、印尼等等國家，中東地區也難逃他們的魔掌。十八世紀以來，歐洲列強向外擴張的速度，一直加快，全世界到處都可以看到金髮碧眼的洋人，今天世界到處動蕩不安就是他們惹的禍。

這就是第四國，必堅壯如鐵，打碎剋制百物，又能壓碎一切，「那國也必打碎壓制列國」。

說到腳，我一直懷疑，不只懷疑，根本就認定他是美國錯不了。第二次能源危機以後，黃丹尼弟兄出版一本書叫《末世大災難》，當時信主不久，看的似懂非懂，他提到那角有眼，像人的眼，一元美鈔的反面，左邊金字塔上方果然眞的有人眼的圖案，這很像他所敘述的，加上念大學的時候，有一本書叫《醜陋的美國人》，美國人自己寫的，專門討論 CIA 在全球各地進行顚覆政變的勾當，甚至我們迫遷來台，仍然被他們操弄在手中，至今仍然沒有脫離他們的魔掌。

說到這裡，不禁有些感嘆，向來被我們視爲最忠實最可靠的盟友，怎麼可能做出哪些骯髒事？但不要懷疑，撒旦一向裝做光明的使者，誘惑欺騙，聖經有答案。

中學六年，在天主教學校度過，一向接受傳統式的教育，這種環境長大的人。當然認爲正統才是正道，不是正統，就是離經叛道，不足爲取。當老婆和我談到基督信仰的時候，我雖然不排斥，但也不認同，因爲歷史課本告訴我們，馬丁路德叛教，造成宗教革命，因而陸陸續續的有許多新教產生，而且派別很多，讓人莫衷一是，總是認爲天主教才是正統。加上住校時期，禮拜天偶爾被強迫去望彌撒。印象中宗教當然需要一些固定的禮儀，民間一般宗教都有，唯獨基督教沒有，因此敷衍一下就過去了。那時著迷於算命，宗教無非勸人爲善，不過是帝王或爲政者另外一種安撫人心的工具而已，不以爲意，直到這本末世大災難的書出現，才叫我眞正的覺醒。聖經內容和生活息息相關，本來以爲政治歸政治，宗教歸宗教。在我的觀念中各自獨立，毫不相干。這本書改變我的看法，作者引用彼得後書的話：

親愛的弟兄啊，有一件事你們不可忘記，就是主看一日如千年，千年如一日。主所應許的尚未成就，有人以爲他是耽延，其實不是耽延，乃是寬容你們，不願有一人沉淪，乃願人人都悔改。但主的日子要像賊來到一樣。那日，天必大有響聲廢去，有形質的都要被烈火銷化，地和其上的物都要燒盡，這一切既然都要如此銷化，你們爲人該當怎樣聖潔，怎樣敬虔，切切仰望　神的日子來到。在那日，天被火燒就銷化了，有形質的都要被烈火鎔化。但我們照他的應許，盼望新天新地，有義居在其中（彼後 3：8-13）

被火燒銷化，有形質的都要被烈火熔化，這種情況，當兵時核生化的課程有印象，不正是核子彈爆炸後的樣子嗎？因此我下定決心，非要弄個清楚不可，太不可思議了。雖然兩條鐵腿讓我信了主。但一般解釋聖經的書不能滿足我的好奇心，小時候常常聽見別人說，世界末日會這樣會那樣，這些書不但不能幫助我，反而讓我更迷糊，因爲這書被封閉，直到末時。偶爾其他教會也有但以理書的查經講座，多半只是培靈而已，末世預言就像蜻蜓點水，輕輕帶過。

敵基督是末世撒旦的化身，這個重要的配角，聖經一定有強烈的暗示，**我從起初指明末後的事，從古時言明未成的事，說：我的籌算必立定，凡我所喜悅的，我必成就**（賽 46：10），歷史既然是　神寫的，對敵基督的著墨也應該相對的多吧。

教會學校，神父常常利用一堂沒有老師的公民教育，客串一下隨堂老師，內容就是傳教。我記得很清楚，他說：你們爲什麼不信　神，看看美國人，他們多數都信　神，全世界最大最強的民主國家，也是唯一以聖經立憲的國家……

眞有意思，就是這一點記憶，啓發我對敵基督的認識，對呀，41-43節的說明那麼長，一點不錯，美國就是敵基督的大國。

41節：**你既見像的腳和腳趾頭，一半是「窯匠」的泥，一半是鐵，那國將來也必分開，你既見鐵與泥摻雜，那國也必有鐵的力量。**

腳中有泥又有鐵，這泥可不一般，是窯匠的泥，耶利米書18章一開始就說窯匠轉輪做器皿，耶和華把自己當作窯匠，以色列人是他手中的器皿。舊約以色列人是泥，新約還包括基督徒，這不就對了嗎？美國是一群歐洲的清教徒，爲逃避國家教會的逼迫，移民新大陸，目標是爲追求他們信仰的自由，漸漸形成聚落而發展的國家，既是歐洲移民「鐵」，也是基督徒「泥」，不就合乎這節經文的要求？

那國要分開，歐洲基督徒移民，飄洋過海到新大陸獨立建國，也對呀，金銀銅鐵四個帝國的地理位置都在地中海岸，新大陸遠在北美，腳的位置和歐亞非三州，沒有關聯，這個國不在地中海沿岸，也對。這個國家必有鐵的力量，不但比歐洲列強要大，還更強，地大物博，知識科技發達，今天世界超強的大國，是前所未有的強大勢力。不但遠離地中海，與歐亞非分開，全世界也找不到第二個和他一樣的國家，他的全名「美利堅合眾國」，或叫「美利堅聯邦共和國」。以聯邦型態組成的民主共和國。由早期獨立時十三個州開始，發展至今已經五十多個州，形成今天獨一的聯邦政府，各州有各州的州憲、州政府、州議會，然後各州選舉眾議員、參議員、組織國會，總統由各州選舉人團選舉出來。對內，各州財政行政獨立，對外，中央政府統籌；這些現象，完全合乎41節的要求。

42節：**那腳趾頭既是半鐵半泥，那國也必半強半弱。**

民主國家最大的特色就是選票決定一切，行政機關的領袖、議會的議員，都是透過選票選舉出來。都要受到民意的監督，同時還有任期，連選得連任一次，不能永遠作王。因此他們這些爲政者的權力比起以前的帝王大大的削減；但是自由世界發展的空間以及思想開放，在學術上科技上提升很快。因此在軍事，學術，工業生產各個方面都處於領先的地位，民生富裕。半強半弱就是這個意思。43節：**你既見鐵與泥摻雜，那國民也必與各種人摻雜，卻不能彼此相合。**

自稱是民族大熔爐的美國，向來以此自誇，但是白人優先的事實一直存在；有色人種向來他們不屑一顧，也是不爭的事實。這次美國大選，各族群歧見差異之大，一覽無遺。拉美人受歧視，排斥，非裔也受到不當的待遇，根本不是新聞。今天的中共能夠成爲核子大國，也是這種情況造成的。

有這麼一說，中國原子彈之父錢學森，當年美國在日本長崎和廣島投下兩顆原子彈，他有不可磨滅的功勞，也因此倍受當局禮遇。美國政府重視人才，當然在各方面給他的待遇也十分優渥，買好車，住高級社區，待遇更不用說了。

高級社區的人，相對也彬彬有禮，不會對人惡言相向，也不會當面給人難看，積極的作爲沒有，消極抵抗總可以吧，你來，我不反對，但我搬家，你管不了吧。就這樣，錢學森沒有朋友，沒有鄰居，給中共大好機會，終於在中共策反之下，讓他投奔大陸。

當然美國人不會讓他一走了之，他有製造原子彈的知識能力，豈可輕易放人，但是種族歧視讓他難以忍受，堅持要回大陸。美國向來以人權，民主，自由著稱，你要強留留不住，只好讓他走人。

在美國離境，海關加上情報人員，翻遍他的行李，只能讓他上飛機，過境夏威夷時，又來一次；徹徹底底的翻箱倒篋，還要查看有無機密資料夾帶出去沒有。最後到了東京轉機，美國東京大使館人員加上CIA的人，又照樣來一遍。這時錢先生忍不住了，他指著自己的腦袋問那些人說：先生，這裡面的東西你找得到嗎？我告訴你們，十年之內，我試爆給你們看。

這次新冠肺炎之亂，在美國更暴露無疑，亞裔到處被排斥，菲裔飽受警察不當的待遇，種種跡象顯示，足以說明「與各種人摻雜，卻不能彼此相合」。

這三節經文很清楚告訴我們，美國就是末世敵基督的國，將來敵基督要從這個國家產生。近了，兩、三百年來的世界歷史，歐洲和美國人扮演多麼重要的角色，三言兩語就可以道盡嗎？但是　神藉著他們的武力和科技，將福音傳播到世界各個角落。　神的意念高過我們的意念，祂的道路高過我們的道路。雖然世界上的強權是這麼不堪入目，神藉著勢力趕一些惡勢力，祂的佈局豈是我們能臆測的呢？

歷史已經將部分預言打開了，我以為要認識預言，有時候要用現在的眼光看，才容易明瞭。歷史既然是祂寫的，難道祂在鋪陳預言的時侯沒有想到這些嗎？顯然有些匡架是我們必須挪開的，今天的飛機大炮火箭人造衛星，兩千多年前的人不要說沒看過，就是教他想也想不出來。 神當然要用當時人所能理解的景象，記錄祂要傳遞的信息，我們能用今天的知識，默想 神的話語，解釋預言就容易多了。

這是多年默想的結果，那天清晨四點多早起讀經，突然間想到「窯匠」的泥，一下子將存疑心中的難題解開了，就像晨曦出現，豁然開朗。聖經的確有文字根據。當天早晨，很高興的將這個看見告訴老婆，沒想到她很淡定的說：那有什麼稀奇，人像上哪一個部位不是指著當代最強的國家。的確，每個部位都是當代霸權，創世記 神造萬物的時侯，不是都各從其類？

第二章　但以理書第七章的敵基督

巴比倫王伯沙撒元年，但以理在床上做夢，見了腦中的異象，就記錄這夢，述說其中的大意。（但七：1）

但以理說：我夜裡見異象，看見天的四風陡起，颳在大海之上。有四個大獸從海中上來，形狀各有不同：頭一個像獅子，有鷹的翅膀；我正觀看的時候，獸的翅膀被拔去，獸從地上得立起來，用兩腳站立，像人一樣，又得了人心。又有一獸如熊，就是第二獸，旁跨而坐，口齒內啣著三根肋骨。有吩咐這獸的說：起來吞吃多肉。此後我觀看，又有一獸如豹，背上有鳥的四個翅膀；這獸有四個頭，又得了權柄。（但七：2-6）

其後我在夜間的異象中觀看，見第四獸甚是可怕，極其強壯，大有力量，有大鐵牙，吞吃嚼碎，所剩下的用腳踐踏。這獸與前三獸大不相同，頭有十角。（但七：7）

我正觀看這些角，見其中又長起一個小角；先前的角中有三角在這角前，連根被牠

拔出來。這角有眼，像人的眼，有口說誇大的話。（但七：8）

我觀看，見有寶座設立，上頭坐著亙古常在者。他的衣服潔白如雪，頭髮如純淨的羊毛。寶座乃火焰，其輪乃烈火，從他面前有火，像河發出；事奉他的有千千，在他面前侍立的有萬萬；他坐著要行審判，案卷都展開了。那時我觀看，見那獸因小角說誇大話的聲音被殺，身體損壞，扔在火中焚燒。其餘的獸，權柄都被奪去，生命卻仍存留，直到所定的時候和日期。我在夜間的異象中觀看，見有一位像人子的，駕著天雲而來，被領到亙古常在者面前，得了權柄、榮耀、國度，使各方、各國、各族的人都事奉他。他的權柄是永遠的，不能廢去；他的國必不敗壞。（但七：9-14）

至於我但以理，我的靈在我裡面愁煩，我腦中的異象使我驚惶。我就近一位侍立者，問他這一切的眞情，他就告訴我，將那事的講解給我說明：這四個大獸就是四王將要在世上興起。然而，至高者的聖民，必要得國享受，直到永永遠遠（但七：15-18）

那時我願知道第四獸的眞情，牠爲何與那三獸的眞情大不相同，甚是可怕，有鐵牙銅爪，吞吃嚼碎，所剩下的用腳踐踏；頭有十角和那另長的一角，在這角前有三角被牠打落。這角有眼，有說誇大話的口，形狀強橫，過於牠的同類。我觀看，見這角與聖民爭戰，勝了他們。直到亙古常在者來給至高者的聖民伸冤，聖民得國的時候就到了。（但七：19-22）

那侍立者這樣說：第四獸就是世上必有的第四國，與一切國大不相同，必吞吃全地，並且踐踏嚼碎。至於那十角，就是從這國中必興起的十王，後來又興起一王，與先前的不同；他必制伏三王，他必向至高者說誇大的話，必折磨至高者的聖民，必想改變節期和律法。聖民必交付他手一載、二載、半載。然而，審判者必坐著行審判；他的權柄必被奪去，毀壞，滅絕，一直到底。國度、權柄，和天下諸國的大權必賜給至高者的聖民。他的國是永遠的；一切掌權的都必事奉他，順從他。（但七：23-27）

這夢中的異象出現在巴比倫王伯沙撒元年，這時候的但以理已經到了很成熟的年紀，閱歷比被擄年輕的時候更加豐富，因此　神的啓示更加深入，基本上，這個異象的內容和尼布甲尼撒的夢，大同小異。二者彼此可以互相解釋，是平行的經文，不過，重點不同。

尼布甲尼撒夢到的是人，頭是金的，但以理告訴他金頭就是他，或許因這個緣故，他才會造金像的人，供人膜拜。世人追逐名利，不外乎權，錢與名，因此　神用人像象徵人類歷史的進程。這些王權，在人看來，人模人樣。第七章則用四頭獸代表人類的歷史。　神眼裡地上的國，不過像一般的獸一樣相咬相吞，有什麼值得誇口的？而且證明人類是墮落的。王權由百獸之王的獅子，變成肥胖笨重的熊，再來變成動作敏捷，讓人看來眼花繚亂的豹，最後完全走了樣，連　神自己也不知道該如何用祂自己創造的動物形容，無以名之，我用「不可名狀」的怪獸表示，因爲太可怕了，找不到恰當的字眼足以描述牠的怪。

第七章的內容很顯然對第四獸著墨很多，但是更值得注意的是，對　神的國掌權有更深入的敘述，同時強調末世　神一定會審判，撒但的權勢終要滅亡。

第一頭獸獅子和第二章人像的金頭，都是指巴比倫帝國說的，獅子有翅膀，從出土古巴比倫的文物，城墻上有帶雙翅的獅子雕刻。但是翅膀被拔去，可能是指第四章尼布甲尼撒受到管教，變成獸，在野地與野獸同居，吃草如牛，過七年，　神才恢復他的心智。

第二頭獸是熊，體積最大，行動最笨，最遲緩。的確，相對於人像的銀胸和膀臂，是波斯帝國，領土廣大，東起印度，西至小亞細亞將近歐洲，一共 127 省，北非的埃及也是他的勢力範圍。旁跨而坐，是指它的地理位置在四個帝國的最東邊。

第三頭獸像豹，很有意思，中國人有雙頭蛇的故事，這頭豹和獅子一樣，都有翅膀，獅子一雙，豹有四個。但是這裡特別說豹的翅膀是鳥的翅膀，獅子的翅膀是鷹的翅膀，不過被　神拔了，豹子不但有四個翅膀，還有四個頭，眞的，越來越奇怪了。

歷史印證，豹和第二章銅的肚腹都是指希臘帝國，實質上，希臘是個短命帝國，因爲值得誇耀的，只有開國元勛亞歷山大算得上是一個人物，歷史上都認爲他是個英雄，不幸的是他很年輕三十二歲，英年早逝。他用兵神速，就像豹子動作十分敏捷，只用短短的十幾年就把當時的天下征服了，實在是不可多得的人物。

三十二歲突然暴斃，當時的天下，被他手下四個將軍瓜分。他雖然是希臘人，但是平定天下之後，京城卻不在希臘，反而定都在巴比倫。這就是四個頭的意思，接下來第八章會看到一樣的論述。至於四個翅膀，有很特別的意義，聖經在這裡留下一個非常重要的伏筆，「又得了權柄」。和第二章對銅的肚腹「必掌管天下」一樣，也是一個重要的啓示。因爲短命的帝國，能夠得了權柄，還能夠掌管天下，的確不是一件容易的事。這十個字對我們今天的世界，影響深遠。

現在重點來了，就是前面經文第7節所描述的第四獸，這獸太嚇人了。但以理說：甚是可怕，大有勢力，有大鐵牙，吞吃嚼碎，所剩下的用腳踐踏……

大家都同意腿和第四獸是同一個，也就是羅馬帝國。前面說過，歐洲列強向世界各地殖民，到處燒殺擄掠，就是這節經文所指的，更可惡的是，所剩下的用腳踐踏——中國人最凄慘，淪爲次殖民地。這段經文，如果學西洋史的弟兄姐妹來解釋更恰當，至少可以說個三、四個鐘頭。但是就整個歷史輪廓來看，就不足爲奇了。

這獸和前三獸大不相同，頭有十角，那十角？

一般認爲十角和第二章十個腳趾頭一樣，和末世敵基督聯盟的十國一般，也認爲和歐洲共同市場的解釋相同，其實對了一半。聖經預言很多是依照字面上的意思成就，通常我們認爲解釋預言很難，但是留意歷史和時事，你會發現，預言就和他字面上的意思應驗。那時你會覺得我們爲什麼毫不留意而失之交臂呢？

羅馬帝國在康斯坦丁大帝時，開始種下分裂的跡象，他來自今天的土耳其地區，因爲和他的連襟爭奪霸權，揮軍西進，駐紮在羅馬西邊的河岸，羅馬人因爲這條河，以爲是天險，並不留意。他選擇一個月黑風高的夜晚渡河，羅馬士兵在大意之下被擊潰，從此羅馬政權落入康斯坦丁的手裡。

月是故鄉圓，他不能適應羅馬的生活，因此留下一部分兵力，就回到今天的伊斯坦堡，也定都在那裡。羅馬和伊斯坦堡有一段距離，漸漸的形成羅馬和伊斯坦堡分治，自然而然的就分裂成東羅馬帝國和西羅馬帝國。

教會本來受到猶太人逼迫，後來羅馬帝國也逼迫教會，但是康斯坦丁的媽媽信了主，受到他母親的影響，羅馬政府不再逼迫教會，三十多年後，發佈米蘭召書，教會從此合法。也因爲帝國分治，教會也漸漸分裂，成爲羅馬國教的天主教，和東羅馬的希臘正教，也叫東正教。

首先先看東羅馬帝國，康斯坦丁建立拜占庭帝國，然後繼他而起的是鄂圖曼土耳其帝國，勢力範圍在高加索以西，中亞中東一帶都是其屬地。後來因爲鄂圖曼王室沒有兒子，將女兒嫁給俄國皇室，由他繼承凱撒的名號，所以叫做沙皇。東羅馬有三個皇朝。

西羅馬帝國在西元三百二十年後分裂出來，百來年的時間就玩完啦，因此王權由意大利的羅馬，落入北方的日爾曼的普魯士王，由教皇冊封，史稱神聖羅馬皇帝。但是神聖羅馬皇帝的統治權並不強，西歐群雄紛紛各自稱王，形成群雄割據，情況有點混亂，這時安定局面的力量來自羅馬教皇。

近代史西歐列強殖民的國家就是英、法、德、西班牙、葡萄牙、荷蘭、比利時等七個，和東羅馬三個王朝加起來一共十個。歷史給我們一幅清楚的圖畫。至於那十角另外長出來的小角，無疑是人像中腳的部分，美國。很明顯但以理對小角，情有獨鍾，其實應該說，看第四獸，因爲他的奇特，他就感到非常好奇，更叫他驚奇的是另外長的小角。

第七章19-22節是但以理給天使的問題，23節以後是天使的解釋。至於天使的解釋，重點偏向小角。從獸與十角的圖案上看，小角從十角長出來，但十角中有三個角被他打落。如果用刑法的辭彙，他們彼此之間是共犯結構。小角和十角有密不可分的關係。

第二章41-43節，前面已經說明，美國的成立是一群來自歐洲的基督徒移民，到新大陸建立的新國家。這角有眼，前面也說明了，但是這個圖案（一元美鈔），設計者是共濟會的會員。共濟會起源是一群歐洲精英的地下組織，會員各行各業都有，都是翹楚，極其聰明。美國獨立宣言簽名的五十六人中，就有五十三個共濟會會員。這個組織是不合法的，但卻都是跨國際性的，現在幾乎很多國家的精英都是它的會員。美國第一任總統華盛頓也是會員之一，後來歷任總統也有不少是共濟會會員。我不知道共濟會是什麼組織，只知道他不合法，成員都很有錢，各個聰明機智，以角尺圓規為標記。入會必須有會員推薦，儀式有血誓等等，光是血誓就為聖經所不允許，但都是基督徒，沒有一個天主教徒。

從這些資料看，美國建國之初，背後那隻手已經隱藏其中，不要被光明的外表欺騙。早期我和許多人分享這方面的信息，他們都叫我不要亂說，其中有許多是牧者。因為美國是當今基督徒最多的國家，差派到國外的宣教士也是最多的，為了福音費財費力，可謂不遺餘力，這點肯定是不錯的。但是早期的臺灣政府對美國宣教士有些限制，同時不准軍中傳教，原因是許多 CIA 的情報員隱身於宣教士的行列之中，藉傳教之名，行收集情報之實。那時我們只知道美國人眞好，沒事送奶粉麵粉，其實是有計謀的。醜陋的美國人一點也不可靠；他們常常掛在口邊的一句話，一切以美國最大的利益爲優先，這就夠了，川普天天把這句話掛在口邊，臺灣人還執迷不悟嗎？

這角有眼，有說大話的口，看看川普，夠狂了吧。過去的歷任總統，雖然不像他那麼明顯，但都是笑裡藏刀，不懷好意。曾經有人說：俄國人是做了不說，法國人邊做邊說，美國人說了再做。以他的國力，的確有這個能力，但是　神敵擋驕傲的，賜福給謙卑的。川普是個政治素人，　神使用他有特別的原因，先知說，　神用他戳破華盛頓政治圈和華爾街之間的勾當，這些政客與富豪長期操控美國商業金融與政治，其影響力擴及全球，藉他搞亂整個美國，甚至全世界的既定形勢。川普當然會面對許多考驗和困難。先知特別強調，這是　神給的機會，讓人可以悔改歸向　神，因爲來日無多，耶穌再來的日子的確比你我想象的快。

形狀強橫，過於他的同類，還需要解釋嗎？歐洲列強就是他的同類，他們只是殖民，爲要掠取資源，他們是小國，資源有限，市場有限。美國不然，表面上看是公義的化身，常常將民主人權掛在嘴邊，其實不斷的在各個國家製造混亂，顛覆他看不順眼的政權，培植他的勢力，對抗既有勢力，用恐怖平衡，造成內亂。這種事連他們自己都看不下去，電影電視很多這種故事，情節都取材自美軍在各地所進行的行爲。尤其更讓人生氣的是，他們的軍火商更唯恐天下不亂，只要那裡有戰爭，那裡就有錢賺，很多見不得人的事，都披上一層美麗的外衣，高喊人權，舉起民主的大旗，到處招搖撞騙。當歐巴馬質問菲律賓總統杜特地，掃毒的時候，爲什麼罔顧人權，濫殺無辜？杜特地回嗆：當年 1899 美國人接收菲律賓殺了幾十萬人，那時候你們爲什麼不講人權？

比起歐洲列強，大大超過他們的惡形惡狀，然而，其他國家只有咬牙吞下，他的武力強，經濟力強，你有求於他，他不見得要求你，你也奈何他不了。日本軍閥土肥原賢二說：外交是以武力作後盾的。很難聽，但是很實際，今天的美國就是這樣，明明是你吃虧，他還說你占他便宜。

被他打敗的有三個王，很清楚，從美國歷史看就知道，第一個是他的宗主國，英國，歷史上有名的的獨立戰爭。第二個是在他建國之後，美洲國家，尤其是中南美洲國家常常受到歐洲人騷擾，不勝其煩，因此當時的美國總統門羅，發表有名的門羅宣言，要求大家自掃門前雪，歐洲人不要干涉美洲的事。但是西班牙在中南美有很大的勢力，豈是你這個毛頭小子能夠說三道四的，一場無可避免的戰爭終於發生了，1898 年，美國海軍和西班牙無敵艦隊在古巴哈瓦那外海大戰，無敵艦隊從此一蹶不振，割地賠款，中南美現在還有一些小國，還是美國屬地，前面說 1899 年接收菲律賓就是這麼來的。美國穩居美洲老大，二戰後很多國家獨立，但還要看美國臉色。

第三個就是德國，兩次世界大戰都是美國參戰，翻轉大局，德國徹底被擊潰。在1918年德國戰敗，神聖羅馬帝國就瓦解，同一時間，蘇俄皇室也被共產黨推翻，無產階級專政。兩條鐵腿從此進入歷史。但是說也奇怪，第二次大戰後，德國被限武，日本也被限武，意外的造就兩個經濟強權，活躍在世界舞臺。這兩個國家會不會成爲敵基督的同盟國，現在還看不出來，但是德國很可能是以西結書38-39章的同盟國，目前有預言說：會出現，我也覺得很可能，因爲德國的小老弟土耳其，這幾年一直向德國要他們的古董，就是啓示錄開頭七個教會的第三個，別迦摩的神殿，整個搬到德國，聖經說，那是撒旦座位之處。這是敵基督的國，但最後一任總統才是敵基督那個人，這個人自高自大。甚至向　神說褻瀆的話，還要逼迫猶太人和基督徒。今天猶太人和基督徒被逼迫，不是新聞，尤其在伊斯蘭國興起後，這種新聞常常是頭條，將來敵基督那惡者出現，情況就不是這麼單純，我們要有心理準備。現在的先知告訴我們，沒有災前被提這回事。現在許多交易行爲，不用現金，改用其他方式，已經有人提出要進入無現金時代，將來敵基督和假先知會要求人人受獸的印記，千萬不要上當，很可能是在人身上，植入晶片，這種技術已經相當成熟，而且已經有人使用，我們要有信心，也要有殉道的準備。

第三章　但以理書第八章的敵基督

伯沙撒王在位第三年，有異象現與我但以理，是在先前所見的異象之後。我見了異象的時候，我以爲在以攔省書珊城（或作：宮）中；我見異象又如在烏萊河邊。（但八：1-2）

我舉目觀看，見有雙角的公綿羊站在河邊，兩角都高。這角高過那角，更高的是後長的。我見那公綿羊往西、往北、往南牴觸。獸在牠面前都站立不住，也沒有能救護脫離牠手的；但牠任意而行，自高自大。（但八：3-4）

我正思想的時候，見有一隻公山羊從西而來，遍行全地，腳不沾塵。這山羊兩眼當中有一非常的角。牠往我所看見、站在河邊有雙角的公綿羊那裡去，大發忿怒，向牠直闖，我見公山羊就近公綿羊，向牠發烈怒，牴觸牠，折斷牠的兩角。綿羊在牠面前站立不住；牠將綿羊觸倒在地，用腳踐踏，沒有能救綿羊脫離牠手的。這山羊極其自高自大，正強盛的時候，那大角折斷了，又在角根上向天的四方（原文作風）長出四個非常

的角來。（但八：5-8）

四角之中有一角長出一個小角，向南、向東、向榮美之地，漸漸成為強大。牠漸漸強大，高及天象，將些天象和星宿拋落在地，用腳踐踏。並且牠自高自大，以為高及天象之君；除掉常獻給君的燔祭，毀壞君的聖所。因罪過的緣故，有軍旅和常獻的燔祭交付牠。牠將眞理拋在地上，任意而行，無不順利。我聽見有一位聖者說話，又有一位聖者問那說話的聖者說：「這除掉常獻的燔祭和施行毀壞的罪過，將聖所與軍旅（或作：以色列的軍）踐踏的異象，要到幾時才應驗呢？」他對我說：「到二千三百日，聖所就必潔靜。」我但以理見了這異象，願意明白其中的意思。忽有一位形狀像人的站在我面前。我又聽見烏萊河兩岸中有人聲呼叫說：「加百列啊，要使此人明白這異象。」他便來到我所站的地方。他一來，我就驚慌俯伏在地；他對我說：「人子啊，你要明白，因為這是關乎末後的異象。」他與我說話的時候，我面伏在地沉睡；他就摸我，扶我站起來。（但八：9-18）

說：我要指示你惱怒臨完必有的事，因為這是關乎末後的定期。你所看見雙角的公綿羊，就是瑪代和波斯王。那公山羊就是希臘王（希臘：原文作雅完；下同）；兩眼當中的大角就是頭一王。至於那折斷了的角，在其根上又長出四角，這四角就是四國，必從這國裡興起來，只是權勢都不及他。這四國末時，犯法的人罪惡滿盈，必有一王興起，面貌兇惡，能用雙關的詐語。他的權柄必大，卻不是因自己的能力；他必行非常的毀滅，事情順利，任意而行；又必毀滅有能力的和聖民。他用權術成就手中的詭計，心裡自高自大，在人坦然無備的時候，毀滅多人；又要站起來攻擊萬君之君，至終卻非因人手而滅亡。所說二千三百日的異象是眞的，但你要將這異象封住，因爲關乎後來許多的日子。（但八：19-26）

第八章的異夢是第七章異夢的後兩年，也就是伯沙撒王在位第三年發生的；人在巴比倫，他卻仿佛置身於波斯。這個夢很複雜，直接從波斯帝國和希臘帝國的戰爭講起，結果波斯敗於亞歷山大手下，希臘帝國不久就分裂成爲四個國家。從這四個國家產生一個行毀壞可憎的，一直敘述至末世；隱約的告訴我們末日將會有一個類似的敵基督出現，但是是希臘帝國分裂後的一個小國，歷史上也曾出現一個敵基督，就是安提阿古以彼分尼，他也是用詭計取得王位，也強迫以色列人放棄信仰，更在聖殿獻豬。但是也指末日的敵基督，其中越過羅馬帝國，可見重點還是末世。猶太人的歷史觀是往復式的，已過的事，後必再有，日光底下無新事；和希臘人的思想不同，希臘思想是直線的，過去就過去，這一面看完就看下一面。這個敵基督不但再度出現，還更可怕，手段更殘暴。

聖經自己解釋聖經，公綿羊就是波斯，公山羊就是希臘，我們從電影、電視知道，古裝電影上演歷史劇，波斯和希臘，兩軍對峙，在波斯這邊軍旗的 logo 是公綿羊，希臘軍隊的旗幟 logo 是公山羊；更妙的是，聽說亞歷山大大帝的外號也叫公山羊；歷史很忠實的呈現預言的準確性，光憑這些跡證，就足以說明聖經預言非常可靠。

公山羊自西而來，遍行全地，腳不沾塵……

波斯帝國的位置，在四個帝國中，處於最東邊，希臘在他的西邊；但以理書已經說明希臘亞歷山大王用兵速度很快，這是腳不沾塵所要表達的；但是仔細讀會發現聖經的腳字旁邊有……，表示聖經原文沒有腳這個字，是後人為了方便解釋或閱讀加上去的；但是我個人認為腳字加上去，並不能使我們更容易瞭解聖經，反而限縮了聖經應有的深度。如果參照第二和第七章，對銅腹和豹子的描寫「必掌管天下」「又得了權柄」，這十個字難道只是形容詞或是副詞而已嗎？聖經裡面沒有廢話，通常我們匆匆讀過，不加揣測，以為只是很平常的一句話，那就錯了。其實他的含義很深刻，也很廣汎；這幾個字，不是字面上所能涵蓋的；他的縱深連貫整本聖經，我們都在他的網羅之下。

這章聖經所要表達的意思是，希臘帝國時期，以色列將會受到逼迫，同時強烈暗示，他們復國無望；但以理雖然熟讀聖經，對預言涉獵也很深；有人說耶利米可能就是他的牧師，當然我們參考參考就是。有這麼一說，當古列將軍入侵巴比倫，也就是但以理書第五章所敘述的，伯沙撒王看見墻壁上有人的指頭寫字，最後請他解釋「彌尼、彌尼、提客勒、烏法爾新」，他很肯定的說：　神已經數算你國的年日到此完畢，你被稱在天平裡，顯出你的虧欠，國分裂歸米底亞和波斯人……

西元前 539 年巴比倫帝國滅亡，在這前一年，古列將軍已經脫離巴比倫的控制，所以他攻進巴比倫城，但以理就拿以賽亞書給他看，從四十四章最後一節看到四十五章全章，念給他聽：你看，我們的　神早就預言你要作王，統治全地。因此他在瑪代波斯期間，備受禮遇；甚至頒佈命令，允許他們回鄉重建聖殿，經費還要出自王庫，種種好處，都是銀胸所代表的；銀的意思是救贖，所以聖經到處可見環環相扣的例子；銅代表審判，所以希臘帝國出現敵基督並不奇怪；但是世界上的國家，在　神的眼中都是獸，第七章就是最好的說明。所以波斯也出現一次猶太人被滅族的危機，記載在以斯帖記。

公山羊兩眼當中的大角就是亞歷山大，忽然折斷，由角根長出四個非常的角；這和豹的四個頭一樣意思，希臘帝國承接波斯那麼大的版圖，亞歷山大只花十餘年的時間就完全拿下；但是英雄氣短，忽然暴斃；諾大的領土由他手下四個將軍瓜分。本章和第十章以後的內容，尤其在第十章以後，詳細的敘述占據北方的敘利亞王和占據南方的埃及王彼此爭戰，位居地理要衝的以色列遭受池魚之殃，實在很無辜；當年亞歷山大攻打推羅，要求猶太人協助，猶太人不敢，因此亞歷山大很生氣；當他打下推羅回頭要攻打猶太人，沒想到兵臨城下，看見一個穿著藍色袍子的大祭司後面一群身穿白袍的祭司迎接他，眼前的景象，正如幾天前在夢中的樣子完全相同；他一驚非同小可，這時大祭司拿著但以理書給他看，念給他聽；因此猶太人在亞歷山大的心目中很特別，給他們許多優惠，猶太人也回饋亞歷山大，派許多年輕人在北非建設亞歷山大城，設立大學，興建港口；聖經也在這裡完成七十士譯本，從希伯來文翻譯成希臘文。時間大約在西元前兩百五十年左右。

猶太人被擄歸回以後，多了兩個節日，一個是前面以斯帖記的普珥節；一個是光明節，又叫修殿節；修殿節的由來是本章所說的四個角其中的一個角長出來的小角，十一章有更清楚的敘述。前面不是提到他不准猶太人行割禮守安息日嗎？這個安提阿古四世是個卑鄙無恥的小人，王位本來不是他的；他串通一小群人設計奪取王位，狂妄自大；他的全名叫安提阿古以彼分尼，以彼分尼意思是神臨到的意思，不准猶太人讀聖經，守安息日，受割禮，以前的規範通通不准。

有一天他的部下率領一班人到聖殿，要求猶太人按照他的規矩獻祭。告訴猶太人說：你們何不依照王的意思，這樣不但可以作王的朋友，還有厚賞，豈不皆大歡喜；其中有些心不堅定騎墻派的祭司，附合要照王的規矩獻祭，那時馬加比非常生氣，他說：我們不作，也不讓他們照你們的規矩作。不但阻止褻瀆的事發生，也號召一群忠心的猶太人起而反抗，將王派來的人殺光，潔淨聖殿。

當然王一定生氣，出兵要他們的命；這些人逃到山上，躲在堅固的洞裡面抵抗，但終究失敗；安提阿古利用他們守安息日的規矩，也是他們的弱點，因爲摩西的律法規定安息日什麼都不可以作，他們的祖先就是因爲沒有守摩西律法而遭難。他們選定這一天攻擊他們，這些猶太人選擇不抵抗，就這樣，他們全部被殺。

這事件發生在冬天，也在安息日，主耶穌曾告誡門徒說：你們要禱告，祈求那日不在冬天，也不在安息日發生；很顯然是指這件事說的。聖經的預言會重複應驗，安提阿古的事件會再度發生。

……小角，向南，向東，向榮美之地，漸漸成爲強大……

這節經文如何成就？在安提阿古身上完全看得見，但是應用在美國身上也完全正確。獨立戰爭後，美國第一個對外戰爭就是在古巴哈瓦那港口的外海，和西班牙的無敵艦隊大戰一場，結果無敵艦隊被美國打敗，成就了美國在美洲稱霸的地位。

向東則更加明顯，兩次世界大戰，主戰場在歐洲，歐洲位於美國的東方；二戰後，美國一躍成爲世界的領導中心，甚至聯合國的總部也設立在紐約。

向榮美之地，榮美之地就是以色列；戰後許多新興國家宣佈獨立，以色列也醞釀建國，兩千多年他們一心的希望就是獨立建國，這時正是時機；英法等國卻心存觀望，1947年就有這個構想，英國百般勸阻，1948年五月四日，錫安主義的一小群猶太人終於在耶路撒冷宣佈獨立，成爲一個獨立國家，美國在他宣佈獨立後，馬上率先承認以色列是獨立的主權國家，蒙　神祝福，於是一步一步的邁向領導全球的地位。

但是接下來的經文並未應驗在安提阿古身上。

他漸漸強大，高及天象，將些天象和星宿拋落在地，用腳踐踏……

美國確實強大，歐洲人常說，美國人很天真，大概是美國人認爲，很少有他們做不到的事。基本上歐洲人看不起美國人，認爲美國人只有文明，沒有文化，雖然科技遙遙領先，畢竟文化的底蘊來自歐洲，固然有酸葡萄的心理，卻也是事實，許多美國人也以爲講話的時候能夾一兩句法文或帶點牛津腔，就自鳴得意，高人一等；美國的文化來自歐洲，許多來自歐洲的移民，在美國混合。

二戰後的世界，百業蕭條，戰爭的破壞性前所未有；人類因科技帶來繁榮，但沒想到對人的傷害也是空前；烏托邦的思想，早在希臘哲學家的心裡面成型。爲了避免重踏復轍，成立聯合國有其必要性；爲了防備未然，在國與國之間有糾紛的時候，成立一個超然的仲裁機構，調解彼此之間的紛爭，避免再度發生大規模的戰爭。

但是這種機構的功用，還是緩不濟急，因爲當時的世界，百廢待舉；想要復原，除了花錢建設，別無他途；因此有馬歇爾的援外計劃。也因爲戰場不在美國，戰後那些在前線打仗的部隊，重新回到生產線上，因此美國一下子就復甦了；但爲了滿足工業化，自動化的產能，需要更大的市場，除了供應內需，還能援助其他國家；美援大量投注國外，許多國家都接受美援，我們也不例外，但不過幾年而已。

戰後的局勢不是那麼單純，因爲蘇聯的共產勢力正加速赤化全球，大陸就此淪陷，世界變成由美國領導的民主陣營和蘇聯領導的共產陣營對峙的局面，槍炮的戰爭少了，臺面下的角力越來越大，我們叫他冷戰。

美國不但援外，還資助弱小國家，也提供獎學金，吸引大量的國外留學生，這些學生都是一時之選。他們學成歸國，常常位居上層的領導地位；如果留下了，在美國也能夠找到很好的出路，在其工作崗位上，協助美國加速發展。

以前臺灣的黑貓中隊，就是冷戰的產物，是美國人的工具之一，美蘇之間，無所不用其極的竊取對方的機密，這些故事，也造就不少賣座的電影。但二戰初期德國的 V2 小型火箭，隔海向英國發動跨海攻擊，二戰後，火箭的競賽，到目前爲止，還沒有停過，全世界的太空競賽，雖然有限制中長程飛彈的協議，目前川普已經宣佈退出，中美蘇又要開啓另一種競爭。火箭的研究，造就太空競賽，美國太空總署 NASA，可以說是居領導地位；今天人造衛星滿天飛，並不稀奇，反而要擔心太空垃圾，會不會哪天又成了另外一種災難。

前面說希臘哲學家嚮往烏托邦，我們也有桃花源的夢想；中國人有嫦娥奔月之說，美國人有登陸月球之舉，當年報上還開玩笑的說，不知道太空人見到吳剛沒有。太空探究，使得科技更加進步，成就今天的榮景。太空站不是新聞，美國人還擔心那天中國會發動太空戰，擔心他們的人造衛星被吃掉或是被打下來，那可不是鬧著玩的。

太空發展的新聞，過去經常出現在新聞上要的版面，當全世界的眼睛都注視在家裡的小框框上，屏息以待，看見太空艙門打開，一個穿著太空衣的太空人，出現在電視的熒幕上，全球無不大聲歡呼，人類終於登陸月球了，是舉世的創舉；阿姆斯壯說：我的一小步，人類的一大步；這時人類驕傲的心，達到空前未有的高峰，尤其美國人更覺得科技萬能；人，只要有心，肯努力，沒有克服不了的困難。

太空科技的成就，已經應驗這節經文所要表達的；登陸月球，舉世歡騰。直到今日沒有人想到，這是　神給人的警訊，是滅亡的記號；就是現在你聽我這麼說，也不會認同我的看法。聖經有許多關鍵的信息，往往藏在枝微末節之處，人人都不會注意的地方；這節經文和末世敵基督出現有關。我們已經將敵基督的國家指明了，但關鍵在那個將人帶進滅亡的人，假先知已經出現，現在焦點在這個惡者。

這四國末時，犯法的人罪惡滿盈，必有一王興起。面貌兇惡，能用雙關的詐語，他的權柄必大，卻不因自己的能力，他必行非常的毀滅，事情順利……

這段聖經告訴我們，他是個很聰明的人，能用雙關的詐語，表示他的話能討好各種人，多方多面，多國多族；今天的世界不只是民族衝突而已，多元社會，多元產業。也各有族群；因此，他的話術高明，叫人心甘情願的把票投給他，使他成爲多方的共主。

前面解釋第二章半鐵半泥的腳，已經說明末世是民主時代；民主政治的特色就是，透過選舉機制，產生領導人。任何時代，任何國家，在群聚社會裡面，領導人的角色至關重要，因此，摩西交代以色列人，如果立王，要在你們中間選出一個人，並且將摩西書上的話抄錄一份，平生誦讀。國父孫中山先生的理想，選賢與能，立意不錯，但是看看周遭的環境，哪一個國家眞正做到？我看選錢與權倒是事實，賢與能就別提了。當上官，有權有勢，花錢僱人就能把事，不止作好，而是作得讓你稱心如意。選舉是最高明的騙術，這話一點不假。選前一副嘴臉，選後又另當別論，早就司空見慣，不足爲奇，但奇怪的是，大家還是把希望放在他身上，豈不怪哉。我們天天頌揚民主精神，許多基督徒名嘴天天在電視上哇啦哇啦的叫個不停；民主已經成爲今天的神主牌，論民主，請問你把　神放那裡？

敵基督既是這樣產生的，當人面對末日審判的時候，可就無言可答；歷史告訴我們，我們從未從歷史學到教訓，　神把我們的歷史攤在我們面前讓我們看看自己，能不能自省，能不能覺悟。聖經的教導，有啓示，有安慰，有提醒，有告誡，有規定，指出一條正路，叫我們遵行；猶太人偏行己路，受到多大的教訓？現在他們再也不敢拜偶像了，他們受到的管教，正是我們的鑒戒。但是有形的偶像除掉，無形的偶像取代了；民主正是無形的偶像，今天的世界亂象，幾乎都可以歸咎到民主制度，尤其是以人本主義爲出發點的民主，把自己放在第一位，自己就是　神，這種自戀的迷思，帶我們走向絕路。

另一種偶像是科技，歐洲在教廷的統治之下，幾乎有千餘年的時間，陷入黑暗時代。教皇什麼都管，不但只有他能解釋聖經，思想上，學術上，只要和他的看法抵觸就不行，甚至可能致命；最簡單的例子就是，他不認爲地球是圓的，這點和中國人天圓地方有點像，但哥倫布完成環繞地球的壯舉，事實逼迫他不得不承認他的錯誤。

教廷式微，歐洲興起文藝復興運動，壓在箱子底下的東西，全部出現，希臘羅馬文化、哲學思想、科學、技能、學術界欣欣向榮，就像炸彈開花一般，蓬勃發展；這是馬丁路德改教運動掀起的熱潮。科技改變生活方式，尤其英國的瓦特發明蒸汽機，大大改變人類的生產模式，機械取代過去的人力獸力，造成工業革命，交通運輸不但快捷，而且運量大增，航海速度快上好幾倍；歐洲各國欣欣向榮，殖民主義跟著興起。

這種趨勢只有繼續向前走，沒有回頭路，只有更好，沒有最好；日新月異不稀奇。二戰後，美國的勢力抬頭，原因也在科技領先。這時人心比以前更驕傲，驕傲到用科技

否定 神；早年聽唐崇榮牧師回台講道，他提到在美國向一些華裔科學家證道，講 神的創造等等……那些科學家有很多雙博士學位的，以他們的成就譏笑他講的沒道理；牧師很嚴肅的告訴他們： 神給你們聰明智慧，讓你們有這些成就，是要減低你們的愚笨，不要自以爲聰明就輕看 神；說的眞好。但今天科技仍然是我們的偶像，尤其是很多人都成了低頭族；飯可以不吃，但沒了「哀鳳」，就像失去一切。這種現象幾乎全球化，心裡的偶像更可怕，而且影響力比過去的媒體更大，這種趨勢給未來的敵基督開一條大路，讓他暢行無阻。

從前面所說的，許多蛛絲馬跡都指向美國就是末世敵基督的國， 神的話錯不了，但是有一點值得用心的，爲什麼但以理書第二章人像的腳，是指末世的敵基督，第七章第四頭怪獸十個角另外又長的小角也是指敵基督。這兩章聖經都遵照歷史，一脈相承的敘述下來，由羅馬帝國產生敵基督的美國。難道 神偷工減料？還是另有所指？如果另有所指，那祂透露什麼信息？

其實，第七章第四獸已經透露部分信息，第七章19節有一句話描述他的可怕，「鐵」牙「銅」爪；根據第二章的解釋，銅代表希臘，鐵是羅馬帝國，很清楚的暗示，希臘羅馬分不開。講臺上，牧師解經，尤其講到保羅書信時，常常提到希羅文化。福音初期，那時天下版圖歸羅馬帝國管轄，然而羅馬帝國傳承大部分的希臘文化，而且當時通用的語言也是希臘文，主耶穌被釘十字架，彼拉多用希伯來、希臘、羅馬文寫一個牌子「猶太的王」，羅馬文只是官方用語，民間通用的是希臘文；同時新約聖經也是用希臘文寫成；以歷史背景說，不足為奇。但的確另有所指，告訴我們，什麼要受審判。

第四章　敵基督來自何方

相信這是大家很有興趣的題目，啓示錄十三章18節說：在這裡有智慧，凡有聰明的，可以算計獸的數目，因爲這是人的數目，它的數目是六百六十六。

以前基督徒很喜歡討論六六六這個數字，希伯來文，希臘文，英文等等字母，每一個字母代表一個數字，由這些數字加起來的總和。希伯來文更特別，不但有數字，甚至數字還有預言的成分，猶太人特別喜歡玩數字遊戲，所以有人曾經警告說，和猶太人做生意要特別小心，你玩不過他們。到底這個數字是用希伯來文爲主，還是用英文爲主？講法很多，莫衷一是；早期很多聖經學者研究這個問題，有人說這個，有人說那個，後來有人說是季辛吉。最後有人說是電腦，因爲 computer 的加總也是六百六十六。

但以理書十一章，我個人認爲　神已經將答案顯示出來，這只是個人的看法，時間到了，　神會差遣先知告訴我們，像先知撒督從　神得到啓示，方濟各就是假先知一樣，他引用阿摩斯書三章7節，證實他所說的是出於　神：主耶和華若不將奧祕指示他的僕人眾先知，就一無所行。

假先知聖經沒有啓示嗎？當然有，但以理書有一點味道，並不明顯；啓示錄十三章11節從地中上來的獸，就很清楚的點出來；但是他的解釋要到十七章才清楚，假先知和敵基督的關係，用臺灣話說就是「乩童」和「桌頭」，但是要用猶太人的眼光看。

我有很深的感觸，這個人的背景和電腦脫不了關係；我們也可以感同身受，每一個人不都是活在數字的掌控下嗎？電腦將統計數字的運用，發揮到極緻，現在流行大數據，這些數據透過電腦搜集，同時存儲，集中起來，有心人可以利用他作行銷的依據，更可以預測未來的走向，透過電腦程式運算，很容易取得你所要的數據。二戰後，歐美國家的人，就開始活在數字堆，早晨起來，到門口拿報紙，第一個動作，就是看股市版面，看看行情；沒幾年臺灣也跟進。報紙電視，專家說的都是數字，尤其現在重視健康，一大堆指數多如牛毛，市場行情、經濟上下、金融匯率，我們活在數字的陰影底下已經有很長的時間。像我丈母娘每天早上起床，醫生吩咐，空肚子要量血糖，忽高忽低，沒完沒了。有錢人玩股票、玩匯率；小市民玩六合彩、大家樂。AI人工智慧搶占市場，許多機器人取代人工，而且機器人可以做得唯妙唯肖，不但工廠生產由機器人取代，服務業也用機器人和進門的顧客打招呼，也可以取代部分人力；機器人不會累，也不會罷工，二十四小時待命，管理上省了多少功夫，許多汽車的生產線都是機器人，將來還不知道有多少行業，會被機器人取代；人與人之間互動減少了，日本街頭出現許多孤獨老人、宅男、宅女，機器取代人工的下場就是造成人與人的距離，越來越大；我不知道將來會變成什麼樣子，如此繼續下去，恐怕貧富差距也越來越大。

但以理書第九章的故事發生在巴比倫滅亡後的第一年，也就是大利烏王第一年，波斯王古列元年，他從先知耶利米的書上得知，耶路撒冷荒涼的日子，七十年爲滿。我相信他一定熟讀聖經，同時非常瞭解預言。第九章是悔改性禱告的代表作，從他禱告的內容得知，他熟讀律法，摩西五經非常嫻熟，祖先們犯罪，報應在後世子孫，摩西的預言完全應驗在他們身上，絲毫不爽。但他更相信　神的憤怒，因人的悔改，有止息的時候；他信　神，相信摩西預言，也相信耶利米的預言，恢復的時間到了，他還是禱告。

耶和華如此說：爲巴比倫所定的七十年滿了以後，我要眷顧你們，向你們成就我的恩言，使你們仍回此地。耶和華說：我知道我向你們所懷的意念是賜平安的意念，不是降災禍的意念，要叫你們末後有指望。你們要呼求我，禱告我，我就應允你們。你們尋求我，若專心尋求我，就必尋見。耶和華說：我必被你們尋見，我也必使你們被擄的人歸回，將你們從各國中和我所趕你們到的各處招聚了來，又將你們帶回我使你們被擄掠離開的地方。這是耶和華說的。（耶二十九：10-14）

憑著上述的預言，傾心吐意。爲自己，爲列祖，同胞，認罪代求，得到答應。但以理書第九章3-19節是禱告的內容，20-27節是　神的回應，並將他沒有求的更大的啓示交托他，應驗耶利米的話。**成就的是耶和華，造作、爲要建立的也是耶和華；耶和華是他的名。他如此說：你求告我，我就應允你，並將你所不知道、又大又難的事指示你。（耶三十三：2-3）**

他只求　神將他們這些被擄的百姓帶回去，重建聖城；沒想到得到七十個七的啓示。七十個七是以色列歷史的重要啓示，主耶穌也說饒恕人要饒恕七十個七次，但不是饒恕四百九十次就完了；因爲七十個七成就的日子，就是新天新地開始，可見饒恕是到永遠；祂爲我們的罪付上代價，所以我們也要像祂一樣，對任何人任何事，都不可以懷恨在心。七十個七，關係主耶穌第一次降生受苦，也告訴我們祂第二次再來，強化第二章和第七章　神的國降臨與審判。這個啓示運貫整部但以理書。將前後串聯，也啓示新約和舊約之間所發生的事，以及這些事發生和耶和華的節期有很大的關係。

但以理書第十到第十二章也是他經過三個星期禁食禱告之後，得到的啓示，　神將他們被擄歸回後，所要發生的事啓示出來，但是　神告訴他這書要封閉，直到末世。第十一章的內容，多半是波斯和希臘之間戰爭，希臘拿下天下以後分裂，形成南北國互相爭戰，猶太人遭受池魚之殃被蹂躪；第一次出現敵基督褻瀆　神，預表末世的敵基督，將會比這個人更凶惡，手段更殘忍，與暗示他的身分。

第十章末後幾節到十一章20節，將波斯與希臘兩個帝國的興替，作進一步的說明，也再度對分裂的希臘帝國南北兩王的鬥爭詳細說明；也隱約告訴我們後世的信徒，屬靈爭戰的重要性，這個世界存在一股黑暗勢力，操控邪惡。但以理透過禱告與　神同工，所記錄的信息，都是禱告的成果；天使說了一句很希奇的話，「我要將那錄在眞確書上的事告訴你」（但十：21），可見　神做事都有計劃；祂先將規範啓示下來，至於聽不聽在我們；就像我前面說的，歷史是　神寫的，整個歷史大綱擺在我們眼前，我們都活在祂的規劃之下，我們的心思意念祂都知道，沒有一個人在祂面前，不是赤露敞開的，末日的審判非常嚴厲，認識預言，可以讓我們知道　神的恩慈和忍耐，祂願意人人得救，不願一人沉淪。兩千年來的福音歷史，見證我們的不是。猶太人是我們的活榜樣，他們雖然飽經憂患，經過嚴厲的管教，到今天　神仍然不離不棄，祂的手仍然指引他們的腳步，證明　神的話絕不落空。

猶太人被擄歸回後，一心期盼主能夠讓他們恢復大衛時期的榮光，眞確書卻告訴他們，自此之後，復國無望，「爲你本國之民和你聖城，已經定了七十個七。要止住罪過，除淨罪惡，贖盡罪孽，引進（或作：彰顯）永義，封住異象和預言，並膏至聖者

（者：或作所）。你當知道，當明白，從出令重新建造耶路撒冷，直到有受膏君的時候，必有七個七和六十二個七。正在艱難的時候，耶路撒冷城連街帶濠都必重新建造。過了六十二個七，那（或作：有）受膏者必被剪除，一無所有；必有一王的民來毀滅這城和聖所，至終必如洪水沖沒。必有爭戰，一直到底，荒涼的事已經定了。一七之內，他必與許多人堅定盟約；一七之半，他必使祭祀與供獻止息。那行毀壞可憎的（或作：使地荒涼的）如飛而來，並且有忿怒傾在那行毀壞的身上（或作：傾在那荒涼之地），直到所定的結局。」（但九：24-27）

第九章最後四節很清楚的告訴但以理，他們被擄歸回之後會發生的大事。仔細讀會發現情況不是想象中的順利，這裡只說大概，詳細的說明在第十和第十一章。七十個七關係主耶穌第一次和第二次再來；耶路撒冷連街帶壕都必重新建造，多可怕的一句話，現在走在耶路撒冷街上，歷經多少年代，已經不是當日的耶路撒冷。我想　神自有祂的美意，讓考古學家慢慢的一件一件挖掘出來，證明聖經所說的完全正確；這幾年連續出土的更多，猶太人看到了瞠目結舌，驚奇不已，但是還是不信耶穌是彌賽亞。

第十和第十一章　神挑明的講是波斯和希臘之間的戰爭，波斯只有四個王，第四個就被希臘征服。希臘，是個短命帝國，值得稱頌的只有亞歷山大十幾年而已；但聖經的觀點不同，反而更重視分裂後的南北兩個王彼此之間的戰爭；從第八章以後，聖經的重點一直圍繞在這兩個議題；就是波斯和希臘，分裂的希臘出現一個行毀壞可憎的壞蛋，就直接講末世。我也不厭其煩的反復再提，當然有一定的道理，否則聖經不會浪費筆墨一提再提。等到解釋啓示錄第六章七個印時，就一目瞭然了；這也是目前國際局勢的現況。

必有一個卑鄙的人興起接續爲王，人未曾將國的尊榮給他，他卻趁人坦然無備的時候，用諂媚的話得國。必有無數的軍兵勢如洪水，在他面前沖沒敗壞；同盟的君也必如此。與那君結盟之後，他必行詭詐，因爲他必上來以微小的軍（原文作民）成爲強盛。趁人坦然無備的時候，他必來到國中極肥美之地，行他列祖和他列祖之祖所未曾行的，將擄物、掠物，和財寶散給眾人，又要設計攻打保障，然而這都是暫時的。（但十一：21-24）

他必不顧他列祖的神，也不顧婦女所羨慕的神，無論何神他都不顧；因爲他必自大，高過一切。他倒要敬拜保障的神，用金、銀、寶石和可愛之物敬奉他列祖所不認識的神。他必靠外邦神的幫助，攻破最堅固的保障。凡承認他的，他必將榮耀加給他們，使他們管轄許多人，又爲賄賂分地與他們。（但十一：37-39）

列祖是以色列的專有名詞，列祖和列祖之祖，都是指著亞伯拉罕，以撒和雅各說的。如果你說，那可不一定，我也同意；第二處經文可以說明我的看法不錯，世界上沒有一個民族或是國家有一個婦女所羨慕的　神，以賽亞書預言必有童女懷孕生子，就是證據。早期婦女在以色列心目中的地位十分低落，猶太人有一個禱告，感謝主，讓我生爲一個男人……，自從被擄歸回，他們相信，童女懷孕生子的預言必需要實現，當然這個人就是他們期盼的彌賽亞，所以每一個未婚猶太女子都希望成爲彌賽亞的母親；由此觀之，末世的敵基督一定是猶太人。今天我們看見美國的歐巴馬是黑人，如果出現一個猶太裔的美國人當總統，也不足爲奇。民主社會是選票決定一切，微小的軍成爲強盛；以前的君王都是以力服人，馬上打天下，誰的拳頭大，就可以稱霸一方。民主社會以一群競選團隊或是智囊團背後替他打選戰，微小的軍，並沒有武力，靠的是腦袋是詭計，隨機應變的能力非常重要，同時要有攻擊力，應用各種手段打垮對手；不靠刀槍，靠文宣。臺灣選舉的亂象，就可見一斑。這個人一定是個絕頂聰明的人，猶太人夠厲害吧，能夠騙過猶太人，讓他們相信他，眞的不容易。而且我相信，這個人也是大衛譜系的後裔，如果出身不對，就難以取信於人。

這裡出現一件令人費解的事，波斯魔君和希臘魔君，聖經只在這個地方出現魔君，而且波斯魔君能力大到一個地步，連天使長也打不過他。

他就說：「你知道我為何來見你嗎？現在我要回去與波斯的魔君爭戰，我去後，希臘（原文作雅完）的魔君必來，但我要將那錄在眞確書上的事告訴你。除了你們的大君米迦勒之外，沒有幫助我抵擋這兩魔君的。（但十：20-21）

我們只知道撒旦，魔鬼，沒聽說魔君，而且天使只說，回頭還要和波斯的魔君爭戰，結果是輸是贏也沒交代；我想可能波斯的魔君是敗了，因爲從此以後，波斯就玩完啦，從他被亞歷山大打敗之後，歷史上就難以看見波斯的名號；直到末世才漸漸抬頭；因爲主耶穌自己預言「你們看見無花果樹和各樣的樹發嫩長葉」，二戰後，伊拉克和伊朗重新躍上世界舞臺，可見波斯魔君並沒有滅絕；但是巴比倫爲什麼沒有魔君？而且希臘的魔君也沒有交代清楚，只說他去和希臘魔君爭戰。但以理書如果沒有仔細讀，很難看出他的重點，如果能看出一點端倪，便知道其含義既深且遠。這裡先將敵基督的身分提出個人的見解，後面有更深入的解釋。

我們就但以理書的前後文看，發現有一點奇怪的地方；但以理書一共十二章，全書用希伯來文和亞蘭文寫成；這點和聖經其他的著作不太一樣；本書完成在猶太人被擄期間，固然是原因之一，因爲在異地難免用其他的文字敘述故事的內容，而且每一章的信息，幾乎都是獨立的，個別性很強。第一章，第八到十二章，用的是希伯來文，其他都是用亞蘭文寫成；聖經當然是給每一個人看的，之所以這麼分法，我認爲希伯來文暗示猶太人必需特別留意去讀，第一章的重點告訴猶太人不論遭遇任何情況，處於任何環境都應該在信仰上站穩腳步，四個年輕人被擄到外邦，對既有的信仰，在聖潔上不妥協，是應有的態度，也是告訴今天的基督徒，在面對世界的大染缸時，應該如何自處。尤其在面對逼迫，對信仰的堅持，一步也不能退讓，你們要聖潔，因為我是聖潔的；務必至死忠心，這是基督徒的基本要求，全本聖經的教導，都是圍繞在聖潔的議題上；要選邊站，站在　神這邊，保證平安無事，也是祂的應許。

第八章以後，重點在波斯和希臘的爭戰，直接講到末世；注意今天的世局走向，已經出現公山羊和公綿羊對峙的局面，將來的末日戰爭也會由此而起；雖然末後說，這書已經封閉，但隨著時間的演進，許多奧祕都已經開啓，每個基督徒都要有殉道的心理準備。

那時，保佑你本國之民的天使長（原文作大君）米迦勒必站起來，並且有大艱難，從有國以來直到此時，沒有這樣的。你本國的民中，凡名錄在冊上的，必得拯救。睡在塵埃中的，必有多人復醒。其中有得永生的，有受羞辱永遠被憎惡的。智慧人必發光如同天上的光；那使多人歸義的，必發光如星，直到永永遠遠，但以理啊，你要隱藏這話，封閉這書，直到末時。必有多人來往奔跑（或作：切心研究），知識就必增長。（但十二：1-4）

這奇異的事到幾時才應驗呢？我聽見那站在河水以上、穿細麻衣的，向天舉起左右手，指著活到永遠的主起誓說：要到一載、二載、半載，打破聖民權力的時候，這一切事就都應驗了。我聽見這話，卻不明白，就說：我主啊，這些事的結局是怎樣呢？他說：但以理啊，你只管去；因爲這話已經隱藏封閉，直到末時。必有許多人使自己清淨潔白，且被熬煉；但惡人仍必行惡，一切惡人都不明白，惟獨智慧人能明白。（但十二：6b-10）

我所忍受是何等的逼迫；但從這一切苦難中，主都把我救出來了。不但如此，凡立志在基督耶穌裡敬虔度日的也都要受逼迫。（提後三：11b-12）

聖經早就提醒我們，預防針已經先行接種，我們要忖時度勢，按時分糧。許多先知已經呼籲，不斷的叫人回頭，尤其在同婚的議題上，更嚴厲警告。並且提醒我們要敬虔度日，時時警醒禱告，因爲得贖的日子眞的很近了。

當人把他們丟進火窯，這些人反被燒死，他們三個人不但沒被火燒死，反而在火中遊行，尼布甲尼撒叫他們上來，眾人察看他們非常吃驚，不但繩子不見了，衣服毛髮絲毫未損，連火燎的氣味都沒有；尼布甲尼撒一驚非同小可，馬上宣佈他底下的人，都要敬畏我們的　神。

那時，尼布甲尼撒王驚奇，急忙起來，對謀士說：我捆起來扔在火裡的不是三個人嗎？他們回答王說：王啊，是。王說：看哪，我見有四個人，並沒有捆綁，在火中遊行，也沒有受傷；那第四個的相貌好像神子。於是，尼布甲尼撒就近烈火窯門，說：至高神的僕人沙得拉、米煞、亞伯尼歌出來，上這裡來吧！沙得拉、米煞、亞伯尼歌就從火中出來了。那些總督、欽差、巡撫，和王的謀士一同聚集看這三個人，見火無力傷他們的身體，頭髮也沒有燒焦，衣裳也沒有變色，並沒有火燎的氣味。尼布甲尼撒說：沙得拉、米煞、亞伯尼歌的神是應當稱頌的！他差遣使者救護倚靠他的僕人，他們不遵王命，捨去己身，在他們神以外不肯事奉敬拜別神。現在我降旨，無論何方、何國、何族的人，謗讟沙得拉、米煞、亞伯尼歌之神的，必被凌遲，他的房屋必成糞堆，因爲沒有別神能這樣施行拯救。那時王在巴比倫省，高陞了沙得拉、米煞、亞伯尼歌。尼布甲尼撒王曉諭住在全地各方、各國、各族的人說：願你們大享平安，我樂意將至高的神向我所行的神蹟奇事宣揚出來。他的神蹟何其大！他的奇事何其盛！他的國是永遠的；他的權柄存到萬代！（但三：24-但四：1-3）

尼布甲尼撒這個狂妄的王代表全世界宣佈我們的　神是獨一無二的眞　神；第六章獅子坑的故事，大利烏王也同樣宣佈。我們的　神是信實的　神，是守約施慈愛的神；無論我們遇到任何艱難，祂那大能的膀臂永遠與我們同在；祂沒有應許我們天色常藍，也沒有應許我們花香常漫，但在千鈞一髮的當下，祂帶領我們經過水火；末世是我們信心的考驗。

第五章　新約的啟示

四福音是耶穌告訴我們天國的道理，祂活出天國子民的樣式，做我們的榜樣，也講解天國的比喻；馬太福音十三章是天國的比喻，也是預言。

馬太福音十三章1-23節講撒種的比喻，福音就是天國的種子，那一粒種子就是耶穌自己，田地就是我們的心田，也可以比喻爲世界，奪走天國種子的是飛鳥，飛鳥就是魔鬼；決定我們心田是好土還是壞土，是我們自己。

聖經裡面有許多比喻，耶穌也常常用比喻表達祂的信息，比喻有點像詩歌，有許多解釋的空間，隱含多層次的信息，**耶和華的言語是純淨的言語，如同銀子在泥爐中煉過七次**（詩十二：6）；這23節聖經告訴我們一個事實，受汙染的人類很難接受福音；如果接受了，不謹慎保守，接下來23節以後的敘述，證明我們也會不明究裡的接受不正確的教導，就像啓示錄七個教會一樣，其中只有兩個教會是主所稱許，其餘五個教會都有摻雜。可見魔鬼無所不用其極的不要我們接受純粹的眞理，將酵在我們不知不覺的時候入侵教會，主要我們警醒禱告就是這個道理。

撒稗子的比喻：

耶穌又設個比喻對他們說：天國好像人撒好種在田裡，及至人睡覺的時候，有仇敵來，將稗子撒在麥子裡就走了。到長苗吐穗的時候，稗子也顯出來。田主的僕人來告訴他說：主啊，你不是撒好種在田裡嗎？從那裡來的稗子呢？主人說：這是仇敵做的。僕人說：你要我們去薅出來嗎？主人說：不必，恐怕薅稗子，連麥子也拔出來。容這兩樣一齊長，等著收割。當收割的時候，我要對收割的人說，先將稗子薅出來，捆成捆，留著燒；惟有麥子要收在倉裡。（太十三：24-30）

解釋稗子的比喻：

當下，耶穌離開眾人，進了房子。他的門徒進前來，說：請把田間稗子的比喻講給我們聽。他回答說：那撒好種的就是人子；田地就是世界；好種就是天國之子；稗子就是那惡者之子；撒稗子的仇敵就是魔鬼；收割的時候就是世界的末了；收割的人就是天使。將稗子薅出來用火焚燒，世界的末了也要如此。人子要差遣使者，把一切叫人跌倒的和作惡的，從他國裡挑出來，丟在火爐裡；在那裡必要哀哭切齒了。那時，義人在他們父的國裡，要發出光來，像太陽一樣。有耳可聽的，就應當聽！（太十三：36-43）

芥菜種的比喻：

他又設個比喻對他們說：天國好像一粒芥菜種，有人拿去種在田裡。這原是百種裡最小的，等到長起來，卻比各樣的菜都大，且成了樹，天上的飛鳥來宿在他的枝上。（太十三：31-32）

麵酵的比喻：

他又對他們講個比喻說：天國好像麵酵，有婦人拿來，藏在三斗麵裡，直等全團都發起來。（太十三：33）

一日太陽平西……

這個故事大家耳熟能詳，我們回想當時的情況，約押在前線打仗，大衛閑來無事，中午睡個懶覺，傍晚起床到陽臺溜溜，看看夕陽，打個哈欠，伸個懶腰，突然間往下一看，一個美女在溪邊洗澡，驚爲天人，馬上派人將她帶進宮來。天雷勾動地火，一下子，十誡當中犯了好幾誡。當時的大衛王正值巔峰，國力強大，周圍列國都不是敵手，可謂躊躇志滿，心情愉快，一不小心，犯了大錯。稗子的比喻就是發生在人睡覺的時候，睡覺的時候全身放鬆，身體精神都處於休息的狀態，也沒有警覺心，在毫無戒備的狀況下，犯錯的可能性很高，所以當兵的時候，只要休息一兩天，幹部就會找一些拉里拉雜的事叫阿兵哥做，不是掃地，就是割草，再不然出個基本教練操；反正他就不讓你閑著，就怕你變成張飛的媽媽吳氏；無事生非，那長官就要找麻煩了。

耶穌說比喻，自己解釋比喻，說是比喻，也是預言；稗子和稻子很相像，麥子我們南方人不容易見到；念書的時候，有一位同學家裡種田，有一天，我突然和他討論稗子的問題，他告訴我，小時候他父親就教他如何識別稻子和稗子，現在他一眼就能看出來。稗子在沒有長大的時候，很難分別稻子和稗子，但是到了開花長大就不一樣了，稻子結果，顆粒大，越成熟越下垂，稗子就是成熟，還是筆直筆直的站的直挺挺的。高中念英文，有一篇前菲律賓總統寫的文章，敘述他的成長過程，其中有一句話說：The taller the bamboo grows, the lower it bends. 稗子即使結實纍纍，還是筆直筆直站的好好的；以前賣米的人家，要糶米出去，一定要在家先篩過，把小石頭和稗子先挑出來；現在已經不見稗子了，可見臺灣農夫的功夫了得，這麼細小的微粒，都可以將他們除盡，難得。

啓示錄七個教會，第一個是以弗所教會，第二個是士每拿教會。從耶路撒冷開始建立第一個教會後，門徒四處傳福音；當時羅馬政權承認猶太教是合法宗教，初期羅馬政府以爲教會和猶太教沒有分別，不明就裡的讓教會在猶太教的保護傘下繼續下去。這時候的教會，就是以弗所教會，除了猶太人逼迫外，沒有其他的外力干預。羅馬皇帝自己就是神，要人民膜拜他，教會當然不肯，加以猶太人也和教會劃清界線，於是教會不能在猶太教保護傘下繼續生存；失去猶太教的保護傘，教會受到羅馬政權極大的逼迫，猶太人當然也不放過他們；他們拒絕向羅馬皇帝下拜，於是逼迫加重，還有個羅馬皇帝以殺基督徒爲樂，教會只好走入地下，聚會不能公開，今天羅馬許多地下坑道都有許多基督徒遺骸；彼得倒釘十字架，保羅被砍頭，許多基督徒被迫送往競技場和野獸搏鬥，人人把基督徒當作笑話看，這種情形越演越烈，甚至有大臣勸告羅馬皇帝，不能再繼續下去，再這樣下去，羅馬會變成一座空城。直到康斯坦丁大帝繼位事情才有了改變。

他本人並不信主，他的母親同情基督徒，也是一個基督徒，由於他母親的影響，他也信了主；在西元三百二十年左右，教會就不受逼迫，可以光明正大的聚會；他開風氣之先，許多王公大臣跟著也信，一時之間蔚爲風氣，米蘭詔書更規定基督教是唯一的合法宗教。教會不但合法，教會領袖的地位也直線上升；教會不斷的擴大，政治上的官僚體系也逐漸引進教會；於是教會形成他特有的聖品制度，有神父、主教、樞機主教，天子腳下的羅馬主教地位逐漸上升，成爲教會最高的領袖。這時候教會非常風光，神職人員受到信徒無比的尊重。教會進入別迦摩的時期。

別迦摩有結婚的意思，教會走進世俗；別迦摩教會耶穌是如何稱呼他？「那有撒旦座位的」。當教會一合法，就有一個主教說，耶穌在世界上傳福音的時間有三年半，他唯一的根據就是但以理書第九章，一七之內，一七之半。教會承受這個教導至今，也沒有人反駁；在他之前也沒有人有過任何說法；其實但以理書第九章開頭就講得很清楚，就是七十個七，四百九十天。有一個猶太牧師曾經就四福音書，按照七個節期仔細對照，講解這個問題，完全正確。那個撒旦的座位，今天被德國人一石一木，原汁原味的移到柏林，成爲舉世聞名的博物館，土耳其政府百般交涉，要從他們手裡要回來，都沒有下文；這就難怪了，二次大戰出了個希特勒，如今先知預言將會出現一個敵基督，也不無可能。

稗子出現，僕人就發現了，立刻請求將稗子薅出來，但是主說，且等等，慢慢來，恐怕薅稗子傷了麥子；表面上看起來沒什麼異樣，泥土下面盤根錯節我們是看不見的；乾脆讓他們一起長大，到收割的時候，先將稗子薅出來，捆成捆，留著燒，麥子要收到倉庫；這裡的捆是多數的，可見數目很多。

教會合法化，酵就進來，我們今天慶祝聖誕節，復活節，猶太人當笑話看；爲什麼？根據路加福音第一章和第二章，許多教會在聖誕節演出聖誕劇也是根據這兩章聖經爲劇本；你想想，耶路撒冷在冬天會下雪，那種天氣能有牧羊人在野地裡放羊？況且耶穌的生日應該在住棚節，因爲 神應許我們祂要支搭帳篷在人間；亞伯拉罕進迦南，第一站就是疏割，疏割的意思是帳篷；雅各從巴但亞蘭回家，進入迦南地，第一站也是疏割；帳篷是臨時的居住地，表示我們是客旅，是寄居的；耶穌降世爲人，取得和我們一樣的身體，爲我們上十字架，埋葬，復活，升天，整個過程都是按照耶和華七個節期的時間表應驗，就是春天的四個節期，逾越節，除酵節，初熟節，五旬節；成就了給全人類唯一的救恩，要人人因祂的名得救。摩西告誡以色列人在進入應許之地後，不可以隨從埃及人或是當地的居民，隨隨便便在山崗或是青翠的樹下敬拜 神，一定要到 神指定的地方才可以獻祭，偏偏我們拿聖誕樹作裝飾，還張燈結彩讓人眼花繚亂。雖然說新約許多舊約的禮儀已經被耶穌取代，但是原則不變；難怪向猶太人傳福音這麼困難。

再就是復活節，弄個彩蛋，兔子，不叫復活節，叫 Easter；猶太牧師說中東一帶的人都知道，那是寧錄老婆的花樣，和主耶穌復活一點關係也沒有，完全抄襲中東的規矩；主耶穌教導我們剝餅，天主教叫領聖體，一般教會都是大家聚集一起唱詩禱告感謝，然後一同領受餅和杯；天主教不一樣，先告解，在一個小房間，或是用布幔圍成的小範圍，跪在一片鑽了許多小孔的木片前面，嘴巴靠近木板，神父坐在另外一邊，耳朵貼著木板，聽你這些日子犯了什麼錯；之後說些什麼我不得而知，我只知道辦了告解的人，回到會堂，跪在板子上，聽他們說神父罰他們念幾遍的玫瑰經或聖母經；他們的彌撒儀式有點像從前猶太教，神父頭上戴冠冕，穿著很像過去的祭司，遇到重要節日，還會提個香爐，一邊口念著拉丁文，一邊將香爐甩來甩去，走回猶太教的老路。我們透過耶穌直接向　神悔改認罪，就可以參加剝餅，不必透過第三者；難怪神父總是高不可攀，讓人望而生畏，動不動就叫人辦告解；你只要看電影教父，就知道我所言不虛。

此外，保羅警戒提摩太，**他們禁止嫁娶，又禁戒食物……**（**提前四：3a**），神父，修士，修女不准結婚也不知道是誰在什麼時候規定的，可是修院之間卻有地下道相通，也是不能公開的祕密；別迦摩和推亞推拉教會就是歐洲的歷史，他們將聖母瑪利亞當作偶像拜，還有其他的聖徒也成爲膜拜的對象，文藝復興後，爲了美化教堂，也因此造就不少藝術家。

改教運動後，雖然教會脫離天主教的轄制，但卻摻雜希臘哲學，解經雖然更自由，範圍更寬廣；以爲隨便得個學位就瞭解聖經，實在荒堂。聖經研究變成大學的一門課程，學者當作學問一般的研讀；這樣世上的小學進入教會，科學進步，每每和聖經有所抵觸；用科學的眼光解釋聖經，往往就將聖經裡面的神跡奇事拋諸腦後，那麼我們和外邦人所信的有什麼不同？解經的首要條件就是聖靈帶領，沒有人能夠用私意解經。

芥菜是什麼樣的菜？聽說以色列的芥菜和臺灣的芥菜不一樣，以色列的芥菜長得很高，可以有一個人的身高，臺灣的芥菜可以很大一欉，大到一個人抱不起來，冬天醃酸菜最好的材料；耶穌這個比喻很奇怪，芥菜會長大，而且還成了樹，更稀奇的是，長出大枝來，天空的飛鳥可以宿在他的蔭下。這點違反　神的創造律，和先前的第四頭怪獸一樣；芥菜是草本植物，就是再高再大，也不可能變成樹，時間一到就漸漸枯萎；既然耶穌是用比喻，當然另有所指。

我也曾經問帶我信主的老牧者，究竟這個比喻如何解釋，他淡淡的說：這是教會畸形的發展。當時也沒有想太多；直到有一天突然發現，這不是天主教嗎？真的一腦袋的疑團，豁然開朗。樹在聖經上可以當作國家來解釋，以前怎麼沒想到這一點？教會發展越來越大，大到變成一個國家的樣子，從過去的教廷開始，到如今仍然如此，不但如此，教皇還高高在上；和世界各國互換大使，梵蒂岡雖然只是羅馬的一隅，但儼然自成一國，有各部會，有大臣，我們費盡心思要保住和他們的外交關係，實在愚不可及，看看電影《教父》，裡面黑幕重重，和這種暗黑世界做朋友，沒有必要。

「宿」這個字，英文管他叫 Nest，我們的聖經翻譯沒有英文來的傳神，應該叫搭窩才對；俗話說：你可以讓鳥飛過你的頭上，但是你可以禁止他在你頭上搭窩；搭窩的目的是要傳宗接代，世世代代的繁衍下去；這個問題大了，天主教這樣漫無止境繼續繁衍，終於造就一個假先知。教廷和世界上的政治界，商界，金融界甚至連黑道都有很深的掛鉤，甚至美國的 CIA 都懷疑教廷就是全世界最大的洗錢中心，只是一直苦無證據，不敢冒然下手，即使冒然下手，可能動一髮牽聯一大掛人，就像中國人綁粽子一般，只要抓到頭，一拉就是一大堆人，牽連之廣，全世界到處都有。這些見不得人的事，美國當局不是不知情，而是他們也好不了到那裡，彼此心照不宣，豈不皆大歡喜。

再下來就是麵酵的比喻，這個比喻把教會批評的一無是處，酵是錯誤的教導，錯誤的信仰，錯誤的認知；以色列人在出埃及前，除了吃逾越節的羊羔外，就是要把舊酵除盡，過去的生活習慣，思想意念，不當的行爲等等，統統除掉。過了逾越節就成了一個新人，新人當然要有新人的樣子。除酵節有七天不能吃有酵的食物，會作麵食的人都知道加了酵的饅頭麵包比較好吃，也容易入口；但是一下子就飽了，肚子容易餓。酵這個東西聖經的解釋是負面的，加上婦人，解釋一樣不好；發麵是婦人的工作，耶穌特別說三斗麵，夠一個六口之家吃好幾天，普通家庭一天不過半斗就有餘；麵團擺在那裡還是一團麵，如果加上酵母就不得了，尤其天氣熱的時候，發的很快，沒一會工夫整個麵團發的很大，而且發過的麵團表面光滑，這時候不立刻處理，會越發越大，越發越大；大歸大，麵粉還是三斗，表面光滑，裡面空空如也，一戳就破；就像啓示錄第五個教會撒狄，按名是活的，其實是死的；教會裡面熱熱鬧鬧，什麼活動都有，但是主所要的是生命。兩千年來，教會就是靠這三斗麵維續生命，因爲七個教會，每個教會都有得勝者。

小小的一粒芥菜子能夠發展到今天的地步實在不容易，耶穌說是百種裡面最小的一種，耶穌就是這粒芥菜種，今天結出這麼多的果實，是祂自己作的，我們毫無可誇；但是仍然不夠，祂要我們往全天下去傳天國的福音，使人人都作祂的門徒，因爲祂再來的日子近了。

從這幾個比喻看教會，我們能不自省嗎？

第六章　抓鳥

啓示錄是整本聖經最後的一卷書，也是耶穌親自啓示祂的愛徒約翰，在他晚年的時候，將當時、以後和將來要發生的事啓示給他；開宗明義主耶穌就說：念這書上預言的和那些聽見又遵守其中所記載的，都是有福的；可見啓示錄有多重要。老約翰這時候所見的耶穌不是當年可以靠在祂胸膛的主，而是威武榮耀的主；馬太福音十三章，耶穌親自說：飛鳥就是那惡者，也就是撒旦，從創世記開始，他就不斷地破壞　神與人的關係，使我們遠離　神，誘惑我們跟隨他；因爲我們被造是根據　神的形象和樣式造的。我們讀創世記第一章第一節和第二節，起初　神創造天地，這是第一節；第二節，地是空虛混屯，淵面黑暗。我們不知道第一節和第二節中間，時間相差有多久，但是英文版聖經的翻譯是地「變成」空虛混屯；如果繼續讀下去，都是　神的創造，每造一樣，神都說是好的，直到人被創造，　神說甚好；人被造之後領受的第一個命令：你要生養眾多，遍滿地面，治理這地……從這節經文看，我們都違反　神的誡命，今天少子化的時代，完全和　神的旨意背道而馳；治理，我們的聖經翻譯語氣太弱，英文聖經的翻譯很強烈，是制服（subdue）這地。起初　神創造天地，這個天這個地一定都是好的，因爲一切的美善都出於　神，但是爲什麼會變成空虛混屯、淵面黑暗？很顯然，這地一定曾經背叛過，否則　神不必創造人制服這地；尤其我們是根據祂們的形象樣式而創造，目的要取代牠的地位，牠那嫉妒的心油然而生；我們讀以西結書二十八章就知道當初牠被造有多麼風光：

耶和華的話又臨到我說：人子啊，你對推羅君王說，主耶和華如此說：因你心裡高傲，說：我是神；我在海中坐神之位。你雖然居心自比神，也不過是人，並不是神！看哪，你比但以理更有智慧，什麼祕事都不能向你隱藏。你靠自己的智慧聰明得了金銀財寶，收入庫中。你靠自己的大智慧和貿易增添資財，又因資財心裡高傲。所以主耶和華如此說：因你居心自比神，我必使外邦人，就是列國中的強暴人臨到你這裡；他們必拔刀砍壞你用智慧得來的美物，褻瀆你的榮光。他們必使你下坑；你必死在海中，與被殺的人一樣。在殺你的人面前你還能說「我是神」嗎？其實你在殺害你的人手中，不過是人，並不是神。你必死在外邦人手中，與未受割禮（或作：不潔；下同）的人一樣，因爲這是主耶和華說的。（結二十八：1-10）

牠的下場：

耶和華的話臨到我說：人子啊，你為推羅王作起哀歌，說主耶和華如此說：你無所不備，智慧充足，全然美麗。你曾在伊甸神的園中，佩戴各樣寶石，就是紅寶石、紅璧璽、金鋼石、水蒼玉、紅瑪瑙、碧玉、藍寶石、綠寶石、紅玉，和黃金；又有精美的鼓笛在你那裡，都是在你受造之日預備齊全的。你是那受膏遮掩約櫃的基路伯；我將你安置在神的聖山上；你在發光如火的寶石中間往來，你從受造之日所行的都完全，後來在你中間又察出不義，因你貿易很多，就被強暴的事充滿，以致犯罪，所以我因你褻瀆聖地，就從神的山驅逐你。遮掩約櫃的基路伯啊，我已將你從發光如火的寶石中除滅。你因美麗心中高傲，又因榮光敗壞智慧，我已將你摔倒在地，使你倒在君王面前，好叫他們目睹眼見。你因罪孽眾多，貿易不公，就褻瀆你那裡的聖所。故此，我使火從你中間發出，燒滅你，使你在所有觀看的人眼前變為地上的爐灰。各國民中，凡認識你的，都必為你驚奇。你令人驚恐，不再存留於世，直到永遠。(結二十八：11-19)

聖經對我們的要求是，站立得穩；練武功的人，第一個要求就是蹲馬步，這個功夫學會了，再學其他的招式，馬步蹲不穩，隨便一推就倒，就是再多的招式也不過是花拳繡腿，上不了臺面。教會每年的要求我們一定最少將聖經讀過一遍，聖經就是基督徒根基的底子；看看以西結書二十八章，就知道撒旦的權勢不小，我們很容易被欺騙上當，一不小心就落入他的網羅，這個世界充滿誘惑人的把戲，人類越進步，越不要被他迷惑；我就是被這個觀念害了；二十年前我就說將來的手機是敵基督利用的工具，要全世界的人在不同的地方，同一個時間膜拜他，除非透過手機和人造衛星即時轉播，沒有辦法達到這個地步；今天果然應驗我當初的看法。所以個人電腦和手機我一直都不用，到了事到臨頭，非使用個人電腦不可才臨時惡補；還好，我們的　神知道我們的需要，適時出現懂電腦的外甥幫助我。殊不知這些東西能幫助我們，也能帶我們走向滅亡，而且我們就是走在這條路上。

啓示錄七個教會，只有兩個教會耶穌沒有責備，其他五個都不完全，最大的原因就是有飛鳥在裡面搭窩；教會要自潔，就要將鳥窩翻覆，把鳥抓出來，個人也是一樣。啓示錄還有七個印，前四個印代表四個不同的權勢，這也是飛鳥作怪使然。

我看見羔羊揭開七印中第一印的時候，就聽見四活物中的一個活物，聲音如雷，說：你來！我就觀看，見有一匹白馬；騎在馬上的，拿著弓，並有冠冕賜給他。他便出來，勝了又要勝。

揭開第二印的時候，我聽見第二個活物說：你來。就另有一匹馬出來，是紅的，有權柄給了那騎馬的，可以從地上奪去太平，使人彼此相殺；又有一把大刀賜給他。

揭開第三印的時候，我聽見第三個活物說：你來！我就觀看，見有一匹黑馬；騎在馬上的，手裡拿著天平。我聽見在四活物中似乎有聲音說：一錢銀子買一升麥子，一錢銀子買三升大麥；油和酒不可糟蹋。

揭開第四印的時候，我聽見第四個活物說：你來！我就觀看，見有一匹灰色馬；騎在馬上的，名字叫作死，陰府也隨著他；有權柄賜給他們，可以用刀劍、饑荒、瘟疫（或作：死亡）、野獸，殺害地上四分之一的人。

前四個印都是用馬代表，早年Good TV有葉光明牧師的講座，他解釋第一匹白馬勝了又要勝，是福音將要再度得勝；現在感覺不太合適；詩篇告訴我們，神不喜悅馬的力大，人的腿快；用白馬比喻福音不太妥當。四匹馬都有騎士在馬上，這是共同的特點，唯有白馬我們要特別關注，因爲他有別於其他三匹馬；白馬出現的時候，四活物當中有一個活物，聲音如雷；這是非常特殊的一點；其他的三匹馬出現活物只叫他們說：你來，如此而已；更奇怪的是，騎士有一頂冠冕賜給他；葉光明牧師說，這頂冠冕不是皇冠，而是桂冠，是奧林匹克運動會頒的那種桂冠，用花花草草編織而成的，過兩天他就枯萎了；意思是他的榮耀只是一時，不能持久。更奇怪的是手裡面拿著弓，勝了又勝；有弓無箭，還能勝了又勝，你不覺得奇怪嗎？有弓無箭，拿弓何用？

以前的警察，沒有配槍，只有警棍，他們的工作是維持治安；後來黑道都拿槍，爲了自衛才開始配槍；但是還是規定他們用槍的時機，不可以隨便開槍，他們只有警察權，沒有司法權；配槍在某些時候也有嚇阻的作用；這讓我不得不又想起美國了。二戰後美國人不是世界警察嗎？向來他們都以世界警察的身分自居，維持區域穩定，這種工作，捨我其誰？有弓無箭，弓還是可以打人，尤其騎在馬上，威力更猛是不是？我們先看看冠冕是什麼意思，用一句普通話說，就是叫我第一名；為什麼？因為希臘人的運動會得到頭獎的人都有桂冠戴在頭上，在以力服人的時代，是無上的光榮。

你想想，自從美國建國以來，他有太多的第一名，就拿他建國來說，他是全世界第一個民主國家，光這一點和爲什麼以如雷的聲音叫他出來大有關係，以後會再談；第一架飛機、第一部留聲機、第一部電影、第一個漢堡、第一顆電燈泡、第一部汽車、第一部電視機、第一本花花公子、第一件比基尼、第一個人造衛星、第一……；太多的第一都讓他搶了頭功；這也難怪，人家的技術好、資本雄厚、市場大、資源豐富，全世界一流的人才都往美國跑，多少人擠破頭都想入美國籍；美國建國之初，就吸引大量的歐洲移民，能夠移民美國的人，也是一時之選；臺灣以前不是流行一句話，來來來，來臺大，去去去，去美國；美國人有今天，優秀的移民人才很重要；到今天，加州對川普的移民政策十分感冒，就是科技業者十分倚賴國外的知識分子，如果限制外來人口，對公司的運營影響很大。在方方面面，向來美國領頭羊的地位一直不變，無論在經濟上，軍事上，科技上，美國很少有落後的時候，財大氣粗，讓人受不了，CIA 在全世界幹了多少卑鄙無恥的勾當，連他們自己都看不下去。電視電影常常有這一類的故事，都是拿他們作題材；他只能占便宜，別人不能占他便宜；他們把勞力密集的工業，下放到國外落後地區，享受廉價民生用品，然後說你出超過多，只想賺他們的鈔票，用這種藉口，強迫你開放某些市場，讓他們可以隨心所欲的炒股，炒匯；這種嘴臉才叫噁心。臺灣人拿比別人貴三倍的價錢，買他們一些過期的破銅爛鐵，還以爲是無上的恩典；買法國的飛機軍艦，還要給他們回扣，天底下有這種國際笑話？我們的政客專門做這種荒唐的事；多讀點聖經才會讓你心平氣和，因爲　神早說過：形狀強橫，過於他的同類；但以理書早已說得清清楚楚的。

勝了又勝，這四個字很容易明白，美國兩次世界大戰都是他參戰，盟軍才可能勝利；二戰後，美國不是沒有出兵參戰，但是參戰的目的不是求勝，不像過去的強國，以武力侵略他國；表面上大家認爲他在穩定區域和平，戰爭打到一半就喊停；剩下的就是和談，讓聯合國去搞去。國共不就是這樣嗎？南北韓三十八度線，南北越的十七度線，都是美國人的傑作；建築界有爛尾樓，美國人專門搞爛攤子，沒有一次美國人到的地方，沒有留下後遺症，今天動蕩不安的世侷，百分之九十以上是他們搞的鬼；爲什麼？答案很清楚；美國就是有一群唯恐天下不亂的投機分子作怪，特別是軍火商。他們的黑手早就深入政界的高層，只要有打仗的地方，他們的武器就有銷路，而且利益驚人；美國是世界上獨一無二，宣稱以聖經爲立憲藍本的國家；早期他們的總統大部分都是虔誠的基督徒，也依照聖經的原則施政，是一個令人羨慕的國家；街上看到的都是笑嘻嘻的臉龐，認不認識不管，卻都和和氣氣的彼此招呼，這樣的社會那一個人不喜歡？但是現在變了，變成面目可憎。聖經他們早就拋到九霄雲外，連公開的看聖經都不可以，還可能犯法；比起以前，你能想象得到嗎？南北韓，南北越是這樣，中東，非洲，中南美許多亂局就是美國介入留下的爛尾樓；奇怪的是，還有許多人要往美國去。

順便說個美軍的笑話；越戰本來沒有美國人的事，二戰後，全世界不是到處都有新興國家獨立嗎？越南也不例外，從法國的殖民地獨立，反正法國也管不了，二戰已經把他搞得頭昏腦脹，越南遠在中南半島，法國也鞭長莫及，獨立就獨立；獨立後的民主政府是法國人扶植的，法國人最講自由；這時候，共產黨從中國大陸慢慢的滲透進入北越，鼓動一群農民工發展勢力；於是從北越的河內，逐漸向南逼近，最後連首都西貢都難保。法國出面協調，沒有結果，報紙的新聞天天有越戰的消息，南越終於撐不下去，於是在法國的要求下，美軍就出兵協助越南。小小一個越南，美軍根本不看在眼裡；他們在南韓有軍事基地，駐紮許多美軍，東京橫濱有航空母艦的艦隊群，那霸有全亞洲最大的空軍基地，駐紮 B-52 長程重轟炸機；越南在美軍的軍事援助下，很快的收復一些淪陷地區，但是沒多久越共又打回來，形成拉鋸戰，美軍顧問團最後決定出兵越南。但共產黨滲透的功夫一流，許多潛伏的越共在南越經常發動都市巷戰；共產黨偽裝的功夫也是一流，越南和美軍都是正規軍，身穿制服，一眼就看出來，越共沒錢做制服，看起來和一般老百姓一樣；西貢天天有小規模的戰爭，連美國大使館也曾經遭受攻擊。

美軍在越南並不是一路順風，在他們正式投入越南戰場，事先就做過評估，大約多少時間就可以平定越共；沒想到一陷就是好幾年，眞的沒完沒了。他們那種正規軍的打法，和越共比起來，就像拿大炮打小鳥；窮人有窮人的本事，再加上他們那種不求勝的態度，面對越共，簡直束手無策；聽王昇將軍講他們的故事，保證笑掉大牙。

美軍采取的戰術是直搗黃龍，擒賊擒王，你什麼都沒有，優勢火力就要你連喘氣的功夫都沒有。當然地面部隊是主力，其他的是火力支援。那時候念高中，報紙收音機的新聞，天天報導越南的戰況，今天派駐東京灣的航空母艦出動多少架次的戰鬥轟炸機，投了多少炸彈，地面部隊挺進幾個村莊，那霸的長程轟炸機幾點從那霸出發，轟炸那些地方，航空母艦又收了幾個傷兵；美軍開始轟炸北越，的確讓他們措手不及，但越共也不是省油的燈，立刻還以顏色，不斷騷擾南越，出沒無常；北越的叢林，飛行員看不清楚地面，往往看不見目標，於是他們用落葉彈轟炸叢林，叢林的樹葉到今天還有毒素，許多無辜百姓也染怪病，醫都醫不好。那時叢林出現一條胡志明小徑，全世界都知道；越共就這樣躲躲藏藏，美軍一點辦法也沒有，戰爭一直拖延，連士氣都快沒了。

後來他們眞的發展一套戰術，在叢林行進，首先派斥候偵查地形，當前進偵測官發現目標，果然有人有動物走動，立刻回報，地面指揮官馬上申請空中火力支援，轟炸一段時間，前進偵測官用望遠鏡再詳細觀測，目標沒有什麼活動；地面指揮官申請炮兵支援，對準目標實施地面火力轟炸；再過一段時間，前進觀測官再觀測一遍，沒有動靜；地面指揮官又再申請，要求炮兵火力調遠射程，向目標後面繼續轟炸，以斷絕後路；看看差不多了，炮兵轟炸停止，地面部隊向著目標挺進，面對叢林，一字排開，拿著自動步槍向前掃射，一邊掃射，一面前進；終於美國陸軍攻上山頭，將大旗一插，準備埋鍋造飯；說時快，那時遲，突然槍聲四起，倒下多人；但沒多久功夫又被他們的優勢火力壓制。馬上開始搜索，不但不見人影，連一滴血也看不見。

他們在叢林行軍，樹上常常挂著標語，「美國人是混蛋」「美軍滾回去」「去死，美國人」。年輕的美軍不懂事，看見當然十分火大，立刻伸手拉下標語，不料詭雷馬上炸開，不明不白的死了幾條人命；在田野行軍，看見農夫在田地工作，友善的向他們打招呼，等他們一過去，田裡面的農夫，不管男女老少一下子都變成越共，拿著步槍向他們後頭掃射；讓他們最頭痛的就是，他們搞不清楚是敵是友，因爲他們很講人道，講人權。幾年下來，他們也疲倦了，又開始和談；於是在打打停停下，邊打邊談。這一仗打下來，打垮兩個總統，打垮美國財政，打垮美國士氣；國內反戰之聲四起，眾議院參議院的議員們開會的時候，國務卿被他們K的滿頭包，於是議員開始獻策……

國務卿先生，我看我們的仗打得那麼辛苦，冤枉錢也花了不少，年輕人的生命，不應該浪費在越南的戰場上；不如這樣吧，年輕人和年輕人相處很容易，我們的年輕人天天抱怨我們讓他們去打仗，他們和我一樣，不知爲何而戰，也不知爲誰而戰，一天到晚拿把吉他在街頭，披頭散髮吸大麻，唱歌鬼混，我沒看過這麼墮落的年輕人；乾脆，這樣吧，我們花點錢，把這些年輕人送到越南，讓他們打成一片，越南年輕人吸大麻上了癮，也沒有人打仗；國內嬉皮解決了，越戰的問題一樣也解決，……

國務卿先生，你知道我們國內一年報廢的汽車有多少？大家對這個問題都很頭痛，要一大片土地擺這些廢鐵；這些汽車都還堪用，把這些汽車送給他們，讓他們一人一車；他們天天開著汽車到處跑，哪有閑工夫打仗，況且這些汽車都不保險，經常出狀況，很容易出車禍，一出車禍就是兩條命……

這些諷言諷語，讓國務卿坐立難安。一直以來，打仗都是要錢的，連一顆子彈都算錢，長期的轟炸，加上後來蘇聯提供小型的火箭飛彈，打下不少飛機；地面部隊也沒閑著，每占領一個陣地，現在學乖了，馬上全面搜索，有一天，他們占領一個陣地，占領之前，偵測官報告，人、雞、鴨、豬都看得一清二楚，直到占領後，一滴血也沒看見，他們開始懷疑，一定有蹊蹺；皇天不負有心人，終於讓他們發現一個重要祕密；有一口僞裝得很好的枯井，他們派人下去搜索，沒想到又遇到伏擊。

越共挖地道的功夫，讓他們嘆爲觀止，裡面藏的什麼都有，除了鍋碗瓢盆，炊具，糧食，武器，應有盡有，而且地道還很寬敞，最大的可以容許兩部大卡車對駛；美國陸軍又學到一門另類的功課，越共出沒無常都是地道搞的鬼；所以他們占領一個據點後，第一件事就是搜索地道；發現地道又怕被伏擊，有時發現地道也沒用，下去之後，都被大石頭塞住了。部隊的戰爭持續進行，外交方面，和談也沒停止；他們和談的地點在哪裡？猜猜看？巴黎。

我不懂外交的規矩；但有一件事情我始終想不透，美國、越共、法國的代表們齊聚巴黎，開始和談，你猜猜看他們討論的第一件事是什麼？我想你意想不到吧？先就會議的桌子應該是方的還是圓的討論起；你想想桌子是方的還是圓的，和和談有什麼關係？而且更讓人想不通的是，居然這個問題可以吵上一個星期還沒有結果，和談就這樣破局了。巴黎和談繼續進行，中南半島也沒閑著，美軍又發現地道了。

美國人很聰明，他們不想要冒險下去，這種危險的事讓越南人去做；於是美軍顧問很和氣的對越南指揮官說：我們是美國人，對越南的地形地貌不瞭解，這是你們的地方，你們比較清楚，是不是請你們先派人下去看看，我們再做打算……

越南指揮官也不是吃素的，連忙很有禮貌的回答說：是是是、這是我們的國家，我們當然瞭解，不過嘛……我們瞭解的很有限，地面上我們清楚，至於地下嘛……對不起，我們和你們一樣無知……

一時間，美軍顧問也不知道該如何回答，正在一籌莫展的時候；美國人是聰明人，辦法總是人想的，天無絕人之路，不是嗎？美軍顧問計上心頭，立刻叫化學兵來，向著地道猛灌毒氣；過一段時間，派人戴上防毒面具下去搜索……

巴黎這邊也沒閑著，第二天歐洲所有報紙的頭條斗大的標題：

美軍在越南使用毒氣

一下子全世界譴責之聲四起，美軍就像豬八戒照鏡子……這就是白馬，這就是白宮揭開第二印；　神眞的很幽默，我突然想到以前電視的綜藝節目有紅白對抗，也想起詩篇有一句這麼說：願你派一個對頭站在他旁邊……（詩109：6）。

我很篤定的說，這就是蘇俄，對深受其害的人，更爲深刻，聖經的描寫，再明顯不過了。出來的那馬是紅的，有權柄給那個騎馬的，這不是蘇俄是誰？馬克思的共產主義在歐洲沒人理，倒是被列寧、斯大林奉爲圭臬。他們發動無產階級革命，推翻沙皇，由聖彼得堡遷都莫斯科，這兩個地方都是當前很紅的旅遊景點；他們的軍隊叫紅軍，莫斯科的廣場叫紅場，國旗叫紅旗；只要是共產國家，他們的國旗有一個特點，就是一片大紅，中共如此，北韓如此，二戰後，赤色革命風靡全球，大陸淪陷，南北韓分裂，南北越分裂，都是赤色革命的災害，這是人禍，可以從地上奪去太平，使人彼此相殺……

兩千年前，老約翰已經寫好等著我們，有個共產黨爲禍，有個制衡的力量，美國人就無法爲所欲爲，二戰後，有一段時間，長期處於美蘇間的冷戰之侷，雙方在軍備上競爭很厲害，殺人的武器突飛猛進；聽說蘇俄在戰後能這麼快速和美國一爭高下，猶太人居功厥偉；相傳希特勒垮臺時，他手下控制一群猶太科學家自動自發的分爲兩組，一組投美，一組投共，反正德國戰敗，而且被限武，爲了生計，總得工作；兩三千年的流亡歷史，夾縫中求生存的道理，他們深諳個中三昧，只要兩強對峙，他們求生求變的空間就更大。

他勇士的盾牌都是紅的，精兵都穿朱紅衣服（鴻二：3），套用先知拿鴻的預言，尼尼微毀於巴比倫手下，巴比倫軍隊的盾牌是紅的，軍裝也是紅的，先知精準的預言亞述帝國尼尼微的下場，用在蘇俄的身上，大同小異，你認爲呢？

有一把大刀賜給他，紅旗上面是什麼？一把鐮刀和斧頭，無產階級專政的符號，是辛苦工作的農民工求生的工具，造就一個暴力政權，鐵幕國家；什麼無產階級專政，全是騙人的鬼話。

第三印，據葉光明牧師的解釋，是指分配的問題，因爲騎在馬上的手拿天平，一錢銀子，在古時候是一天的工資；他說到末世的時候，一天的工資，難求一日的溫飽；今天貧富差距越來越大，資本家壓榨勞力，司空見慣，政府毫無作爲，全世界這種現象，越來越普遍；臺灣過去曾經被壓榨，如今也成爲壓榨廉價勞工的一員，產業外移就是明證。臺灣長期處於勞資對立的情況，民進黨用漂亮的口號騙取選票，如今上臺主政，又換成另一幅嘴臉，什麼勞工是我們心裡最軟的一塊，不要臉至極。但是人類走入工業生產，這種情況不能避免，貧富懸殊不是今天才有，民主社會，政客和資本家暗中勾結才是問題。

油和酒不可浪費；油和酒在古時候都是富人的奢侈品，今天不像從前，物質的享受，一般人都超過以前的富人，因爲交通比從前方便太多了；物以稀爲貴，以前別的地方的產物，難得一見，透過商人千里跋涉，好不容易才能弄到手；當年十字軍東征有許多原因，其中一樣就是爲了南亞的香料，歐洲沒有胡椒辣椒，當時航海技術也沒有今天進步，雖然是不起眼的小東西，要享受也得費一番力氣；今天想吃美國櫻桃，明天飛機就送來。如果我們只在這個問題上打轉，那麼第三印也沒有什麼好說的；用今天的眼光看第三印，光字面上就有很多解釋。

這匹黑馬是讓我們跑得更快的動力，早期英國的瓦特發明蒸汽機，燒的就是煤炭，造成工業革命的原動力就是煤炭，到今天煤炭還是許多國家不可或缺的能源來源之一；美國前副總統高爾，針對全球碳排放的問題大聲呼籲，要求世界各國降低碳排放量，因爲碳排放造成全球暖化非常嚴重，氣候變遷不是新聞，已經成爲常態，如果人類不重視這個問題，將會走上絕路；他的看法完全正確，今天的海平面比以前上升很多，我沒有正確的數據，但是從南北極的融冰看，確實令人擔憂，已經有海運公司打算從北極開一條新航線，屆時從東亞到歐洲，可以節省一半時間；格陵蘭本來完全被冰雪覆蓋，現在可以種植食物；專家說這是暖化造成的，以前的冰河再也看不到，今年北半球爆冷暴熱，南半球的澳洲，氣溫飆上五十攝氏度，許多馬匹因天氣熱缺水乾渴而死。碳排放還造成空氣污染，對人體健康帶來威脅。今天的人很怕死，出門戴口罩稀鬆平常，這種現象最早發生在英國倫敦，倫敦素來有霧都之稱，濕氣嚴重，屋子發霉很正常，倫敦的紳士出門帶把雨傘是標準配備，到倫敦能碰上好天氣算你走運；但是大家以爲是他的缺點，卻成爲他的優點，而且是難得的優點。

全世界都市發展，或是工業發展，幾乎和紡織業脫離不了關係，倫敦就是有這種得天獨厚的天氣，讓他成爲紡織業的龍頭；紡織業通常是落後國家進入工業化的領頭羊，一個行業帶領相關行業，市場就開始繁榮。紡織紡織，要織先要紡，在紡線的過程，不可或缺的是濕氣，濕氣可以改變纖維的物性，在紡線時不會斷線；以前臺灣的紡織工廠常常灌入許多水蒸氣，就是這個道理；因此倫敦的紡織業很發達，英國的毛料子馳名全球，有一套英國的毛料西裝，可以跩得像二五八萬。也因爲倫敦附近的工廠燃燒煤炭，居民罹患莫名其妙的怪病越來越多，是最早因空氣污染造成的災難。再就是曼徹斯特，有名的黑鄉，天空長期被煤煙繚繞，是英國的重工業區。

煤是第一個黑，第二個黑是石油，這個問題更嚴重，我們的日常生活幾乎和他有關，包括食衣住行和他都脫不了關係，如果沒有石油，沒有今天的風光；石油有黑金之稱，坐擁油田，一輩子吃喝不盡，早年在沙烏地阿拉伯工作兩年，他們的王子有錢到嚇人，浴室水龍頭黃金打造，馬桶也是金的，妻妾成群，奢侈浪費，爲了讓成群的妻妾穿上買來的貴重貂皮大衣，把冷氣開到幾乎可以結冰，不一而足；連平民百姓，生個男孩子還有獎金，讀書更不用說，不但學費全免，每個月還有零用錢；科威特更不得了，福利比阿拉伯好上幾倍；難怪產油國都是天下兵家必爭之地，沒有石油日子怎麼過？但是前面說，碳排放造成氣候變遷，罪魁禍首是美國；人類發現石油，石油代替煤炭，蒸汽機變成內燃機，燒的是汽油，一樣製造許多二氧化碳，只是看不見煤煙而已。在臺北念大學，上街逛一圈，回到宿舍，扣扣鼻子，手指頭變黑的，公共汽車的柴油煙居然這麼可怕。美國的汽車耗油聞名全球，但是美國幅員廣大，沒汽車就像沒有腿，那裡也去不成，汽車對他們來說，是民生必需品，早年在臺灣叫奢侈品；他們的汽車吃油就像喝水一樣，川普居然退出巴黎的氣候峰會，全世界也拿他莫可奈何，他說他根本不信這一套，前幾天爆風雪襲擊美國東北，凍死好幾個人，他又叫，氣候暖化到哪裡去了。但我的問題是：巴黎的全球氣候高峰會議有用嗎？幾年下來成果有限，南北極的冰繼續融化，海洋面積越來越多；聖經有提示沒有？答案在詩篇第二篇。

石油更可怕的是，由石化工業衍生的後遺症；就是塑化產品，自從石油化學工業發展以來，塑膠產品取代許多行業，一般家具，難得看到木工製品，塑膠取代太多東西，從家具到廚房用品，幾乎看得見的東西，都有塑膠製品，不但美觀，而且輕巧耐摔，價錢便宜；塑膠製品的使用，可以說達到氾濫的地步，尤其包裝材料，保麗龍、塑膠袋，不但我們的環境遭殃，連水裡面的生物也受到污染，直接影響我們的食物鏈；電視影片常常看到烏龜鯨魚死了，結果一解剖，肚子裡面全是塑膠袋；更可怕的，塑膠的浮游粒子，傷害水中的生物，間接的傷害我們自己，全世界都在提倡減少塑膠袋的使用；當我們發現問題的時候，再求因應之道，已經來不及了。因爲傷害已經造成，叫人走回頭路很難，中國人一句常話說：由儉入奢易，由奢入儉難；我們跟著專家的口號走，好像我們也愛這個地球，殊不知這是緣木求魚；人類的罪性沒有解決，這些都是空談；創造諸天的耶和華，製造成全大地的　神，他創造堅定大地，並非使地荒涼，是要給人居住（賽四十五：18）；　神將整個地球交給我們管理，你看現在變成什麼樣子；現在是專家的時代，我們都聽專家的話，他們能解決什麼呢？如果能，爲什麼今天依然如此？爲什麼不去求這個地球的原創者呢？我們買冰箱電視，隨貨都有一本使用者手冊，教我們如何使用產品，如果將來發生故障或是什麼問題，這本手冊教你如何排除故障，或是教你檢查某些地方；我們的聖經就是我們的行爲准則，我們發現問題，聖經教導我們如何面對問題，解決問題，如果不能從聖經找到答案，最起碼他叫我們禱告。前面說答案在哪裡？詩篇第二篇說的很清楚，多讀幾遍，這不是彼得在使徒行傳所講的，他在使徒行傳用這詩篇講耶穌被他們不明就裡的送上十字架；今天我們同樣抵擋　神，只是形式不同而已。

這個黑第三個可怕的地方在那裡？有一半我們已經身歷其境，只是你察覺不到而已；感謝主，我也是迷迷糊糊的發現這第三層的意思。本來我以爲講白馬和紅馬就夠了，因爲白馬紅馬的關係太明顯了；雖然過去曾經就這四馬默想過多次，都沒有結果；但是走筆至此，心裡面總覺得有點不安，似乎聖靈還有些話說；只好用約書亞的勇氣，把腳先踏進約旦河，果不其然，聖靈沒叫我失望，約旦河眞的分開了，才有前面那些拉里拉咋的看見；其實這第三個解釋正是最重要的，尤其就在眼下進行中。

高中一年級吧，歷史課本講到唐朝，西域有很多番屬，從甘肅以西，有很多外患，詳細的過程就不必去說了；有一個國家叫大夏，就是今天的阿富汗，阿富汗以西是大食；大食又分爲白衣大食和黑衣大食。如果用今天國際形式來說，白衣大食就是今天以沙烏地阿拉伯爲主的遜尼派，黑衣大食就是今天以伊朗爲主的什葉派；幾個月前，以色列總統拿出五百公斤的文件，召開記者會，控告伊朗的核武發展沒有一天停止過，全世界大爲震驚；川普控告歐巴馬在其任內，開放對伊朗的制裁，被扣押的幾百億美金使伊朗有如大旱之望雲霓，如虎添翼。但是川普雖然我不喜歡他，畢竟是　神揀選的人，上任後立刻恢復制裁，伊朗當然哇哇叫，揚言反制，也無可奈何；伊朗多次揚言要將以色列趕到地中海，讓她永遠不得翻身，以色列周圍都是敵人，戰爭幾乎沒有一天沒有；幾十年前巴勒維逃亡美國，美國扶植的傀儡政權下臺，被強硬派打垮，以美國爲主的西方各國響應美國，共同制裁伊朗；伊朗的經濟情況很坏，因爲他的油賣不出去，人人都怕美國，好不容易有個穆斯林兄弟會的爪牙歐巴馬，他們以爲曙光初現，可以喘口氣，沒想到到口的肥肉立刻變成煮熟的鴨子飛了；這口氣一定要回來。

將來第三次世界大戰很可能就是伊朗發動的戰爭，如果參考但以理書第八章以後的經文，公綿羊和公山羊的戰爭會歷史重演；撒迦利亞書告訴我們伊朗確實有核武器，我們後面再討論。

至於第四印，我不必多說，自從抗生素使用以來，許多細菌都產生抗藥性，工業革命以後，交通比以前進步太多了，有些傳染病藉著運輸工具將病媒傳染到世界各個角落，最近非洲豬瘟就是一個很好的例子；化學工廠排放的廢棄物，導致土地和水源污染，也製造某些怪病；今天癌症不是大不了的病，造成癌症的原因很多，其中因爲空氣污染帶來的影響最大，也是不爭的事實；二十世紀初到現在，因傳染病和戰爭死亡的人數一直居高不下，許多以前沒聽過的病，一一出現；候鳥也成了傳染源，臺灣起初的蟑螂好大一隻，現在的蟑螂小小的，聽說是德國蟑螂，很明顯這是商船靠岸，從船上溜下來的。許多非洲弱小國家衛生環境不好，一旦遇到傳染病，蔓延很快。今天世界上許多小型的區域戰爭，往往因爲種族衝突或宗教信仰產生的，但是最大禍首就是但以理書第七章的十角怪獸造成的，尤其在非洲、中亞、中東等地區，都是他們殖民後留下的後遺症，這些地區本來就有許多紛爭，戰後獨立，國與國之間，新仇加舊恨，個中因素複雜，聯合國也沒有作爲，這種亂像只有主能解決。

這四個印都是飛鳥的傑作，讓我們慢慢打開奧祕，講到這裡，已經呼之欲出；我們都是飛鳥的受害者，耶穌告訴我們：忍耐到底，必定得救；我們的期末考正在進行中。

第七章　大紅龍　古蛇　獸

懷孕的婦人：

天上現出大異象來：有一個婦人身披日頭，腳踏月亮，頭戴十二星的冠冕；她懷了孕，在生產的艱難中疼痛呼叫。（啓十二：1-2）

大紅龍的異象：

天上又現出異象來：有一條大紅龍，七頭十角；七頭上戴著七個冠冕；牠的尾巴拖拉著天上星辰的三分之一，摔在地上。龍就站在那將要生產的婦人面前，等她生產之後，要吞吃她的孩子；婦人生了一個男孩子，是將來要用鐵杖轄管（轄管：原文作牧）萬國的；她的孩子被提到　神寶座那裡去了；婦人就逃到曠野，在那裡有　神給她預備的地方，使她被養活一千二百六十天。（啓十二：3-6）

頭一段經文，照西雅圖的馬可畢茲牧師的說法，是實際的天文現象，眾星宿在天上排列的狀態；就像一個婦人，頭上有十二星宿，月球在其腳下，印證創一：14的經文；神說，天上要有光體，可以分晝夜、作記號、定節令、日子、年歲；這兩節經文，他最後的解釋，就是主耶穌降世、受苦、復活、上天，完完全全照著耶和華所定規七個節期前面四個春季節期應驗；不但日子符合節期的要求，就是時間上，主耶穌幾點鐘受苦，都正確無誤。摩西五經嚴格規定，總共七個節期，在他們進入迦南地後，要嚴格遵守；守爲永遠的定例，這是耶和華的節期。我們的　神眞妙、眞偉大，連過節也是預言；由是觀之，將來主耶穌再來，也會照著秋季三個節期的時間應驗；如果我們能夠掌握那一年，再參照猶太的曆法，就不難看出主耶穌再來的日子；我們的　神萬無一失，祂有一定的時間表。

大紅龍當然就是撒旦，又叫古蛇，從異象看見，七個頭十支角，七個頭上戴著七個冠冕。這是撒旦被擊垮的情況，因爲他的尾巴拖拉天上星辰的三分之一，摔在地上；他本來還沒有完全被逐出天堂，約伯記不是說他整天游手好閑，在地上往返而來，專門找我們的麻煩，尋隙攻擊我們，控告我們；現在他和跟隨他的三分之一的墮落天使一同被摔到地上。

我們的主一出生，立刻就受到逼迫，撒旦沒辦法找到祂，結果犧牲許多無辜孩子的性命；最後也在牠的逼迫下上了十字架，牠萬萬沒想到　神卻利用這個方法，爲我們成就無比的救恩。創世記第一章和第二章記錄　神創造天地萬物的過程；第六天的末了，神照祂們的形象和樣式造男造女，吩咐人在地上生養眾多，遍滿地面，制服這地，就是天空的鳥，海裡的魚，並地上一切的走獸；在人被造以後，　神看一切都甚好，第七天神安息了，也將這日定爲聖日，人被造之後，立刻被　神帶進安息，和祂同享安息。我們前面不是提過創世記第一章1-2節嗎？原有的天地變成空虛混屯，淵面黑暗嗎？這就是撒旦背叛　神創造的後果；他看到　神將他搞亂的一切，井然有序的重新創造，並且將一切所有交給人管理並制服，牠一定眼紅。

第二章更讓他受不了，　神不但叫亞當管理一切，還在亞當的鼻孔吹了一口氣，使他成爲有靈的活人；把他安置在伊甸園內，讓樹從地裡長出來，不但好看，而且結果子作食物；園子當中又有生命樹和知識善惡樹，吩咐他們什麼果子都可以吃，惟獨知識善惡樹的果子不可以吃，同時警告：「吃的日子必定死」；這句話很重要，我也相信撒旦一定在旁邊偷聽；這正是牠要陷人於不義的罩門，從這一點，牠開始計劃如何下手，將這一切的權柄從我們的手裡面奪取。　神是昔在、今在、以後永在的　神，我們是根據祂們的形象和樣式造的，爲什麼我們有生老病死？

接下來，　神把受造之物帶到亞當面前，亞當叫他們什麼，那就是他的名字，同時幫他造一個配偶幫助他；這一切的一切，撒旦都看在眼裡，聽在心裡；於是展開一連串的奪權計劃；牠不能用搶的，因爲牠打不過　神，但是牠可以騙，讓人在不知不覺的情況下，失去所有。

創世記第三章記錄始祖如何在撒旦的欺騙誘惑下墮落，被逐出樂園；但是　神爲人類留下一條救恩的路，這條路的代價很大，這條路說來容易，其實也難，是難是易，端看個人。

路加福音第四章開始，就記錄耶穌在約旦河受施洗約翰的洗，被聖靈充滿，又被帶到曠野，經過四十天禁食禱告；這時候耶穌一定很飢餓。魔鬼開始在祂飢餓的時候試探耶穌，牠用盡一切方法引誘耶穌，耶穌不但不爲所動，而且用摩西五經的話反駁他；牠自覺無趣，就暫時離開。

耶穌被聖靈充滿，從約但河回來，聖靈將祂引到曠野，四十天受魔鬼的試探。那些日子沒有吃什麼；日子滿了，祂就餓了。魔鬼對祂說：你若是神的兒子，可以吩咐這塊石頭變成食物。耶穌回答說：經上記著說：人活著不是單靠食物，乃是靠神口裡所出的一切話。魔鬼又領祂上了高山，霎時間把天下的萬國都指給祂看，對祂說：這一切權柄、榮華，我都要給你，因爲這原是交付我的，我願意給誰就給誰。你若在我面前下拜，這都要歸你。耶穌說：經上記著說：當拜主你的　神，單要事奉祂。魔鬼又領祂到耶路撒冷去，叫祂站在殿頂（頂：原文作翅）上，對祂說：你若是神的兒子，可以從這裡跳下去；因爲經上記著說：主要爲你吩咐祂的使者保護你；他們要用手托著你，免得你的腳碰在石頭上。耶穌對牠說：經上說：不可試探主你的神。魔鬼用完了各樣的試探，就暫時離開耶穌。（路四：1-13）

「這原是交付我的」，魔鬼大言不慚，這些是從我們手裡偷的騙的，我們在基督耶穌裡，要從牠的手裡要回來；然而，人有肉體，難免軟弱，這是我們最大的限制，一旦這個捆綁離開我們，我們就能如鷹展翅，自由翱翔。

撒旦從來沒有放棄逼迫　神選民的任何機會，當　神揀選亞當的時候，先從他的妻子夏娃下手，亞當也跟著夏娃被騙，　神給他們皮子遮蓋他們的赤身，這是聖經第一次提到付上流血贖罪的代價；接著從他們的兒子下手，哥哥嫉妒弟弟，殺了弟弟，是人類有史以來第一宗命案；這些都是個人的行爲。後來人在地上多起來，又生兒育女，　神的兒子看見人的女子美貌，就隨意挑選，娶來爲妻；他們和人的女子交合，所生的就是偉人，就是上古英武有名的人。（或作暴君、巨人）

古時候有許多神話故事，各個民族都有，大概就是這樣流傳下來，這些古文明國家，都有一些故事相傳，而且對於星宿的名稱，雖然發音不同，稱呼不同，但其背後所代表的意義皆然；可見當時人類使用的語言是一樣的，這也是馬克畢茲牧師講解啓十二：1-2節時說的；他說人類語言不同，是創世記第十一章巴別塔以後的事；因為人類的驕傲，　神變亂人的口音，使人與人之間無法溝通，因此人類就四散居住，不能共同抵擋　神；這時人類的犯罪由個人走向集體犯罪，　神用這個方法破壞撒旦的計謀；我們的俗話說：道高一尺，魔高一丈；明明知道這是　神的作為，破壞牠的詭計，但是牠從不放棄，而且看起來幾乎成功。

在亞當的時候，撒旦讓他的兒子骨肉相殘；亞伯拉罕的時候，小老婆戲弄應許的兒子以撒；以撒的妻子利百加，懷了雙胞胎兒子，兩個兒子就在母親的肚子裡面吵起來；這一路看下來，　神勾畫兩條清楚的線，一條是蒙揀選、得救贖的線，一條是墮落、走向滅亡的線；在被揀選的道路上，撒旦的逼迫從來沒有停止過，而且利用被他誘惑的同路人，加害在蒙恩得救的一群人，先是以色列人，後是基督徒；最後以色列人、基督徒同受逼迫。

在天上就有了爭戰。米迦勒同他的使者與龍爭戰，龍也同牠的使者去爭戰，並沒有得勝，天上再沒有牠們的地方。大龍就是那古蛇，名叫魔鬼，又叫撒但，是迷惑普天下的。牠被摔在地上，牠的使者也一同被摔下去。我聽見在天上有大聲音說：我神的救恩、能力、國度、並他基督的權柄，現在都來到了！因為那在我們神面前晝夜控告我們弟兄的，已經被摔下去了。弟兄勝過牠，是因羔羊的血和自己所見證的道。他們雖至於死，也不愛惜性命。所以，諸天和住在其中的，你們都快樂吧！只是地與海有禍了！因爲魔鬼知道自己的時候不多，就氣忿忿的下到你們那裡去了。龍見自己被摔在地上，就逼迫那生男孩子的婦人。於是有大鷹的兩個翅膀賜給婦人，叫她能飛到曠野，到自己的地方，躲避那蛇；她在那裡被養活一載二載半載。蛇就在婦人身後，從口中吐出水來，像河一樣，要將婦人沖去；地卻幫助婦人，開口吞了從龍口吐出來的水（原文作河）龍向婦人發怒，去與他其餘的兒女爭戰，這兒女就是那守　神誡命、爲耶穌作見證的。那時龍就站在海邊的沙上。（啓十二：7-17）

這就是但以理書第九章七十個七，最後一個七所要發生的事，　神的軍隊擊潰撒旦，他只能墮落人間，找人出氣，他會逼迫一切不跟隨他的人，不管是以色列人、基督徒、或其他所有的人，他都要強迫人人都去拜他、跟隨他，那時　神用超自然的大能，拯救以色列人，因爲以色列人是　神最早揀選的一族，而且　神指定他們作祭司的國度，爲聖潔的國民；所以向來那塊小小的土地迦南，一直沒有平安；撒旦對以色列、猶太人的力道都很強，基督徒不會有好受也是一定的。

海獸：

我又看見一個獸從海中上來，有十角七頭，在十角上戴著十個冠冕，七頭上有褻瀆的名號。我所看見的獸，形狀像豹，腳像熊的腳，口像獅子的口。那龍將自己的能力、座位、和大權柄都給了牠。我看見獸的七頭中，有一個似乎受了死傷，那死傷卻醫好了。全地的人都希奇跟從那獸，又拜那龍，因爲牠將自己的權柄給了獸，也拜獸，說：誰能比這獸，誰能與牠交戰呢？又賜給牠說誇大褻瀆話的口，又有權柄賜給牠，可以任意而行四十二個月。獸就開口向　神說褻瀆的話，褻瀆　神的名並他的帳幕，以及那些住在天上的；又任憑牠與聖徒爭戰，並且得勝；也把權柄賜給牠，制伏各族、各民、各方、各國；凡住在地上、名字從創世以來沒有記在被殺之羔羊生命冊上的人，都要拜牠。凡有耳的，就應當聽！擄掠人的，必被擄掠；用刀殺人的，必被刀殺。聖徒的忍耐和信心就是在此。(啓十三：1-10)

地獸：

我又看見另有一個獸從地中上來，有兩角如同羊羔，說話好像龍，牠在頭一個獸面前，施行頭一個獸所有的權柄，並且叫地和住在地上的人拜那死傷醫好的頭一個獸，又行大奇事，甚至在人面前，叫火從天降在地上。牠因賜給牠權柄在獸面前能行奇事，就迷惑住在地上的人，說：要給那受刀傷還活著的獸作個像；又有權柄賜給牠，叫獸像有生氣，並且能說話，又叫所有不拜獸像的人都被殺害；牠又叫眾人，無論大小、貧富、自主的、爲奴的，都在右手上或是在額上受一個印記；除了那受印記、有了獸名或有獸名數目的，都不得作買賣。在這裡有智慧：凡有聰明的，可以算計獸的數目；因爲這是人的數目，牠的數目是六百六十六。（啓十三：11-18）

啓示錄十二、三兩章是平行經文，十一章和十七章也算是，因爲第十一和十二章，若無十七章的解釋，根本無法瞭解七頭十角是什麼意思，如果不瞭解七頭十角，整個聖經無法連貫；畢竟啓示錄是耶穌親自啓示的，祂當然會將整個歷史的來龍去脈，清清楚楚的交代下來，讓我們閉嘴。

大婬婦的刑罰：

拿著七碗的七位天使中，有一位前來對我說：你到這裡來，我將坐在眾水上的大淫婦所要受的刑罰指給你看。地上的君王與她行淫，住在地上的人喝醉了她淫亂的酒。我被聖靈感動，天使帶我到曠野去，我就看見一個女人騎在朱紅色的獸上；那獸有七頭十角，遍體有褻瀆的名號。那女人穿著紫色和朱紅色的衣服，用金子、寶石、珍珠爲妝飾；手拿金杯，杯中盛滿了可憎之物，就是她淫亂的污穢。在她額上有名寫著說：奧祕哉！大巴比倫，作世上的淫婦和一切可憎之物的母。（啓十七：1-5）

解密：

天使對我說：你爲什麼希奇呢？我要將這女人和馱著她的那七頭十角獸的奥祕告訴你。你所看見的獸，先前有，如今沒有，將要從無底坑裡上來，又要歸於沉淪。凡住在地上、名字從創世以來沒有記在生命冊上的，見先前有、如今沒有、以後再有的獸，就必希奇。智慧的心在此可以思想。那七頭就是女人所坐的七座山，又是七位王；五位已經傾倒了，一位還在，一位還沒有來到；他來的時候，必須暫時存留。那先前有如今沒有的獸，就是第八位；他也和那七位同列，並且歸於沉淪。你所看見的那十角就是十王；他們還沒有得國，但他們一時之間要和獸同得權柄，與王一樣。他們同心合意將自己的能力、權柄給那獸。（啓十七：7-13）

羔羊得勝：

他們與羔羊爭戰，羔羊必勝過他們，因爲羔羊是萬主之主、萬王之王。同著羔羊的，就是蒙召、被選、有忠心的，也必得勝。天使又對我說，你所看見那淫婦坐的眾水，就是多民、多人、多國、多方。你所看見的那十角與獸必恨這淫婦，使她冷落赤身，又要吃她的肉，用火將她燒盡；因爲神使諸王同心合意，遵行他的旨意，把自己的國給那獸，直等到神的話都應驗了；你所看見的那女人就是管轄地上眾王的大城。（啓

十七：14-18）

馬克牧師說啓示錄是一本猶太味很濃的書，如果不用猶太人的眼光來看這本書，就無法理解；比方說守節期，我們一向以爲這是猶太人的節期，和我們無關；因爲耶穌來，救我們脫離律法的捆綁，如果還去守猶太人的節期，那豈不回歸律法走回頭路嗎？神說：這是耶和華的節期，是你們世世代代永遠的定例；今天猶太人還遵守他們的節期，卻遭我們這些蒙寶血救贖的人譏笑，不但不應該，而且要悔改道歉，藉著他們守節期，年復一年，日復一日，不斷提醒　神，要　神履約。

所有來攻擊耶路撒冷列國中剩下的人，必年年上來敬拜大君王萬軍之耶和華，並守住棚節；地上萬族中，凡不上耶路撒冷敬拜大君王萬軍之耶和華的，必無雨降在他們的地上；埃及族若不上來，雨也不降在他們的地上；凡不上來守住棚節的列國人，耶和華也必用這災攻擊他們。（亞十四：16-18）

這三節經文告訴我們，哈米吉多頓大戰後，所留下來的人，年年要到耶路撒冷朝貢，守住棚節就是朝貢，因爲　神是怎麼規定，不可空手朝見　神，一年三次。逾越節和五旬節已經成就，這時候是　神要支搭帳幕在人間的時候。住棚節的規定很奇怪，是猶太人的新年，和我們過春節一樣；他的奇怪在規定每一個人都要高高興興、歡歡喜喜、快快樂樂的過節七天，盡情歡樂；世界上沒有一個國家或民族有這種奇怪的規矩；但是我們要看這個節日怎麼來的。

這個節日在猶太曆法的七月十五日，時間和我們的中秋節差不多；從七月一日起，就進入過節的時程，這一天要吹角作紀念，叫作吹角節，這天不管是不是安息日，都要守爲聖安息日（利二十三：23-25、民二十九：1-6），集合所有的人，吹角也有報仇的意思。接下來七月十日是贖罪日：

耶和華曉諭摩西說：七月初十是贖罪日；你們要守爲聖會，並要刻苦己心，也要將火祭獻給耶和華；當這日，什麼工都不可做；因爲是贖罪日，要在耶和華你們的神面前贖罪；當這日，凡不刻苦己心的，必從民中剪除；凡這日做什麼工的，我必將他從民中除滅；你們什麼工都不可做。這在你們一切的住處作爲世世代代永遠的定例；你們要守這日爲聖安息日，並要刻苦己心。從這月初九日晚上到次日晚上，要守爲安息日。（利二十三：26-32）

猶太人的習慣，在這個節期要將這一整年，澈澈底底的回想一遍，看有什麼得罪人和得罪　神的事沒有，從七月十日到七月十四日五天裡面，好好的認罪悔改，如果你能夠熬過這些日子，存活下來，表示　神已經赦免你的罪，大家見面時也彼此祝福，因爲罪都蒙　神赦免了；但是29節，如果不刻苦己心的，必從民中剪除的規定，歷史上從未發生，接下來十五日就是住棚節：

耶和華對摩西說：你曉諭以色列人說：這七月十五日是住棚節，要在耶和華面前守這節七日；第一日當有聖會，什麼勞碌的工都不可做。七日內要將火祭獻給耶和華。第八日當守聖會，要將火祭獻給耶和華。這是嚴肅會，什麼勞碌的工都不可做。這是耶和華的節期，就是你們要宣告爲聖會的節期；要將火祭、燔祭、素祭、祭物，並奠祭，各歸各日，獻給耶和華。這是在耶和華的安息日以外，又在你們的供物和所許的願，並甘心獻給耶和華的以外。你們收藏了地的出產，就從七月十五日起，要守耶和華的節七日。第一日爲聖安息；第八日也爲聖安息。第一日要拿美好樹上的果子和棕樹上的枝子，與茂密樹的枝條並河旁的柳枝，在耶和華你們的神面前歡樂七日。每年七月間，要向耶和華守這節七日。這爲你們世世代代永遠的定例；你們要住在棚裡七日；凡以色列家的人都要住在棚裡，好叫你們世世代代知道，我領以色列人出埃及地的時候曾使他們住在棚裡。我是耶和華你們的　神；於是，摩西將耶和華的節期傳給以色列人。（利二十三：33-44）

哈米吉多頓大戰後留下來的人，應該會有這個認識才對，否則第六印末了和第七印前，差遣出去爲　神作見證的十四萬四千個以色列人，豈不是作了白工，而且末後的前三年半即將結束時，在耶路撒冷被殺的兩個見證人的見證，難道是假的？前面引述那麼多的經文，要特別注意拿樹枝搭棚的意思。

這三章經文有一個共同的特點，就是七頭十角，或是十角七頭，不管他們有什麼意思，最後所表達的意思是一樣的；只是分別指出他的重點。

十二章3節，大紅龍七頭十角，七個頭上戴著七個冠冕。

十三章1節，海中上來的獸，十角七頭，十個角上戴著十個冠冕，七頭上面有褻瀆的名號。

第十二章講的就是龍，七個頭是重點，因爲他們的頭上都有冠冕，十個角還是十個角。

第十三章講海獸，十角七頭，這裡秩序明顯相反，十角在前七頭在後，十角有冠冕，七頭只剩下惡名昭彰名號而已，乏善可陳。但是重點在獸。

第十七章出現一個女人騎著有頭朱紅色的獸，是七頭十角的獸，遍體有褻瀆的名號，這頭獸是什麼？爲什麼牠遍體有褻瀆的名號？朱紅色有血腥的味道，殺人流血就是褻瀆　神；這裡又提到七頭十角，七頭十角就是七頭十角。名號冠冕都沒有；更稀奇的是，這個女人不是眞正的女人，而是「管轄地上眾王的大城」（啓十七：18）。

就我們的認知，紅龍、海獸、朱紅色的獸，都是活的，都是會動的，最後出現的朱紅色的獸，馱著大婬婦，這婬婦就是管轄地上眾王的大城；城是建築物，不會動，難道人的本事大到一個地步能夠移山？

回歸第一解經的原則，大紅龍，頂著七頭十角是大紅龍，就是撒旦。

我所看見的獸，形狀像豹，腳像熊的腳，口像獅子的口。那龍將自己的能力、座位、和大權柄都給了他。（啓十三：2）

這裡特別描述海獸的形狀，同時說明牠所有的權柄都來自龍，重點在十個戴著冠冕的角，七個頭已成過去，成爲歷史。

第十七章總結龍與獸的關係，頭和角都沒有裝飾，只是所有褻瀆的名號全在這頭朱紅色的獸身上，這頭怪獸很累，背上馱著巴比倫—管轄地上眾王的大城。

紅龍、海獸、朱紅色的獸，將人類歷史完全呈現在我們面前，最後連牠的跟班、追隨者都要恨牠，因爲他們的下場居然和牠一樣，還淪爲牠的墊背，因爲牠上蓋的是蛆，下鋪的是蟲，在硫磺火湖哀哭切齒。天使還清楚地告訴約翰，要把女人和馱著她的七頭十角獸的奧祕告訴他；首先天使說：那朱紅色七頭十角的獸，在約翰看到異象之前存在，在他看到異象的時候已經沒了；這頭獸之所以迷惑人，是因爲牠已經玩完了，可是將來會從無底坑上來，凡是住在地上的人「名字從創世以來，沒有記在生命冊上的，看到牠就必稀奇」。這十七章7-18節值得我們多讀幾遍，因爲困擾很多，但所有的解釋都不完全，我們繼續看下去。

「智慧的心」在此可以思想，那七頭就是女人所坐的七座山，又是七位王，五個已經傾倒了，一位還在，一位還沒有來到，他來的時候，必須「暫時存留」，那「先前有，如今沒有的獸」就是第八位，他也和他們同列，並且歸於沉淪。

重點在獸的本身七頭中的一個，從死裡復活，也就是第八位，第七頭，還未來到，到了之後暫時存留；所看見的十角就是十王，他們還沒有得國，但他們一時之間要和獸同得權柄，與王一樣。他們同心合意將自己的能力、權柄給那獸。

很清楚，第十二章的龍代表他在歷史上的樣貌。十三章的海獸，和十七章朱紅色的獸一般，是困獸之鬪的獸；這頭獸的特點，是已死的七頭當中有一個死而復活的化身；他居然又活過來了、醫好了，全地的人都稀奇跟從他；很顯然是指末世的敵基督，這和十七章講「先前有，如今沒有，以後再有的獸」是同一個，天使叫「智慧的心」好好想想，眞的值得玩味。天使沒叫約翰好好思想，叫智慧的心去思想，請問：智慧是什麼？

箴言書是耶穌擬人化的發表，祂就是智慧，有祂就有智慧；至於死而復活的獸，以前聽老的解經家猜測，是羅馬那個皇帝復活了，因爲羅馬帝國（教會初期）有很多逼迫基督徒的暴君，是尼祿呢？還是……他們怎麼猜都湊不到七個，因爲老約翰寫啓示錄的時候，尼祿還沒有出生。用這種眼光，絕對看不到七頭十角的奧祕；如果用猶太人的歷史觀來看，立刻迎刃而解。

神啓示先知說預言，是先知所處的年代以後要發生的事；如果已經發生了，就是歷史，何須預言；約翰所處的年代，和耶穌同時，是羅馬帝國掌權；天使用當時人所能理解的人、事、物啓示先知，先知的工作只是負責傳遞信息；羅馬城是有名的七山城，羅馬城周圍的確有七座山；聽說君士坦丁堡也有七座山，現在每一座山都有一個清眞寺；所以天使很清楚的告訴約翰，七頭就是女人所坐的七座山，又是七位王；當然這就是羅馬。女人，大巴比倫，管轄地上眾王的大城；天使告訴約翰，七個裡面五個已經玩完了，一個還在，一個還沒有來。

還在的就是羅馬帝國，因爲當時的天下就是羅馬帝國，沒有羅馬帝國的逼迫，約翰也不會被放逐到拔摩海島；那麼死而又活、以前有、如今不在、以後還在的是那一個？當然要從羅馬帝國以前的五個去找，如果從羅馬帝國的皇帝中找，當然找不到，沒有人能大到那麼大、夠資格稱得上頭；充其量能有角的名號就不得了了。

嚴格一點說，這本聖經訴說的就是以色列民族的流亡史，這個不與世人同居的民族，一直過著受管教被逼迫的日子，雖然歷史上有一小段光輝的年華，眞正値得他們誇耀的，不過是大衛和所羅門王父子所統治不到百年的歷史；但是卻在各國的歷史上，都能找到他們的蹤跡。現在他們終於在應許下原地復國，卻仍處於難以自保的景況，四圍仇敵環伺，隨便什麼時候都有可能發生戰爭，伊朗甚至揚言要將他們統統趕進地中海。

我們從歷史的角度看他們經歷那些強權或仇敵的逼迫，很容易找出他們來；在羅馬帝國前是希臘帝國，雖然希臘是個短命的帝國，亞歷山大對猶太人也算是不錯，但是在分裂的帝國中，一個小角安提阿古四世的確是將來敵基督的預表，逼迫猶太人廢棄他們的律法，又在聖殿設立宙斯像，獻豬等等，他們頑強抵抗，以致滅國，所以被擄歸回後，猶太人多了一個節日，就是修殿節；希臘之前是波斯帝國，雖然波斯王古列下詔准許他們回到耶路撒冷重建聖殿，但是後來亞哈隨魯王年間，出現滅族危機，末底改和皇后以斯帖扭轉頹勢，轉危爲安，反而戰勝仇敵；在仇敵準備消滅他們那一天，卻變成戰勝仇人的紀念日，叫普珥節；在波斯帝國前，巴比倫王尼布甲尼撒攻陷猶大，將聖殿和耶路撒冷燔燒成灰，猶太人分三個梯次被擄到巴比倫，耶利米長期呼籲他們悔改，他們沒有聽從，所以才落得這種下場，因爲但以理曾經爲他們的歸回禱告說，他們和他們的列祖沒有聽從眾先知向他們警告的話，所以摩西書上的咒詛臨到他們。

猶太人被擄之前一百年左右，北國以色列從來沒有一個好王，雖然有以利亞和許多先知多次勸告警誡他們，沒有一個王肯聽；尤其他們開國的第一個王耶羅波安是罪魁禍首，他一登王位，立刻擅自更改耶和華的節期，因爲害怕他的百姓回耶路撒冷過節，民心又倒向猶大，將住棚節延遲一個月，改成八月十五日，這麼重要的節期，爲了鞏固自己的王位，就這樣更改；又不准利未人當祭司，一般凡民只要牽頭牛幾頭羊就可以當祭司；又重造耶和華所厭惡的金牛犢；凡此種種不勝枚舉，專門行耶和華所厭惡的事，所以耶和華將他們交給亞述；從此以色列十個支派散落四方，天涯海角，至今不知流落何方；在亞述之前，有個知恩不報的埃及，奴役他們四百年，如果不是　神大能的膀臂，將他們帶出埃及，說不定今天他們還在埃及受苦。

剛剛是從羅馬帝國往前推，現在我們從頭算起；第一個是埃及，第二個是亞述，接下來是巴比倫、波斯和希臘，總共是五個正正好；還在的羅馬帝國是第六個，但是還有一個尚未來到，更稀奇的，他來的時候必須暫時存留。有一點可以幫助我們思想，女人所坐的七座山，如果從女人所坐的地方看，或許從她的落腳處去找比較快，因爲撒旦被逼著跑，女人被馱著跑。

那麼在七山城的羅馬可能出現兩個頭嗎？前面不是說君士坦丁堡也是七山城，羅馬帝國不是也分裂成東、西羅馬帝國嗎？君士坦丁後來變成拜占庭帝國，接下來是鄂圖曼土耳其帝國，後來帝俄沙皇繼承凱薩的名號；但是這樣說來不對呀，東羅馬帝國分別由三個朝代接手，聖經只說一個，而且到今天還混的好好的，但是是哪一個？

東羅馬帝國沒有一個朝代曾經威脅猶太人，只有近日的蘇聯曾經逼迫猶太人，但是今天也讓他們自由回鄉。羅馬帝國之後，實質上有能力逼迫猶太人、也曾經逼迫猶太人的，大家都很清楚，就是希特勒；但是希特勒條件不符，他自殺了，並沒有暫時存留；

這個暫時存留很費解，因爲條件特殊，但是如果能夠解釋清楚，眞相就大白了。

前面討論主耶穌在馬太福音十三章，講天國的比喻，也提到先知撒督預言現任教宗方濟各就是末世的假先知，很清楚的指出從約翰那時候開始，羅馬長期以來一直是靈意上的巴比倫，因爲這婬婦額頭上有名號寫著說：奧祕哉，大巴比倫；直到今天，巴比倫已經搬家到紐約，因爲管轄地上眾王的聯合國總部在紐約，而且美國也是將來要逼迫猶太人和基督徒的敵基督，雖然他們的首府在華盛頓，但是發跡地也是在紐約。

約翰時期，羅馬就是他面對的巴比倫，後來羅馬帝國分裂成東西羅馬帝國，西羅馬帝國式微，承接的神聖羅馬皇帝是教皇冊封；實質上，歐洲政治舞臺的操盤手，是羅馬教宗；羅馬帝國對基督徒和猶太人的逼迫很大；雖然後來基督教會合法了，但是教廷對猶太人下的毒手從不手軟；他們說：耶穌是你們猶太人釘死的，我們要爲耶穌報仇。因此常常用這個藉口凌辱猶太人，逼迫他們改信耶穌，如果不從，不管外面颳風下雪，立刻掃地出門，沒收財產；後來因爲猶太人的財產很多，西班牙皇帝覬覦他們的財產，假宗教裁判法的名義，在 1492、93 年，驅逐三十幾萬猶太人，他們只好逃到美洲；近幾年西班牙開始向他們認罪，允許他們，如果願意，他們可以給他們西班牙國籍。

芥菜種眞的長大成樹了，這棵樹的樹陰下有惡者作的堅固又牢靠的窩，舒服著呢；我眞希望有對歐洲中古史有研究弟兄姐妹爲我們講解這段歷史，猶太人牧師講到這些，心裡面無比難過；歷史的痕跡斑斑可攷，但是還有許多不為人知的故事，猶太人歷歷在目。這棵樹，也是這個國今天仍然存在，而且還生龍活虎的跳躍在世界政治舞臺上，連歐巴馬都為他背書；智慧的心在此可以思想，什麼叫做「各從其類」了。

教廷風光一時，腐敗多時，衰敗有時，但是始終如一，沒有不見，一直存在，雖然後來無力逼迫猶太人，改教之後，大部分的信徒不再追隨他；然而餘毒一直存在，從未清理乾淨；方濟各以和平天使之姿，周旋於世界舞臺，只講和平，不顧眞理，為離婚、同性戀大開方便之門，本來就已墮落的教廷，不知還要淪喪到何種地步。

我相信多數人會同意我的看法，更稀奇的是，方濟各是意大利人的後裔，雖然他是第一個非歐洲地區產生的教宗，但是這一點巧合，其實不應該稱作巧合，神早就安排妥當，他只是適時出現。但是他出現最大的目的——引進敵基督；就是從前有，如今沒有，以後再有的獸，是頭叫人眼花繚亂的獸，是受了死傷，死傷又醫好的獸。

假先知出自羅馬，而且一直在羅馬，這個被視為異端的東西，是全世界最大的地主，電影教父曝露教廷許多的黑暗，教廷高層居然和黑手黨掛鉤，從事洗錢甚至暗殺都有；那麼我們要找死而復活的獸，只能在埃及、亞述、巴比倫、波斯和希臘去找，因為這是五個已經不在的頭。用猶太人的歷史觀來找，歷史會重演；但以理書的預言也告訴我們，敵基督會重複出現。我們再回歸第一解經的原則，歷史上出現的敵基督，公認是分裂的希臘帝國中，北國的安提阿古四世，他就是但以理筆下的「那行毀壞可憎的」站在聖地，主耶穌也提醒我們讀這經要會意，這個人第一次出現在希臘帝國時期，末世的敵基督也會從復活的希臘帝國出來吧？這個有答案嗎？

曾經有人說臺灣藍綠惡鬥，總有一天會走向希臘化；這可不是什麼好聽的話，是很可悲的，今天歐洲五豬，希臘就是其中之一；今天的希臘，風光依舊，仍然吸引許多觀光客前往旅遊，靠的是他們引以爲傲的豐富文化遺產，發觀光財；他也是人文主義、人本思想的發源地，是最早民主思想的搖籃；民主政治的起源就在希臘，全世界每四年一次的奧林匹克運動會，也源自希臘帖撒羅尼加的衛城奧林帕斯山，這個名字是以亞歷山大的妹妹而取，這是他們傳說中眾神居住的所在；希臘的愛琴海造就很多古老傳說，至今仍然爲人津津樂道；敵基督會從她而現？以今天的局面，光看就知道不可能，希臘眞正風光的時候，也不過歷史上一段小小的時間而已；但是敵基督的國，眞的是出自復興的希臘，末世的那個敵基督，也是個改頭換面的希臘人。

前面說過，福音發展的時期在羅馬帝國時代，耶穌也在這個時代誕生；這個時候的世界，政治上羅馬人掌權；但是一般民眾習慣的用語是希臘話，說的是希臘文，思想、學術、文化等等，希臘文化是主流，這就難怪彼拉多要用希伯來文、希臘文、羅馬文三種文字寫「猶太人的王——耶穌」的牌子，從宗教面、文化面、政治面釘死耶穌。

雖然希臘是個短命帝國，但是卻爲人類留下很豐富的文化遺產，對人類的文明，他的影響力可以說既深且遠，到今天到處都有她的影子，也是大家公認的事實，的確，歷世歷代的人類文化，無出其右，而且他們也引以爲豪，使徒行傳第十七章記錄保羅在雅典的故事，從他在雅典等候同伴的空檔，沒事就在雅典到處看看，逛逛街；他發現雅典滿城到處是偶像，不免心裡著急；他發現有一個偶像很特殊，叫未識之神，給他有傳福音的機會；每天在市場或路上，遇見人就和他們辯論，還有以彼古羅和斯多亞兩個哲學家的門生和他辯論。

我很難想象滿城偶像是什麼樣子，但是從希臘神話故事知道，他們的神高明不了到哪裡去，反而令人生厭，整天爲財爲色爭來爭去，如果發生在今天的社會新聞，可以說笑話一籮筐；但是令人不解的是，爲什麼今天還有人用他當作童書教材。

希臘的確有許多有名的哲學家，蘇格拉底、柏拉圖、亞里士多德、伊壁鳩魯等等，他們的思想仍然影響到今天；縱使他們有這麼多的哲學家，也都是響叮噹的人物，都沒有辦法滿足他們心靈上的需要，表面上什麼都拜，甚至還拜未識之神，深怕那一個神漏拜了，會得無妄之災；這麼多的文化遺產，反而讓他們製造更多的偶像，就像今天的政治人物，看到廟宇就拜一樣，惶惶不可終日，好像漏掉了一個會倒大霉；保羅就未識之神爲題目，給他們講一篇道，向他們介紹他們眞正的未識之神，就是耶穌。

但是他們的驕傲不難看出來，因爲使徒行傳第十七章用括弧說：（雅典人和住在那裡的客人都不顧別的事，只將新聞說說聽聽）。說好聽一點，他們看多了，聽多了，見怪不怪，自以爲通達，他們的哲學家們到底給他們多少實質的幫助，大概造就他們多元的包容性，反過來說，就是容易妥協，保羅在雅典沒有遭受逼迫，大概也是雅典人的包容性強吧。雅典城的地位在那個時候沒有哥林多或是腓立比那麼重要，哥林多是當時有名的雙港口的大城，人口、商業、運輸業都很發達；這些東西一多，人口就集中，犯罪的事也跟著增加；因此聖靈催促保羅前往哥林多城去，耶穌親自告訴他，只管講，不要害怕……於是在哥林多一待就是十八個月；不過就個人的領受，聖靈在雅典留下至少兩個伏筆。

雖然亞歷山大英年早逝，但是對後世造成很大的影響，他有一個偉大的心志，就是將希臘文化發揚到全世界，只要在他的勢力範圍內，他都希望他們接受希臘文化，和他一樣，做個揚眉吐氣的希臘人；他自己就是亞里士多德的入門弟子；希臘文化在當時無論在哲學上、數學上、科學上、藝術上都是首屈一指；他的動機很不錯，而且率先娶一個波斯女子爲妻，他手下一萬多名官兵也跟他一樣，娶了外族女子爲妻，要藉著聯姻產生文化交流；就這樣，今天的伊朗、中東、中亞、北非、歐洲，到處可以看到希臘文化留下來的影子；他們國民的文化水平在羅馬的天下是一流的，雖然同在羅馬帝國的政權底下，他們也是爲奴的身分，但一樣身爲奴隸，地位卻不一樣；他們都作大戶人家的管家或是教師，這種影響力更大。自從亞歷山大征服天下，希臘文化就不斷地向外擴張，影響整個世界；甚至羅馬帝國也接受希臘文化成爲他們的主流文化；但說也奇怪，這個有那麼多豐富文化遺產的國家，今天到了什麼光景？民主源自希臘，而今天的希臘民主成爲笑話，政客爲了選票，不斷地加碼承諾，這種政治惡鬥的結果，國家財庫虛空、債台高築，搞得鐵娘子不得不使出殺手鐧，讓他們繼續惡搞下去，歐盟也連帶遭殃。說他們是崇尚自由，毋寧說他們是懶惰成性。

亞歷山大的夢想終於實現了，前面談但以理書第二章和第七章，討論關於希臘的銅腹和第三獸豹，提到「必掌管天下」「又得了權柄」。但是亞歷山大短短的十幾年的成就夠得上這十個字嗎？就連近兩千年羅馬歷史，　神有沒有給他這種評價，可見這十個字的意思必需深究；前面討論有關希臘的預言，我也預告有重大的隱喻。如果我們把聖經當作一本小說，甚至將他當作偵探小說，這個作者的筆法實在高超，到處留下伏筆，到處都有高潮，高潮起伏之中，又暗藏玄機；有人說　神爲什麼不將話講個清楚，我們何須聽那麼多的道，讀那麼多聖經？誰說　神沒有把話講清楚？一開始　神就說的很直白：只是分別善惡樹上的果子，你不可吃，因爲你吃的日子必定死（創二：17），亞當夏娃當時吃了並沒有死，還活了九百多年。我以前也這麼認爲，難道　神說話不算話，如果他說話不算話，又何必信祂？

這是我們無知，不懂　神的作爲，我也是經過別人的提點才恍然大悟，彼得說：主看千年如一日，一日如千年；創世記記錄亞當的譜系，所有蒙揀選的祖宗們，詳細記錄他們的年歲，最長壽的瑪土撒拉活到九百六十九歲；接下來挪亞的譜系就漸漸的減少，但是　神說，他們還可以活到一百二十歲；其實亞伯拉罕活到一百七十五歲，雅各也活了一百四十七歲；這證明一件事，就是人類的生命呈現遞減的狀況；爲什麼有這種狀況？人不是照著　神的形象和樣式造的嗎？　神有生老病死嗎？自從罪進入人類當中，我們的生命就漸漸地減少，瑪土撒拉是人類最長壽的人，也沒有超過一千年；　神當初將亞當和夏娃安置在伊甸園，樹木水果自動長出來，他們愛吃什麼就吃什麼，生命樹長在他們眼前他們不吃，分別善惡樹的果子，被魔鬼稍微煽動就伸手拿來吃了，我們看看夏娃回答撒旦時是怎麼說的：　神曾說，你們不可以吃，也不可以摸，免得你們死。我不知道當初亞當怎麼告訴夏娃這唯一一條單行法。　神唯一的要求就是不可以吃那樹上的果子，並且嚴重警告，你吃的日子必定死；夏娃的回答完全變了樣。

神不是曾說，而是確實說了，而且只說不可吃，斬釘截鐵告誡亞當，就是不可以吃，沒有說不可以摸，不知道是亞當還是夏娃自作聰明加上去的，不是免得你們死，而是必定死。

光這個簡單的要求就被人改得亂七八糟，嚴重扭曲　神的原意；我們很容易受牽引、受迷惑，摩西頒佈律法，特別在申命記、他臨終前，千叮嚀、萬交代，這律法書上的話不可更改，不可加添，也不可減少，猶太人爲什麼變成人人笑話的民族，不是他們在律法上加了層層籬笆，製造許多千奇百怪的規定；雖然當初立意很好，爲避免觸犯律法，多加一層欄杆在外；但是今天變成轄制人的工具，甚至改到已經不符律法、違反律法的錯誤之中，這是猶太牧師講的，也是魔鬼的圈套。

犯罪的結果是什麼？雖然當場沒有死，但感受到明顯不同，當時夫妻二人赤身露體，並不羞恥（創二：25）他們的眼睛明亮了，才知道自己是赤身露體，便拿無花果樹的葉子，爲自己編作裙子（創三：7）

神依照祂們的形象造我們，難道你知道　神穿什麼衣服？有誰看過？摩西想親眼看見　神，　神也答應他，但要把他放在磐石上，等　神轉過身，再將他放在磐石穴中，祂要用手遮著摩西，摩西只能看到　神的背影，不能見　神的面，因爲凡人看見祂的面必定要死。

印度神人孫大信在他的書上記載一段和　神爭辯的故事，他是佛教背景信主的基督徒，因此思想上和我們有點類似，諸如修橋補路、好善樂施、周濟窮人等等，這種人將來都能上天堂；有一天他問　神：印度有許多大善人作了許多好事，爲什麼非信耶穌就不可，才能上天堂？　神回答他，不是不讓他們上天堂，而是他們自己根本上不了天堂；當天　神特別吩咐，天堂沒有人把守，完全開放，所有死亡的靈魂都可以隨意進去；他在異象中看見，眞的有一群人上天堂，但是都又往下掉，原因是天堂的光太強，他們無法抵擋強光照射；因爲　神就是光，在祂毫無黑暗。當然這只是參考而已，不能當作眞理教導；但從摩西的例子，首先　神將他放在磐石上，轉身後將他放在磐石穴中；保羅說，這磐石就是基督，耶穌也說根基立在磐石上，指祂自己；那麼磐石穴是什麼？我個人的領受是耶穌死後，兵丁用茅刺祂的肋旁，有水和血流出來，我們所以能夠在基督裡，就是從祂肋旁的這個洞鑽進去，得救贖，蒙保守；難怪撒旦一直不讓人信耶穌，因爲罪人只要信耶穌。在基督裡可以恢復我們以前原創的榮耀。

亞當夏娃在創世記第二章，夫妻赤身露體並不羞恥；犯罪後二人眼睛明亮「才」知道自己赤身露體；今天的人很講究自我形象，就是別人對他的看法如何，所以才有許多造型師出現，幫忙別人打扮，就是要人喜歡他，不讓人討厭；其實自我形象是自己的行爲模式漸漸模塑而成，亞當夏娃在　神面前很自由，不論他們做什麼都討　神喜悅，這是他們沒有吃那個果子以前的光景，他們是照　神的形狀和樣式造的，有人解釋這節經文，當初人是披上　神的光明、　神的榮耀，行走在　神榮耀的光中，當然不穿衣服，也不覺得自己赤身；但是吃了以後，立刻有反應。

聖經這裡用反諷的筆法記錄這件事，他們眞的「如神」一樣？能知道善惡？第一件知道，竟然發現自己光著屁股，好不好笑？想「如神」的結果如此，馬上用自己的方法遮蔽自己的露體。

回顧我們的歷史，不斷地走類似的老路，過程都是推陳出新，魔鬼已經將人腐化到幾乎難以收拾的地步，最後再用可怕的方法逼人就範，乖乖的跟牠走。科技的發展一直爲牠鋪路，我們都走在這條路上，要守住最後一道防線，不要上當。

豹，但以理書第七章四頭獸裡面最漂亮、最吸睛的獸；女人穿上豹紋大衣好漂亮，梅利史翠普在《穿著 Prada 的惡魔》飾演那個女老闆，將一件豹紋大衣往桌子上一拋，回眸一笑，眞的風情萬種，時尚又高貴；背上有「鳥」的四個翅膀，這獸有四個頭，又得了權柄（但七：6）。

前一章要抓鳥，沒有交代清楚，現在鳥抓到了；宿在芥菜樹陰下的鳥，就是有四個翅膀的豹。教會要聖潔、要和世界有分別；就像船在水上行，水不能進到船裡面。如果芥菜代表教會，教會就要和芥菜一樣，越長越大，他的特點是去油膩；以色列人出埃及的時候，先過第一次逾越節，　神叫他們在吃逾越節羊羔的時候，要與苦菜同吃，這個苦菜是不是就是芥菜，因爲芥菜是苦的，如果搭配動物的油脂，越煮越甜，而且可以分解動物的脂肪；芥菜長得很大，也吸引很多菜蟲來吃，因此他的葉子通常都是坑坑疤疤，許多菜蟲咬過的痕跡。教會茁壯一定吸引撒旦的跟隨者攻擊她，就像芥菜被菜蟲咬一般，留下咬的痕跡，這是成功的教會。

我們再加上稗子的比喻；世界是主的大禾場，撒的都是麥子，人在睡夢之中，撒旦趁此機會撒了一地稗子就走了；這個比喻看完，就到了收割的時候，也是審判的日子，是世界的末了，僕人問主要不要先薅稗子？主說，且慢，恐怕薅稗子傷了麥子。等到收成時主人吩咐僕人先薅稗子，捆成捆留著燒，足見　神的恩慈和忍耐。難怪彼得說，審判要從　神的家起首。

這兩個比喻放在一起，很明顯的可以看出天主教的樣子，教會進入別迦摩時代，規模越來越大，普及全歐，大到人一出生就是天主教徒，是初期教會始料未及的事。魔鬼就在人以為高枕無憂的時候進入教會，搭個窩，開始繁衍，錯誤的教導就進來；錯誤到一個地步，不但違反眞理，還拜起偶像；許多天主教徒向聖母瑪利亞禱告，沒事還要念聖母經；看他們的慶典，許多人扛著瑪麗亞的像到處遊行，你不覺得奇怪嗎？

保羅和彼得都教導我們要尊敬在上位的人，因為他們是　神權柄的代表，在地上行使治理的權柄，他們不是空空的佩劍；這種教導居然能發展出君權神授的理論來；今天以民主的眼光看過去，實在荒誕不經，但是居然能愚民千餘年之久；許多君主立憲的國家，王室根本就是虛設，但是就是為了維持傳統讓他存在；在新王登基的時候，也由當地的大主教主持加冕儀式。

摩西吩咐以色列人，一塊田裡面不可以撒兩樣種子，仇敵專門搞這種破壞的工作；當你一發現不對的時候，要將稗子薅出來就來不及了；薅稗子難免傷了麥子，地底下盤根錯節看不見，由它去吧，拔一顆稗子說不定傷了好幾顆麥子，算了，到收割再說。

他來的時候，必須暫時存留；天主教有許多辛勤的耕耘者，默默的爲主勞苦，也拯救很多靈魂歸向主；像臺灣山區許多外籍神父，一生奉獻給原住民；印度的修女德雷莎，一生奉獻給印度，全世界都知道她爲貧苦民眾的付出；但是不幸的是，她死後居然許多人向她禱告。天主教有許多神父、修士、修女默默爲主付出，他們的愛心有目共睹，只是這種錯誤那一天才能糾正，在他們現在的體系想改變或突破，有很大的難處；我們只能求主憐憫了。

新教雖然直接就聖經內容教導信徒，但是仍舊有許多包袱；也因對眞理的認識不同，分門別類，導致今天許多不同的教派，尤其文藝復興以後，許多哲學思想用來解釋聖經，歐美國家這種風氣非常盛行；還好，主的工作祂自己知道怎麼糾正；歐美許多教會復興運動，改變許多陳舊的觀念，恢復聖靈的地位。耶穌說：不抵擋我們的，就是幫助我們的；存謙卑的心，彼此接納，彼此代禱；教會合一，是耶穌一貫的心願。

這頭豹眞的很厲害，有飛鳥的四個翅膀，飛向天的四方，也就是全地都受到他的影響，無微不至，無孔不入；四個頭代表世界各個領域；我們很喜歡講的一句話：今天是專家、專業的時代；這頭豹，代表希臘文化，希臘思想，思維模式，對我們有全面性的影響，前面曾經討論過；連泱泱大國的我們，被他們的船堅炮利，打得落花流水，也不得不俯首稱臣，西化了；但是只是學人家的皮毛，人家有今天的成就，本來就背後的實質，光有樣學樣，難怪畫虎不成。

你要保守你的心，勝過保守一切，因爲一生的果效由心發出（箴四：23）屬靈爭戰的戰場在我們的腦袋瓜子，但以理書第二和第七章清楚的指出「必掌管天下」「又得了權柄」。撒旦借操控我們的思想，要成就牠的詭詐；但以理書第八章以後的信息值得我們思想再三，公綿羊和公山羊對峙的局面已經清楚的顯現，伊朗和美國的關係，也是全世界的焦點，將來啓示錄十三章那十個角，這兩種成分都有；這是撒旦的差役彼此相咬相呑，這兩個魔君互鬥，引發世界大戰。

公山羊聖經多次出現，但以理書第八章是最明顯的，因爲聖經直接的解釋就是希臘，但是舊約也經常出現公山羊，不過會特別用小字注腳，解釋公山羊就是鬼魔；從這些小地方都可以看見　神對我們的心思意念非常重視，公山羊的特點就是喜歡偏行己路；前面特別提到公山羊的腳旁邊有……，表示聖經原文沒有這個字；聖靈強調，我們的思想、觀念、知識、技巧等等的傳遞，開始透過語言傳授，書本記載，逐漸代代相傳到今天，這是科技未開發以前的事；後來科技進步，知識傳遞的方式，日新月異，透過廣播電視，我們吸取新知識更快更方便，自從 WWW·COM 出現，現在又完全改觀，連小朋友在家裡面都會受到污染；以前老外的小孩不乖，老頭下令 You are grounded. 現在不要以爲小孩在家不會學壞，網絡上許多千奇百怪的東西都有；二十年前你能想到這些？腳不沾塵，天空的飛鳥當然不會沾到塵土，已經無遠弗屆了；今天全球化、地球村的觀念深植人心，透過衛星轉播，任何事立刻就能讓全世界看到。現在到處是智慧型手機，阿拉伯之春不是就這樣造成的嗎？

但以理書第二章的銅腹，也是希臘，聖經用銅代表審判；希臘人非常追求完美，他們認爲一個人要做到盡善盡美，一定要有豐富的知識，健全的體格，藝術的眼光，所以這些方面他們都有豐富的發展，尤其對體格要求要做到力與美的結合，很多人到歐洲觀光，都是要看這些雕像，這都是人本主義所複製出來的成果。前面不是說奧林匹克運動會西元前四百多年就有嗎？希臘人到一個地方就有運動場，羅馬人也跟上他們的作風，尤其羅馬人的競技場更爲殘忍。希臘人在競技場上是不能穿衣服的，全身裸露光溜溜，摔角的時候，全身都要用力，用力的時候，一定全身是汗，兩個人又光又滑，實在說，你根本無法找到施力點；如果你要贏得勝利，下盤的功夫是勝負的關鍵，下盤就是腰部以下；所有運動，腰部一定要穩，就是打架也一樣；在以力服人的時代，腰部的力量是決勝負的關鍵所在，所以有人說，腰部柔軟又穩健，這個人一定健康；　神要對付的就是我們自己覺得最有力的部分，過去是腰，現在是腦袋；如果　神沒有給我們聰明的腦袋我們不會有今天；我們常常以我們的成就自豪誇口，　神抵擋驕傲的人，賜福給謙卑的人。這句經文聖經好幾個地方都出現過，將來　神要從我們最有力地方下手，我們有五光十色的世界，也不是一時和一個人就能成就，是累代的根基積累而成，但是　神只要吹一口氣，這些都要歸於無有。

第八章　有一條路

有一條路，人以爲正，至終成爲死亡之路。這節經文分別出現在箴言第十四章12和第十六章25節，當初念到這節聖經只覺得奇怪，爲什麼同樣一句話，中間相隔一章又出現了呢？況且作者是同一個人？前輩說，只要重複出現的經文，表示　神很重視。一般解經家的教導，箴言是生活中的格言，一段一個意思，一句一個意思，東一句，西一句，彼此沒有太多關聯；西方的解經家，我們也相信他們在聖經上，下的功夫很大，而且聖經也是從他們傳給我們的，他們說：箴言有很多地方，和中東地區一般使用的格言或諺語大同小異，用在生活上可以，但作眞理教導，又另當別論；我想聽聽罷了。的確，他和聖經其他經文相關的地方不多，同時講臺上也很少單獨拿出來講論。其實不然，這裡面眞的有大啓示；第八章幾乎全章都是耶穌的自述，第七章講娼婦，這個娼婦今天眞的無所不在，這些解經家告訴我們，前面八章大半是大衛王教導所羅門的訓示，後面則是所羅門自己的發現，如果繼續看下去，或許你對箴言、甚至詩篇，會有不同的看法，甚至對整部聖經也爲之改觀。

我們再回到啓示錄第十三章，看那從海中上來的獸，這獸的形狀像豹，腳像熊的腳，口像獅子的口。這獸是經過死傷而後醫好的，敗部復活，比但以理書第七章第四頭獸更厲害，因爲第四獸連　神都不敢認他，歐洲列強和教會、天主教將　神的道糟蹋到使　神都無法形容的地步；但這獸頭有十角，從十角中又生一小角，這角「形狀強橫、過於他的同類」，看這幾個字，夠厲害了吧。這頭海獸，無異就是那個小角。是希臘、波斯、巴比倫的綜合體。

獸的身體像豹，一眼就看出來，就是希臘，用以經解經的原則，也非豹莫屬；我們不論看人、看物，通常我們會注意他的整體形象，再談細節；聖經也是這樣排序，還清楚地告訴我們，死而復活的獸就是希臘再生；但是希臘帝國已經亡國兩千多年，現在的希臘也不怎麼樣，只是一個靠祖產度日的小混混而已，怎麼可能是復興的希臘帝國？如果換一個角度說。也許大家都會同意，希臘魔君借殼上市，又浮上臺面了，這個說法比較能接受，那就需要靈意解釋這個異象。

這是自然的事，希臘帝國雖然被羅馬帝國所取代，但是他的精神不死，仍然活得好好的，而且比以前更活躍。羅馬帝國兩千年歷史，經過多少戰亂，暴君統治，腐敗的教廷；這麼多痛苦的經歷，大家都在尋求長治久安的良策，也就是希臘烏托邦思想一直都在；政治思想家站在希臘的人本主義、羅馬的法律秩序，加上聖經的博愛和和平的教導，逐漸形成種種不同形式的民主政治的思想和模式，但是，說來說去只不過是紙上談兵，不著邊際，暴君持續統治，人民還是飽受壓制；真正落實這種思想，同時具體化表現出來，就是獨立戰爭後的美國。

美國如何將希臘搬到北美？請回到使徒行傳第十七章，保羅不是從帖撒羅尼迦被趕出去，然後到雅典避鋒頭嗎？這裡除了記錄保羅就他們「未識之神」講一篇道以外，我們並沒有發現有任何特殊的地方，有什麼值得大驚小怪？前面談及這章經文，不是暗示神埋下至少兩個伏筆在這章聖經？那伏筆藏在哪裡？

這裡出現兩個奇怪的地名，除了這裡以外，不但舊約沒有，新約也沒有出現過，很怪，對不對，再讀一次使徒行傳第十七章，前前後後出現三次雅典，一次雅典人，還有三次亞略巴古；大家都知道雅典是現在希臘的首都，是很有名的遊覽勝地；但是在保羅和其他使徒傳福音的時候，並沒有什麼名氣，你說這些有什麼值得大驚小怪；的確，雅典沒什麼，但是要知道雅典保羅去的時候，是一個人文薈萃的地方，他們的哲學思想，科學知識，藝術體育，這個城市地位很高，對後世的影響很大，這是一點；至於亞略巴古，實在是名不見經傳，我以前讀聖經也是一眼帶過，從來沒有去注意，也不可能注意，直到有一天才讓我發現其中有許多意想不到的地方。

還是要重提重複出現的經文要特別注意，這是已經很久以前的事，那時讀到使徒行傳第十七章也發現這個問題，前輩們說，聖經的人名或地名都有特殊意義；那時候身邊有一本小冊子，叫聖經人名與地名彙編。在好奇心的驅使下，隨手拿過來翻翻看，眞的有亞略巴古這個地名，終於他給了一個答案；亞略巴古，位於雅典城西，保羅傳道的時候，是雅典的圖書館，過去是希臘城邦議會的所在地；當時看了也不在意，拿支筆，寫在聖經旁邊空白的地方就不管了。直到一年多前在 YouTube 上看見聽陳希曾老師在 2008 年以前，Good TV 使徒行傳的講座，他也是三言兩語，輕輕帶過，他說：亞略巴古就是火星山的意思，他還特別用英文說 Mars Hill。

這時我又好奇了，想再找那本小冊子，怎麼找都找不到，東之高閣的一本啓導本聖經，終於幫了忙，我看了啓導本聖經注解，不禁肅然，原來天大的奧祕，就出現在這四個字，亞略巴古；他的解釋是雷神山；這時候馬上聯想到啓示錄的「七雷發聲」，又聯想到「禍哉禍哉禍哉」，怎麼那麼巧？就這麼聯想到一塊兒呢？

當羔羊揭開第一印的時候，就聽見四活物中的一個活物「聲音如雷」說：你來……這時候我很篤定，第一印就是美國，這雷聲是　神審判開始的警告！

我們看美國如何複製希臘，前面不是說，民主政治的起源地是希臘；在亞歷山大的父親腓利大帝統一希臘之前，你說他是個國家嗎？根本就不像，因爲希臘人很難搞，誰也管不了誰，倒是在遇到重大事情的時候，又聚集在一起，共商大計，尋求共識與對策，這時候又像一家人了；這就是有名的城邦政治，當時共商大計的地方就是亞略巴古；我想雅典的亞略巴古不過就像今天你要上臺北，臺北那麼大，到底你要去哪裡？更明確一點說是去士林還是松山、萬華，這樣比較明確一點，大家都知道你去臺北，不過更確定的將範圍縮小罷了；亞略巴古，民主政治的搖籃地，藏著雷神；撒母耳記以色列人求立王，　神已經大大不悅，何況這些自稱爲　神名下的基督徒要自立爲王，　神高興的起來嗎？

對他說：你年紀老邁了，你兒子不行你的道。現在求你爲我們立一個王治理我們，像列國一樣。撒母耳不喜悅他們說立一個王治理我們，他就禱告耶和華。耶和華對撒母耳說：百姓向你說的一切話，你只管依從；因爲他們不是厭棄你，乃是厭棄我，不要我作他們的王。自從我領他們出埃及到如今，他們常常離棄我，事奉別神。現在他們向你所行的，是照他們素來所行的。（撒上八：5-8）

現在你們要站住，看耶和華在你們眼前要行一件大事。這不是割麥子的時候嗎？我求告耶和華，他必打雷降雨，使你們又知道又看出，你們求立王的事是在耶和華面前犯大罪了。於是撒母耳求告耶和華，耶和華就在這日打雷降雨，眾民便甚懼怕耶和華和撒母耳。（撒上十二：16-18）

這只是驚奇的開始，我認爲還有更大的奧祕；今天的美國，我們把他的全名翻譯出來，叫美利堅合眾國，完完全全將希臘那套議會制度搬過來，每一個州都是一個獨立個體，有各自的州憲法、州長、州議會、州政府、州法院，各州行政方式也不盡然一樣，稅務各州也不一樣，你是加州會計師不一定可以到紐約執業，除非紐約承認加州的會計師執照，律師也一樣，所以有些人攷執照都要先打算這張執照可以在那些州使用，如果承認的州比較多，當然以後的出路就比較廣，醫生也一樣，因爲沒有一個國家像他們這麼複雜，從他們的選舉就看得很清楚，當川普宣佈他的新移民政策，全國譁然，加州立刻宣佈他們願意成爲這些沒地方去的人的逃城，以免被川普驅逐出境；州政府居然可以和總統對幹，不只是史無前例，可以說是絕無僅有，沒有一個國家像他們這樣，這就是聯邦政府。他們的總統也全民選舉，但是計票的方式卻大不相同，以州爲單位，如果這個州支持的人數過半，這個州的選舉人票全歸他，所謂的 The winner takes it all，所以他們的競選策略和其他國家也大不相同。中央政府統籌對外的一切事務，外交和軍事；國內共同的事務也由中央管理，像 911 事件後，他們成立一個新單位，叫國土安全局；除了軍事單位由中央管轄，所有情報單位也是中央的職權。各州財政獨立，他們的稅務有地方稅和中央稅；地方發生重大災難，也由中央撥款補助。

希臘人喜歡運動，前面不是說他們所到之處都有運動場嗎？這種風氣在美國更爲盛行，每一個州的首府或是大城市都有運動場，臺灣人管他叫大巨蛋；有的城市，蛋有時不止一個，有好幾個，適合各種不同類型的運動設計，籃球場很普遍，美式足球場也很多，其他如棒球場，田徑場；這類形的運動場的設計通常是橢圓形居多，所以臺灣人才叫他大巨蛋。以前在臺北念大學，有一個從美國回來的學者告訴我，美國人如果沒有足球場，就不知道怎麼過日子，那時候美國流行一種叫 Sunday neurosis，星期天恐慌症。現在臺灣的民進黨搞什麼一例一休，鬧得不可開交，民怨四起；以前周休兩日就很高興，再之前禮拜六半天，也不錯；那時候美國開始從禮拜五開始休假，是全世界最早推行周休二日的國家；那時候的美國人是中產階級爲主幹的時代，禮拜一到禮拜五按時上班，按時下班，生活規律，但是一到休假，禮拜六可以睡覺，禮拜天怎麼辦？他們生活的重心都在上班，一到休假，就無所適從，一個人在家不知如何是好，所以很多人在星期天跳樓；那時候並沒有什麼休閑產業，所以很多球賽就在休假的時候舉行，電視轉播也開始流行；沒想到又製造一種新興行業，就是運動產業；不要小看這個產業，背後可是商機無限，甚至流行全世界；政治體制是希臘翻版，運動產業更像希臘，還有一個就是學術研究。

這個題目不用多說，來來來來臺大，去去去去美國，美國人當然很重視學術研究，許多響叮噹的大學，吸引全世界一流人才，他們也不惜血本栽培這些留學生，給他們獎學金，讓他們專心念書，臺灣很多學生都有很好的成就；他們的科技能夠突飛猛進，外國留學生貢獻不少；他們學術研究也領先其他國家；這些才是改變世界的動力，能那麼吸引人，能讓人刮目相看，不是偶然。

競技場上，勇士各個脫光衣服，猶太人就是怕這個，脫光衣服，有沒有受割禮，一眼就看清楚，頭號的敵基督用這個逼迫猶太人；美國人也脫衣服，但是不是脫男人的衣服，是脫女人的；每年的選美大會，多少女孩子嚮往；這種比賽都有比基尼的項目，這算是小焉者也，花花公子，閣樓雜志，流行全世界，多少少女希望借此一脫成名；錄影帶發明以後，A片暢銷，脫的更徹底，但是這些女郎都有一個共同特點，不是足蹬高跟，就是身披薄紗；我在阿拉伯看見這些，還問臺北的同事，既然脫光。爲什麼還有穿高跟鞋？同事說，你眞的很土，你不知道有高跟鞋就不算全身赤裸，這是美國法律的規定。在臺灣，這些是見不得人，都要偷偷摸摸的看，美國可以公開，大大方方的看，因爲法官是這麼解釋；藉著傳播媒體，向全世界推銷暴力和色情，電視電影是最佳管道。今天全世界的暴力行爲，都是有樣學樣從他們的電視電影學來的，這又是一門產業。

另外一樣，前面不是說亞歷山大向全世界推行希臘化嗎？美國人更不得了，向全世界推銷他的美式民主，藉口進行顚覆，製造內亂，只要有美國人到的地方，亂就亂到那個地方，屢試不爽，完全不尊重當地的風俗民情，硬把他們認爲應該的那一套套在別人頭上。老實說，臺灣今天的亂，一半以上是美國人造成的，對其他國家也是一樣；但是我們的出口都依賴他們的市場，只能敢怒而不敢言，苦水自己吞下去吧；日本軍閥土肥原賢二這樣告訴我們，外交是以武力作後盾的。我們的執政者無能，又能怪誰？天下大亂是美國政客最希望看到的事，他們和與他們勾結的軍火商就有大筆鈔票進賬，何樂而不爲。聖經的話不會錯，「形狀強橫，過於他的同類」，弱國眞的無外交，可憐的臺灣，仰人鼻息還自以爲傲。大家會以爲我在扯經，但是都是事實；接下來腳像熊的腳：

熊是很笨重的動物，聖經描述波斯，用熊比喻，他似乎很優閑，旁跨而坐；一個人的腳在那裡，他的人就在那裡，聖經這裡用他表示他的位置；波斯旁跨而坐，你能來個地理大搬家，把伊朗弄到別的地方嗎？巴比倫、波斯、希臘、羅馬帝國都在地中海旁邊，如果再往西，就要跳大西洋了，只好再往西，就到了北美落腳，這樣解釋是不是順理成章？更何況他和波斯一樣都有廣大的幅員。

誇大的口，現在的川普還不夠狂嗎？你看他對付中共的嘴臉，可以說欺人太甚，固然中共咎由自取，驕傲在敗壞以先，狂心在跌倒之前，中共一心想超英趕美，一帶一路，2025 中國製造，惹毛了川普，開始對中共制裁；做生意是兩相情願的事，川普的理由未免太遷強。但是美國這種獨霸的心態一直都在，去惹他只有自討苦吃，俗話說，羅馬不是一天造成的；美國有今天的成就，是經過多少年、多少人的努力共同造成的，並非一蹴可及；二十年內能趕上今天的美國就要偷笑。將來的敵基督更狂妄，不但說大話，還開口褻瀆　神，比尼布甲尼撒，希特勒更狂妄。

前面說美國是希臘借殼上市，大致上都會同意我的看法，但是身為敵基督的那個人會不會死而復活呢？這一點值得探討；如果以教會歷史看，福音在這個世界已經兩千年，尤其在今天資訊發達的時代，沒聽說耶穌的人應該很少，如果他沒有死而復活，又如何取信於人呢？敵基督這個敵字，英文 ANTI，有仿冒的意思，如果要仿冒就要仿冒的像一點；如果他不是猶太後裔，又如何取信於聰明過人的猶太人？拉賓割地求一日和平，結果一顆步槍子彈將他解決了，啓示錄第十三章14節明說：要給那受刀傷還活著的獸作個像；我看造像是一定的，但是死而復活恐怕未必，可能有人暗殺，情況還很嚴重，造像的發起人是假先知，後面許多人附和，是眞正的民主精神，拱人上台。

美國成也民主，將來敗也民主，這條人以為正的路，無疑是走向滅亡的不歸路；你說一個人人稱羨、和平安樂的國家，怎麼會淪落到今天這個光景？濫交、同性戀、吸毒、暴力，樣樣都來，今天在美國是常態，我們的總統、政府、立委、官員、社會賢達，不知道他們怎麼想的，群起傚尤，一窩蜂跟著學壞。

全地的人都稀奇跟從那獸。（啓十三：3b）

美國獨立，轟動當時的歐洲，歐洲掀起一股民主熱潮，法國首先跟進，第二年就發生有名的法國大革命，凡爾賽宮淪陷，攻占巴士底監獄，王公大臣貴族統統送上斷頭臺，巴黎一陣混亂，暴民到處燒殺擄掠，國王也上了斷頭臺；法國在暴力革命下，製造歐洲第一個民主共和國，這是付出血腥代價的民主；接下來歐洲各國在這股風潮的壓力下，由君主專治的體制改變，紛紛變成君主立憲制；傳統的政治形態瓦解了，新興的民主政治取代了，歐洲吹起民主風潮，王室地位大不如前，形同虛設；這一股不可逆的潮流到今天還在；第二次戰後，新興國家在非洲、中東、亞洲紛紛獨立，人人以追求自由民主為圭臬，好像一座牢不可破的神主牌。

科技改變我們的生活方式和生活環境，過去歐洲是世界科技的領頭羊，美國後來居上取代歐洲的地位，尤其美國是一個新移民國家，地廣人稀，也需要大量人力協助開發，我們從他們西部電影就可以看出來當年他們由東岸向西部開發的故事，這種電影在六〇年代，也曾轟動一時。當然在他們建國之初就需要大量人力，所以許多歐洲人開始向北美遷徙，也成就他們引以為傲民族大熔爐稱號；雖然他們口口聲聲以民主自由人權自豪，其實種族歧視一直存在，前面錢學森的故事就是典型的例子，連一個有學問對他們有貢獻的人，他們都容納不下，更何況其他人呢？二戰後婦女開始爭取和男人平權，也能獨立自主，加上非裔在金恩博士的努力下，得到自由平等，但是始終存在一股說不出來的歧視；拉裔這個浪漫民族更不用說，還將遠在家鄉的親戚朋友接來，原因就是美國的社會福利很好，沒工作還有零用錢。美國人辛苦工作，結果養一群好吃懶做的人，當然看不下去，到現在心結還在。二戰後他們也有許多可取的地方，因爲許多人想到美國，正常管道耗時費日，條件又多，臺灣不是有許多跳船的人偷渡到美國？非法的偷渡人口越來越多，所以每五年就有一次讓非法移民就地合法，免得讓他們偷偷摸摸過日子，減少犯罪發生，這也是根據摩西的原則，你們要憐憫寄居的，因爲你們以前也做過寄居的人，知道寄居人的心。透過美國發行全球的電影，看到他們的社會以及生活方式，許多人羨慕，又有許多白手成功的故事，因此對美國充滿好奇，也充滿希望，認爲這就是築夢者的天堂，前仆後繼湧向美國。歐巴馬就是近幾年最好的例子，黑奴都可以當總統；其他種種一夜致富的故事也很多，今天仍然很多人希望移民美國。

這是個人行爲，拿臺灣做例子，政論節目那些名嘴口口聲聲美國如何，我們也要如何；可憐，連政府都要學他們，眞的莫名其妙，很多事情不是對錯的問題，也不是是非的問題；我們常說，用人要適才適所，事情也一樣，這個地方可以這樣，別的地方不見得就能這樣；我們的總統治國，喜歡用專家學者，搞出一些千奇百怪的政策，結果民怨四起，老是學美國，難怪民調天天下滑。這就是跟從那獸的下場。

老祖宗有一句話很有道理，飢寒起盜心，看看我們的歷史，國與國的戰爭或內亂，很多是因缺乏糧食引起的，餓肚子，幾天可以，日子久了就要作怪；國家興亡，先看老百姓的肚子餵飽沒有，肚子飽了，平安無事，老百姓衣食無缺，在上位的一定受人愛戴，這是一個很簡單的道理；在北溫帶地區，一年一熟，如果遇到荒年，顆粒無收，又沒有餘糧，老百姓就要造反。因此糧食問題自古以來都是重要問題，聯合國也相當重視。人類爲了解決這個問題，費盡心思，糧食問題解決了，社會問題就能夠減少很多，最起碼小偷少了。田裡面的面積就是那麼大，如果能夠增加生產面積，當然收成就多；但是面積不能增加，又遇到蟲害，那麼這一年肯定欠收，糧食問題就來了；爲了解決這個問題，在化工業起步的時候，有人爲了增加單位面積的產量，發明化學肥料，有了肥料，產量就多；那麼蟲子怎麼辦呢？於是有人發明殺蟲劑，這兩樣問題解決了，萬事OK；沒想到問題又來了。

最早發現問題的是德國，有一天，他們發現巴伐利亞高原的樹木，莫名其妙的掉了很多葉子，長年翠綠的山頭，掉了很多葉子，他們開始研究這個問題；從收集的落葉化驗，終於有了答案；造成落葉的主要原因是化學廢氣造成的；沿著波羅的海的德國北部，是他們的重化工業區，每天排放大量廢酸的氣體，隨著大西洋的風飄過來，遇到山，山上的樹葉吸收廢氣造成大量落葉，因此北歐是第一個提出環保議題的地區，那時候還沒有今天那麼嚴重，還沒有土壤酸化的問題，可是已經有人開始重視了。我們要談的不是環保問題，而是動機；當初人類發明化肥及農藥出發點是什麼？不是爲了解決糧食問題嗎？糧食的問題是解決了，但是沒有想到會帶來新的問題，是始料未及的，可見人的知識太有限了；前面談第三印，也是同樣的問題，都是爲了解決問題，帶來新的問題，新的問題又帶來新的行業，如此周而復始，發生問題，解決問題，重複上演；這一條路，人人都以爲正確無誤，卻是一條不歸之路。歷史學家告訴我們，人類從來沒有從歷史學教訓，這個教訓聖經早有明示，人就是不當回事。知識善惡樹的果子就是不斷製造問題，重複製造問題，人類重複在這些問題打轉，永遠跳不出這個窠臼。

摩西告誡以色列人要守律法，七年有一年休耕，叫作安息年；守安息日容易，安息年叫他們不耕也不種，那還得了；那要他們吃什麼？還有到五十年有兩年不耕種，叫禧年；這兩條規定，他們從來沒有遵守；　神一再保證，只要守規矩，他們吃的糧食絕無問題，這就是不信的惡心作祟；記得有一個外籍牧師到臺灣講道，他做一個見證，斐濟是太平洋一個小島國家，人民生活困苦，男人每天在田裡趕老鼠，因爲老鼠偷吃他們的地瓜和木薯，是他們的主要糧食，女人早上就到海邊，看潮起潮落，潮落會有一些魚擱淺在沙灘上，她們就撿回去作食物，撿到的魚都是小小的，塞牙縫都不夠，實在困苦落後；他向他們傳福音，連他們的巫師也信了；你猜結果如何？連他也想不到，　神的供應那麼豐富，不但田裡收成出乎意外的多，連小黃瓜都有男人的膀臂那麼粗，女人海邊撿到的魚，又大又多，生活完全改善；他們什麼也沒作，只是信耶穌，就有這麼豐富的供應。祂說我是你老爸，祂就有義務供應你的生活所需，只看你信與不信；　神的救恩也是一樣，是恩典，白白的給我們，只要信就得到了。

猶太人被擄歸回多了兩個節日，一個是普珥節，另一個是光明節，也叫修殿節；這兩個節日都是預言，普珥節是異族設計消滅他們全族反敗爲勝的故事，從他們的聖經抄本看出來，以斯帖記的抄本很特殊，不同於一般聖經一直連貫抄下去；當寫到哈曼的十個兒子，他們的名字是寫一個就是一行，一個一行；這是其他聖經抄本都沒有的，他們自己也覺得奇怪，爲什麼這一本書和其他不一樣；到了1946年答案終於揭曉，希特勒知道已經無望，自殺身亡，但是戰犯仍需審判，1946年紐倫堡大審終結，德國十個將領死刑，在送上絞架前，一個將軍大聲說：1946年普珥節，接著就上絞架；那一年正好是猶太曆5707年。希特勒在二戰屠殺六百萬猶太人，這是最近的滅族運動，這種滅族運動你可以清清楚楚的看見，是外面來的壓力，逼迫他們就範；修殿節就不一樣，他是安提阿古勾結一群騎墻派的猶太人窩裡反，不但沒有成功，反而遭受抵抗，連自己的手下也被殺；這個故事是告訴我們，撒旦沒有下手的地方，就從裡面腐化我們，讓我們不知不覺的落入圈套；馬太福音第十三章就是很好的說明。

第九章　敵基督可能出現的時間

誰曉得你怒氣的權勢？誰按著你該受的敬畏曉得你的忿怒呢？求你指教我們怎樣數算自己的日子，好叫我們得著智慧的心（詩篇九十：11-12）

天地要廢去，我的話卻不能廢去。但那日子，那時辰，沒有人知道，連天上的使者也不知道，子也不知道。（太二十四：35-36）

但那日子，那時辰，沒有人知道，連天上的使者也不知道，子也不知道，惟有父知道。你們要謹慎，警醒祈禱，因爲你們不曉得那日期幾時來到。（可十三：32-33）

凡事都有定期，四福音書記錄耶穌的生平，耶穌所作所爲以及遭遇的事，爲我們成就無比的救恩，根據馬克、畢茲牧師講解耶和華的節期，耶穌在地上傳福音，大大小小的事跡發生的時間，都和耶和華的節期完全符合，就是前四個春季的節期，從祂出生到爲我們上十字架；尤其是從祂騎驢進耶路撒冷到復活升天，一一爲我們講解清楚；他說：耶穌第一次降臨按照耶和華春季節期的時間應驗，將來第二次降臨也一定依照後面秋季的三個節期的時間應驗。但是耶穌親口告訴門徒們，那日子、時辰沒有人知道，連祂自己也不知道，只有父知道；當然這裡面有很多講究，因爲祂再來是爲審判、爲拯救我們；我們從聖經許多蛛絲馬跡找到敵基督出現的時間，就可以得知主耶穌可能再來的時間，因爲假先知已經出現，所以我們可以確定，敵基督出現的時間應該不遠；因爲我們的　神所做的每一件事都是有計劃的；但以理書上說：天使要將錄在眞確書上的事告訴他；從此我們可以確知　神並不是隨心所欲的行事，雖然我們禱告可以改變　神的心意，但是這是祂的恩典，要領我們悔改。

Michael Rood 牧師是猶太的彌賽亞信徒，他說他的女兒是大衛王一百代後裔，祖父在荷蘭是拉比，母親是浸信會會友，從小和母親上教會做禮拜，長大曾經在神學院就讀；他這種特殊背景，讓他在聖經的解讀有獨到的見解。有一天他終於忍不住了，說：媽咪，這些謊話要說到那一天爲止？他是指聖誕節和聖誕老公公說的；他從路加福音的記載（只有路加福音記載耶穌生平最詳細），從施洗約翰的父親撒加利亞在聖殿看見異象開始推算耶穌出生的時間，就是住棚節；同時確定耶穌傳道的時間只有四百九十天，一般傳統觀念三年半完全錯誤，是當初第一個主教悠西比說的，在他之前沒有人有這種說法，也沒有人提出這個問題。七十個七是但以理書很重要的預言：

爲你本國之民和你聖城，已經定了七十個七。要止住罪過，除淨罪惡，贖盡罪孽，

引進（或作：彰顯）永義，封住異象和預言，並膏至聖者（者：或作所）。你當知道，當明白，從出令重新建造耶路撒冷，直到有受膏君的時候，必有七個七和六十二個七。正在艱難的時候，耶路撒冷城連街帶濠都必重新建造。過了六十二個七，那（或作：有）受膏者必被剪除，一無所有；必有一王的民來毀滅這城和聖所，至終必如洪水沖沒。必有爭戰，一直到底，荒涼的事已經定了。一七之內，他必與許多人堅定盟約；一七之半，他必使祭祀與供獻止息。那行毀壞可憎的（或作：使地荒涼的）如飛而來，並且有忿怒傾在那行毀壞的身上（或作：傾在那荒涼之地），直到所定的結局。（但九：24-27）

止在罪過、除盡罪惡、贖盡罪孽、引進永義，封住異象和預言，並膏至聖……他說：沒有者這個字，也不是所，中文翻譯錯誤，就是至聖；這一節經文說明耶穌傳福音的目的，用自己的血膏了至聖，這個世界什麼才可以叫至聖？就是約櫃。前面的七十個七就很清楚的說只有四百九十天。至於一七之半、一七之內是敵基督在地上的時間，耶穌第二次來不會有三年半，他第二次來像閃電，而且是耶路撒冷兩個見證人被殺之後的事；後面有關末日的核戰他有精闢的見解。

信耶和華你們的 神就必立穩，信他的先知就必亨通（代下二十：20）。2014和2015兩年出現四輪血月，時間都在耶和華的逾越節和住棚節，約珥書二章30和31節的預言實現，在天上地下，我要顯出奇事，有血，有火，有煙柱。日頭要變爲黑暗，月亮要變爲血，這都在耶和華大而可畏的日子未到以前。我們參考創世記第一章14節，神說：天上要有光體，可以分晝夜，作記號，定節令、日子、年歲。每逢四個血月出現必定有大事，1492和1493年西班牙猶太人大遷徙也有四輪血月出現；他們根據NASA的預測，將來要再出現這種現象要到一兩百年後的事，我看我們沒有時間等那麼久；聖經耶和華大而可畏的日子或是耶和華的日子都是指主耶穌再來的日子。先知告訴我們1967年是一個禧年，因爲這一年耶路撒冷回歸以色列的懷抱，2017年是以色列最後的一個禧年，因爲川普將大使館遷到耶路撒冷，等於對全世界宣告，耶路撒冷才是以色列的國都；2013年天主教教宗本篤十六世突然宣佈辭去教宗一職，舉世震驚，我也嚇一跳，從來沒有一個教宗會這樣作，同時以前我就認定教宗就是假先知，外甥從德國回來看我，我也要他注意本篤十六世，因爲他是之前的德國樞機主教，電影《穿著 Prada 的惡魔》是不是暗示些什麼？這個教宗喜歡穿 Prada 的鞋，我想可能　神借此暗示他就是那個假先知；他說是　神要他這麼做；2013年NASA宣佈天空出現一顆隕石，體積不小，很怕傷害地球，結果像擦邊球掃過地球的天際，當年三月十三日，新的教宗方濟各出線，也是出乎意外，因爲他是唯一一個不是出於歐洲的樞機主教當選教宗；更讓人意外的是，NASA將這顆隕石命名爲「獸」，隕石叫彗星，我們中國人管他叫掃把星，可見我們中國人也不認爲是什麼好東西，這個現象，中國人一語道破他的弦機；我們的　神做事都有秩序，絕對不是巧合，透過天象，啓示重要信息；我直接的反應就是有大事快要發生。

神也透過川普當選向我們說話，吹角節到了，許多美國人，還有許多國家對這個難以捉摸，不按牌理出牌的人，深感疑惑；因爲美國的一舉一動關係整個世界局勢，全世界最大的權力機器，掌握在這種人手裡，會是災難？還是另有新局？我想這兩種可能性都有，在產難來臨前，必有許多徵兆；前面說到方濟各就是那顆掃把星，將來敵基督出現，一定也有類似的情況出現。前面說到使徒行傳第十七章三次出現亞略巴古和美國出現有關，應驗其中兩個意思，雷神山和希臘議會再生，希臘這頭受了死傷的獸，敗部復活；陳希曾老師說亞略巴古也是火星山的意思，才叫我汗毛直豎；因爲我們的太空發展，登陸火星的日子很近了，眞的大事不好。

神說：我們要照著我們的形像、按著我們的樣式造人，使他們管理海裡的魚、空中的鳥、地上的牲畜，和全地，並地上所爬的一切昆蟲。神就照著自己的形像造人，乃是照著他的形像造男造女。神就賜福給他們，又對他們說：要生養眾多，遍滿地面，治理這地，也要管理海裡的魚、空中的鳥，和地上各樣行動的活物。(創一：26-28)

這三節經文，　神交給我們的權柄和管轄的範圍規範的很清楚，管理海裡的魚，空中的鳥，地上的走獸昆蟲活物等等；這三節經文證明了我們今天種種的不是，登陸月球，人造衛星等等太空發展都不是在　神給我們的授權範圍內，鳥最高能飛到那裡？這樣看來連飛機都不允許；也許大家都不認爲這是得罪　神，不過是科學研究，何足大驚小怪；在這方面人類不是天天有突破嗎？

天上的星體　神用來作記號、定節令、日子、年歲用的，猶太人的每天是從日落時分起算，也就是黃昏的時候，是一天的開始，合乎　神當初創造天地時，有晚上，有早晨。每一個月的開始是，當西邊的太陽西下，天邊隱約出現一抹月牙的那時候開始，就是當月的初一。這時必需有兩個見證人共同見證新月出現，向守殿官報告，守殿官再向大祭司報告，大祭司就站在殿墻上向這兩個見證人呼叫「上到這裡，上到這裡」這時候旁邊的祭司在聖殿最高的地方燃起烽火，也有祭司吹角。借烽火的煙和角聲向四圍的人宣告，新月開始，其他周圍城市或鄉村的人看到，也同樣燃起烽火，將新月開始的信息傳達到全以色列地。在人未造以先，　神已經將所有的星辰羅列在天空，因此，猶太人相信時間的開始，是在亞當被造那天，那天也是吹角節；但是罪進入世界，星辰就變成觀兆的工具，就是今天的觀星術。火箭、飛彈、人造衛星、太空站，都是科技的成果，人類在這方面也花費不少人力、物力和時間，是長年累積的成果；科學家期望能夠在地球以外尋找人類可居住的地方，但是在登陸月球以後，令人失望，種種資料顯示，條件和地球相去太遠，但仍然努力不懈，尋求突破。現在希望能夠登陸火星。

月球是地球的衛星，距離我們最近，大概沒幾個鐘頭就到，阿姆斯壯成功登陸月球，現在蘇俄和中國也有探測衛星觀測，而且成功將探測車送上月球收集資料；除了月球以外距離我們最近的是火星，但是也要半年到七個月的時間才能抵達，美國則已經將兩個探測車放在火星，一個前不久宣告放棄，因為被火星的沙塵暴遮蓋，無法從日光發電；但是已經收集不少有關資料，也已經在地上建立模擬基地，讓太空人模擬火星上的生活，有朝一日會讓他們成功登陸。NASA 在這方面很成功，也花了不少錢，現在已經將部分工作委外經營，就是火箭發射的部分，他的下包 Space X 宣佈，2024 年就能夠把人安全的送上火星，比 NASA 宣佈的 2030 年還快六年；同時 Space X 也已經能夠將發射出去的火箭安全回收，可以重複使用，節省不少經費。你聽到這個信息是高興還是擔憂？還是無感？

牠漸漸強大，高及天象，將些天象和星宿拋落在地，用腳踐踏。（但八：10）

這節經文前面講但以理書第八章公山羊的預言，並沒有應驗在安提阿古四世身上，如果有應驗，只能當作形容詞看待，表示這個人狂妄至極；實際上也可以應驗在末世的敵基督，因為他有說大話的口；如果與依照字面上應驗，有無可能？我相信絕對可能，人類登陸月球，我們管他叫壯舉，能夠登陸火星那就更不得了了，那麼他不是誇口，而是實際實現。

神既在古時藉著眾先知多次多方地曉諭列祖，就在這末世藉著他兒子曉諭我們；又早已立他為承受萬有的，也曾藉著他創造諸世界。他是　神榮耀所發的光輝，是　神本體的眞像，常用他權能的命令托住萬有。他洗淨了人的罪，就坐在高天至大者的右邊。（來一：1-3）

希伯來書開宗明義就說；我們的世界是　神兒子的命令拖住的，星星月亮太陽也是如此，我們眞的毫無可誇，人心驕傲到一個地步，開口挑戰　神，目空一切，自高自大；這就是世人的結局。當你從 Google 上看到自己的家很清楚的顯示在你面前，有什麼感覺？是驚奇？是害怕？是高興？還是恐慌？怎麼我連一點祕密都沒有，讓人一目瞭然，赤裸裸的呈現在大庭廣眾之下。這就是我們目前的情況，先知在 HD TV 上市前九年就預告將有高解析度的電視，現在先知兩年前告訴我們，將來的鏡頭像原子筆的小鋼珠一樣，可能還要小，我們的科技可以發展到這種程度，可謂嘆為觀止，而且這種鏡頭是用在衛星上面，不是一般手機；我們從 NASA 的火星探測衛星傳回來的照片，很清楚的看到火星地表的樣子，而且探測車在火星工作，也拍得很醒目，難怪美國的巡弋飛彈打的那麼精準，彈無虛發，嚇得海珊抱頭鼠竄。但是要將星宿天象拋落在地，用腳踐踏就沒有那麼容易，萬有是耶穌全能的命令托住的；如果依照字面上應驗不可能，有人能大到用腳去踹一個星宿嗎？縱使舊約有偉人或巨人的記載，從以色列海邊出土的人骨有我們的三倍大，他們也不可能做到，唯一的解釋就是人類登陸月球和火星，用腳踐踏是形容　神的厭惡；當我從 iPad 和住在美國的外甥聯絡，要他幫我找有關登陸火星的消息，我聽到他說，2024 年就可以成功，我實在吃驚，腦際突然冒出一節經文：你們告訴他們，耶和華說：我指著我的永生起誓，我必要照你們達到我耳中的話待你們，你們的屍首必倒在這曠野（民十四：28-29a）。接下來我又繼續看下去：按你們窺探那地的四十日，一年頂一日，你們要擔當罪孽四十年，就知道我與你們疏遠了（民十四：34）。這是以色列人窺探迦南地探子的回報，惹　神大怒，　神用一年抵一日回應以色列會眾的話。我必照著 Space X 的話回應我們，我也相信 2024 登陸火星一定成就，一旦成就，那麼「些」這個字的條件就滿足了，因爲登陸月球只有一個，登陸火星成功就有兩個，兩個以上就可以叫「些」。

2017 年是以色列最後的一個禧年，加上七年 2024 年是禧年後的第一個安息年，會不會在安息年，人正在安息的時候，趁人坦然無備的時候，敵基督趁機出現，值得關注；敵基督出現後，將天下搞得大亂，耶穌才會適時出現拯救；2024 又適逢美國大選，那年選舉出來的總統可能就是那個從海中上來的獸，海就是地中海，海也是表示動蕩不安，地中海沒有平靜，自阿拉伯之春學運後，動亂加劇，從地中海沿岸到中亞和歐洲，越來越亂。這幾天的新聞，方濟各又和回教徒領袖見面，商討合作事宜，這些都值得關注；我以嚴肅的心態看這些事，如果沒有聖經作基礎，用以經解經的原則，也不會得到這種結論，只有大家共同努力，才能揭開末世的神祕面紗。

有一件事要特別提起的，從小我有一個毛病，就是讀書不求甚解，到如今這個毛病還在；可是有一天早上起來讀經，突然想起川普，那時候他開始競選共和黨總統提名人；那時川普這個名字一直在腦海裡盤旋；我又想起小時候念書時和同學玩橋牌，牌發完了，相對的兩個人是搭檔，開始先叫牌，叫牌決定那一色牌是那一局的王牌；在好奇心的驅使下，幾十年沒動的英文字典找出來查川普這個英文字的意思；字典有好幾個解釋；王牌、祕訣、最後的手段、老實人、好漢、好人；古詩作喇叭聲、號聲；最後 the last trump 聖經末日的喇叭聲；這時我不得不想起，這些日子，全世界報紙及電視新聞版面在他出現，他的講臺斗大五個英文字母 TRUMP 很明顯的擺在我們的眼前，從來沒有一個美國總統候選人有過這種舉措，這五個英文字直到競選完畢才消失；那時我正在聽有關耶和華七個節期的信息；當時我就想，TRUMP 會不會就是暗示吹角節？那是2016年的時候，是不是　神借他發出警訊吹角節開始？

第十章　白馬　白宮　痲瘋院

啟示錄第六章開始就是第一印，四活物中有如雷的聲音叫白馬出來，白馬就是美國，最能代表美國的就是白宮；前面已經說明死而復活的獸就是美國，那個已經死的獸是希臘；希臘借殼上市就是今天的美國。剛剛信主的時候，講臺上有時會提到聖經的解釋用字根的意義，可以互相解釋，人名地名也代表某種意思；那時候偶然從一位弟兄那裡得到一卷錄音帶，是陳希曾老師講路得記；剛剛信主也不知道路得記講什麼，姑妄聽之罷了，反正也沒別的事，陳老師特別提到聖經只有兩卷書是用女人的名字，其他歷史書先知書的作者都是男的；他解釋這本書，也特別提到舊約　神的心意已經借路得記告訴我們，外邦人要和以色列人同得救恩，因爲路得是摩押人，依照摩西的規矩是不得入耶和華的會；又提到波阿斯和路得的對話，解釋　神自始至終的心意，就是全人類都要得救，猶太人每年在五旬節都要念路得記。

路得就俯伏在地叩拜，對他說：我既是外邦人，怎麼蒙你的恩，這樣顧恤我呢？

（得：二：10）

他說：希伯來文的顧恤和外邦人發音幾乎一樣，是他在紐約和猶太人有接觸才知道的；後面解釋波阿斯要盡親屬的本分；我們用諧音的方式解釋白馬、白宮、痲瘋院的關係。我們的語言文字都是　神所賜的；我們先思考一個問題，爲什麼舊約聖經是希伯來文寫成，但是新約卻用希臘文呢？剛剛信主聽吳勇長老講道，他說那時候雖然是羅馬當家，可是希臘文可以通行羅馬帝國各個角落，當然要用希臘文才能夠傳達給那時候的人；他又說，使徒行傳第十六章馬其頓的異象，如果沒有聖靈禁止，福音可能就傳到東方，東方是中國人，中國人喜歡祕方，祕方藏起來就不能傳遍世界；但是你有沒有想過爲什麼　神要挑這個時候讓耶穌降生？聖經有答案嗎？當然有，創世記挪亞對三個兒子的預言就很清楚說：

迦南當受咒詛，必給他弟兄作奴僕的奴僕；又說：耶和華閃的　神是應當稱頌的！願迦南作閃的奴僕。願　神使雅弗擴張，使他住在閃的帳棚裡；又願迦南作他的奴僕。（創九：25-27）

因爲救恩是從猶太人出來的（約四：22c），這是耶穌在井旁告訴撒瑪利亞婦人說的，猶太人是閃的後裔，福音是從耶穌開始；雅弗是　神使他擴張，歐洲列強能夠征服世界各國，都是　神給他的恩惠，住在閃的帳篷裡，就是福音要他們先接受，然後傳遍全世界，因爲他必須擴張；這是個神聖的任務，歐洲列強都是小國家，面積有我們中國一個省大或是美國一個州大就不錯了，居然能夠橫行天下，有這種能力，可見福音眞的是祝福人類的好消息，因爲文藝復興後，聖經眞理才逐漸打開；他們將　神的祝福當作逼迫人的武器，從這裡就不難看出但以理書第七章爲什麼第四頭獸，連　神都認不出來的緣故了。

歷史既然是　神寫的，他當然知道末世是美國當家，早在美國尚未出現　神就事先佈局英國成爲日不落帝國，現在英文是世界最通用的語言；希臘，聖經用豹來描寫他，我不知道豹的希臘文發音如何，也不知道希伯來文的發音，但是英文發音豹 leopard 和痲瘋病 leper 幾乎一樣，差別就在豹的 d 字是輕音，如果沒有將 d 的音發出來，就和痲瘋病一樣；　神用這種方式諷刺我們都是希臘化的人，就像痲瘋病人沒兩樣。痲瘋病之所以可怕，就是病人沒有感覺，雖然有一個爛瘡疤在那裡，患者不痛不癢，毫無感覺，就是這樣繼續讓他爛下去，直到要了老命。精神科醫生問病人是不是和別人不一樣，如果病人知道自己和別人不一樣，這個病人就有救了，因爲他有病識感，可以和醫生合作；如果沒有病識感，醫生就頭痛了，病人不可能和他合作，他也無法對症下藥。聖經把我們都圈在罪裡面，保羅說沒有一個義人，連一個也沒有，約翰說，我們都伏在惡者的手下；我們沒有一個人不受希臘文化的影響，希臘文化是抵擋我們認識　神最大的障礙，所有堅固的營壘是希臘文化的結果。全世界都稀奇跟從那獸，開口民主，閉口人權，那麼　神在哪裡？這些都是稱爲　神名下的人所做的。所以我不認爲用痲瘋病院解讀這個世界有什麼不對。英國的牧師葉光明說：民主是　神的心意；我說：民主絕對不是　神的心意，但是　神說：你們一定走向這條路。耶穌說，先知以利亞的時候，以色列有許多寡婦，但是他並未奉差遣往她們當中去，只奉差遣到撒勒法的一個寡婦那裡去；先知以利沙的時候，以色列有許多得大痲瘋的，只有敘利亞的乃縵得到醫治。這話引起猶太人強烈的反應；今天耶穌仍然說這話，我們處在這個世界，樣樣豐盛有餘，衣服多得穿不完，每年浪費的食物不知道有多少，今天的生活環境，比五十年前不知道好上多少倍，更不用提更早的人。但是我們所沾染的罪汙，比大痲瘋不知道多了多少倍，我們都有病識感嗎？民主已經成爲一條走向滅亡的不歸路，我們還自鳴得意。

聖經的根本是摩西五經，作者當然就是摩西，猶太人如何形容他？「摩西學了埃及人一切學問，說話行事都有才能」（徒七：22）司提反向大祭司講道就是這麼描寫他。他的妻子向他岳父介紹他「那埃及人」；但是　神看見他是怎麼說的？「把你腳上的鞋脫下來，因爲你所站的地方是聖地」。

爲什麼叫他脫鞋？聖經只有兩個地方提到脫鞋，一個在這裡，一個是約書亞進迦南之前；因爲他們的腳都站在聖地，　神同在的地方都是聖地。爲什麼要脫鞋？鞋子穿在腳上，一定沾染污穢，自從亞當犯罪以後，地受到詛咒，因此罪就留在地上，面見　神的時候，必需聖潔，　祂是聖潔的，非聖潔不能見　神，因此脫鞋就是除掉身上的污穢；另一方面，舊約中，只有兒子有資格穿鞋，奴僕沒有鞋子穿，有兒子的名分才有資格繼承產業。我們每個人還沒有出生就有了罪，這是大衛告訴我們的，在我母腹就有罪，我們所承受的是世界的產物，也就是說，我們的思想觀念，風俗習慣，絕大多數和神的思想是不相合；如果要從　神那裡有所領受，首先要放下自己，摒棄世俗的思想觀念；摩西學了埃及的一切學問，結果用拳頭要救自己的同胞弟兄，反而嚇到落荒而逃，可見他在皇宮所接受的一切，都是污穢的；因此，脫鞋吧。

神呼召摩西拯救以色列人出埃及，他百般推卻就是不肯，　神生氣了，叫他把手中的杖扔在地上，於是手杖就變成一條蛇，他嚇得要跑，　神叫他將他的尾巴提起來，結果蛇又變成原先的杖；埃及王法老冠冕的圖騰就是眼鏡蛇。他手裡的杖頭圖騰也是眼鏡蛇頭，埃及在聖經代表世界，這告訴我們什麼？這個世界要成爲　神手中的杖，用來引領教導祂的子民，作祂教育祂子民教材；摩西在埃及皇宮四十年，長期接受這個圖騰，接受埃及的教育，但是不能爲　神所用，這些所學之物，只能當作負面教材，不要以爲神用他的手拯救以色列人；解經家解釋說：摩西一生一百二十年可以分三個階段，頭四十年是我能，第二個四十年是我不能，第三個四十年是神能。我們都是　神手中的器皿，　神使用我們，是我們的榮幸。

接著　神叫他把手放在懷裡，及至將手從懷裡抽出來，整隻手長滿了大痲瘋，有雪那樣白，耶和華吩咐他把手放回去，這次抽出來又完全復原了。　神之所以這樣做，是告訴我們，我們所懷揣的不過是大痲瘋，是很可怕的，我們以前所學所作，世界上一切的學問，造就我們的才能，心思意念，都像大痲瘋一樣，只有我能夠醫治你們；這種病到今天，醫學上沒有良方，只能將病人隔離，因爲是嚴重的傳染病，利未記十三和十四兩章，專門討論痲瘋病，並且規定這種人不能進營，而且在走動的時候，要用手蒙著嘴唇，喊叫「不潔淨了，不潔淨了」，叫聽到的人趁早躲開，避免傳染。

摩西是　神揀選的偉大僕人，他留下的五經就是整部聖經的精神，而且是　神親自簽名蓋章的寶典，怎麼說呢？會讀聖經的人，就是會讀聖經，以前不是流行一本叫聖經密碼的書嗎？引起的爭議不小，他們將聖經作某種排序，可以預測將來會發生的事，比方戴安娜王妃就是這樣找到的；這都是事後諸葛，當作茶餘飯後閑談資料可以，對眞理毫無幫助，反而有害。

希伯來的聖經學者用等距字母的排序，在摩西五經的前兩部，就是創世記和出埃及記，從第一個字母開始，每五十個字挑第一個字，可以排出「妥拉」也就是律法（THRH），後面第四和第五部，就是民數記和申命記，從最後的一個字母往前推，每五十個字母，同樣排出（THRH）；中間的利未記每七個字母排出來　神的名字YHWH；可見利未記是摩西五經的精華所在，因為　神的名字在其中；利未記全章的重點就是聖潔，一開始就講五個祭，告訴我們成聖的道路，非聖潔不能見　神；利未記一共27章，中間第十三和第十四章專門討論痲瘋病和如何處理痲瘋病的方法，我剛信主的時候，每每讀到利未記就直接跳過去，因為內容枯燥乏味，而且字句反復，沒講幾句就出現「我是耶和華」，後來我計算大約出現兩百八十幾次；為什麼中間花那麼多的篇幅討論痲瘋病？又在全書的中央，不單是利未記的中央，也是五經的中央，　神這麼安排你不覺得奇怪嗎？

可見痲瘋病的確是人類的病灶，　神要對付的就是我們的痲瘋病，否則他不必費這麼大的功夫，花這麼大的篇幅，更精心的將我們的病灶擺在中心位置，我們先看看痲瘋病是怎麼一回事。

前面說過這是一種高度傳染性的疾病，他的現象是，染上這種病的人，身體不會有感覺，如果我們受了傷，沒照顧好，傷口會流膿、會發臭、會痛，身體借這種感覺發出警訊，我們會求醫治；痲瘋病的難處就是毫無感覺，這種病透過接觸傳染，尤其危險的是飛沫傳染，只要一滴口水噴到就不得了；因此患者接觸過的東西都要消毒，你看利未記第十三和第十四章就知道有多麻煩。

聖經都是　神所默示的，這默示筆之於書，當然重要，但是沒有說的，有時候比說的還要重要；　神用祂特殊的安排，告訴我們祂愛我們，要將我們從罪惡中拉拔出來，就是從痲瘋病堆中拉出來。有一個痲瘋病人求耶穌醫治他說：主若肯，求主醫治我；耶穌說：我肯。於是伸手將他一摸，同時痲瘋病就除掉了，這是個有病識感的人，他知道只有主能醫好他的病；我們也都要有這種意識，知道自己是罪人；以賽亞說：我們的義都像污穢的衣服，這是聖經斯文的翻譯，聽說原文污穢的衣服是月經布，可見我們多麼不堪；但是　神所看重的是因祂的言語戰驚的人。

聖經常用對比的手法，讓我們認識　神的美善，也讓我們認識自己的惡；亞當夏娃犯罪，自己用無花果樹的葉子遮蓋自己的赤身，但　神用皮子代替樹葉，遮蔽他們的醜態；當他們有了兒子，大兒子該隱殺了弟弟亞伯，因爲嫉妒弟弟討　神喜悅，當時的人都是吃素食，弟弟養羊爲了獻祭，可能他們的父母曾經教導他們，弟弟牢記在心，哥哥聽了，早已拋到九霄雲外，用自己糊口之物獻祭；　神所看重的是我們的心，我們的心向著　神，就是走在得救贖的路上；偏行己路，結果就是滅亡。但是雖然如此，　神還是網開一面，給該隱留下一條路，免得別人殺他。我們從　神和該隱的對話知道人不論善惡都有敬畏　神的心，同時，我們的罪要得赦免，必須付出血的代價。

神呼召亞伯蘭出哈蘭，應許他的後裔要像海邊的沙、天上的星星那麼多，但是老婆不生育，給他出個主意幫　神的忙，她的使女有孕就小看她，撒萊一怒之下就逼迫使女，她受不了就逃了；　神憐憫使女夏甲，勸她回來，生下一個兒子以實馬利，留下無窮的後患到今天。這件事後，　神十三年沒和亞伯蘭說話，直到亞伯蘭九十九歲，應許給他一個兒子，同時給他們夫妻兩人改了名字；這期間亞伯蘭做了一件討　神喜悅的事，就是和他的侄兒羅得分手，而且在羅得危難的時候，及時將他們全部救回來，大祭司麥基洗德迎接亞伯蘭給他祝福。

亞伯拉罕終於在一百歲的時候得了應許的兒子，依照　神的意思給他起名以撒，就是喜笑的意思，當兒子斷奶，亞伯拉罕大宴賓客，這時候大家都笑了，但是撒拉的使女戲弄以撒；撒拉就把使女和她的兒子趕出去，說：他們不可以和應許的兒子同受產業，亞伯拉罕愛子心切，不忍將他們趕出去，但是　神叫他要聽老婆的話。

以撒娶妻利百加，但是好幾年不生兒子，於是以撒禱告　神，　神應允以撒的禱告，利百加就懷孕了，居然是一對雙胞胎：

以撒因他妻子不生育，就爲她祈求耶和華；耶和華應允他的祈求，他的妻子利百加就懷了孕。孩子們在她腹中彼此相爭，她就說：若是這樣，我爲什麼活著呢（或作：我爲什麼如此呢）？她就去求問耶和華。耶和華對她說：兩國在你腹內；兩族要從你身上出來。這族必強於那族；將來大的要服事小的。生產的日子到了，腹中果然是雙子。先產的身體發紅，渾身有毛，如同皮衣，他們就給他起名叫以掃（就是有毛的意思）。隨後又生了以掃的兄弟，手抓住以掃的腳跟，因此給他起名叫雅各（就是抓住的意思）。利百加生下兩個兒子的時候，以撒年正六十歲。兩個孩子漸漸長大，以掃善於打獵，常在田野；雅各爲人安靜，常住在帳棚裡，以撒愛以掃，因爲常吃他的野味；利百加卻愛雅各。（創二十五：21-28）

有一天，雅各熬湯，以掃從田野回來累昏了。以掃對雅各說：我累昏了，求你把這紅湯給我喝。因此以掃又叫以東（就是紅的意思）。雅各說：你今日把長子的名分賣給我吧。以掃說：我將要死，這長子的名分於我有什麼益處呢？雅各說：你今日對我起誓吧。以掃就對他起了誓，把長子的名分賣給雅各。於是雅各將餅和紅豆湯給了以掃，以掃吃了喝了，便起來走了。這就是以掃輕看了他長子的名分。（創二十五：29-34）

以掃是我們的肉體和血氣的代表，這個故事告訴我們，我們的肉體和血氣不能得神喜悅，而且和我們的靈性相爭，使我們不能走　神的路；從亞當開始，哥哥殺弟弟；亞伯拉罕的兒子有應許的和血氣生的，只有應許的兒子能留在家裡，血氣的兒女要趕出去；以撒的妻子更明顯，兩個兒子還沒有出生就在媽媽的肚子裡面吵起來了，吵得做媽媽的受不了，抱怨說：如果是這樣，乾脆不要生算了；注意　神的回答：兩國在你的腹內，兩族要從你身上出來，這族必強於那族，將來大的要服事小的；聖經寫到這裡，已經很明顯告訴我們，情欲與肉體常常和我們的靈性爭戰，每一個人的內心，常有天人交戰的經驗，保羅說：血氣在先，然後才有屬靈的；利百加懷孕的故事，明顯告訴我們兩個不同的國度，一個是雅各的國度，一個是以掃的國度；以掃最惹　神不悅的地方，就是他輕看他長子的名分，長子可以得雙倍的產業，我們稱爲　神名下的子民都有天上和地上的祝福，不但在世蒙福，來世還有永生。但是要蒙福之前，首要條件必須先放下自己，治死我們的老我。波阿斯的故事說的很清楚：

> 他就說：你是誰？回答說：我是你的婢女路得。求你用你的衣襟遮蓋我，因爲你是我一個至近的親屬。波阿斯說：女兒啊，願你蒙耶和華賜福。你末後的恩比先前更大；因爲少年人無論貧富，你都沒有跟從。女兒啊，現在不要懼怕，凡你所說的，我必照著行；我本城的人都知道你是個賢德的女子。我實在是你一個至近的親屬，只是還有一個人比我更近。你今夜在這裡住宿，明早他若肯爲你盡親屬的本分，就由他吧！倘若不肯，我指著永生的耶和華起誓，我必爲你盡了本分，你只管躺到天亮。（得三：9-13）
>
> 波阿斯到了城門，坐在那裡，恰巧波阿斯所說的那至近的親屬經過。波阿斯說：某人哪，你來坐在這裡。他就來坐下。波阿斯又從本城的長老中揀選了十人，對他們說：請你們坐在這裡。他們就都坐下。（得四：1-2）

波阿斯預表我們的主，我們的主就是我們的近親救贖者，這裡的波阿斯又變成普通一般人，他願意用他的衣襟遮蓋路得，但是還有一個比他更近的人，他要先問問他肯不肯，如果他不肯，波阿斯是第二順位；有一點很奇怪，既然是比波阿斯更近的親屬，竟然沒有名字，波阿斯叫他「某人」，如果這個人的關係比波阿斯更接近路得，那麼和波阿斯的關係也應該很近，叫他某人會不會太不禮貌？

有人解釋這個故事，城門口就是人來人往的公開場合，十個長老就是十誡，那個某人就是波阿斯自己，如果波阿斯不能放下老我，就不能接受路得，因爲和他的產業有礙，這個產業是指天上的產業。我們受洗的時候要公開承認主耶穌是我們獨一無二的救主，所有觀禮的親朋好友都是見證人。老我就是我們自己最大的敵人，保羅叫我們自己釘在十字架上，一個已經死掉了的人，對七情六欲沒有反應，反之五光十色的世界對他也沒有吸引力。

如果雅各眞的是　神所愛，那麼我們拿他和他的哥哥比較比較，以掃不過是喜歡玩槍弄棒，平時打打獵抓幾隻野獸，討父親的歡心而已，聖經並沒有說他有什麼不好，倒是雅各很喜歡耍心眼，但是要小心眼的結果是落在比他更有心眼的人手下

我在你家這二十年，你的母綿羊、母山羊沒有掉過胎。你群中的公羊，我沒有吃過；被野獸撕裂的，我沒有帶來給你，是我自己賠上。無論是白日，是黑夜，被偷去的，你都向我索要。我白日受盡乾熱，黑夜受盡寒霜，不得合眼睡著，我常是這樣。我

這二十年在你家裡，為你的兩個女兒服事你十四年，為你的羊群服事你六年，你又十次改了我的工價。若不是我父親以撒所敬畏的　神，就是亞伯拉罕的　神與我同在，你如今必定打發我空手而去。　神看見我的苦情和我的勞碌，就在昨夜責備你。（創三十一：38-42）

神所喜愛的就必責備管教，管教他的人不是別人，就是他的岳父，自己的親母舅；聖經說：他為了得妻子給人放羊，結果落得白日受盡乾熱，黑夜受盡寒霜，不得合眼睡覺。這個對付還沒完，在他回家的路上，經過雅博渡口遇見　神，和　神摔跤，結果雅各一直糾纏不放；　神扭不過他，只好將他的大腿窩摸了一把，從此他的大腿瘸了，走路一拐一拐的，意外的受到　神祝福，給他改名叫以色列，雅各的名字意思是抓，什麼都抓，全身滑溜溜的，別人抓不住他，不像哥哥一樣，全身是毛，一抓就牢牢地被抓住。如果我們把故事繼續看下去，看見他的哥哥以掃並沒有什麼心眼，反而帶一群人想要幫助他，他自己心虛，說了些肉麻又冠冕堂皇的話，拒絕哥哥的好意；但是自此以後，他被　神抓住了，不再依靠自己，　神是他最大的依靠，天然的力量失去了，　神給他力量，可以為法老祝福，臨終的時候可以扶著杖頭敬拜　神。雅各全身力量最大的地方就是在大腿窩，現代人的力量在腦袋，血氣和肉體的大本營。

這幾個故事都發生在家裡面，到了利百加就發生在她的腹中，兩國兩族在她裡面爭吵；新約聖經隨時提醒我們要治死我們的肉體，也就是我們的老我、我們的老亞當，耶穌引用彌迦的話：人的仇敵就是自己家裡的人；許多智慧人的格言也都說，我最大的敵人就是自己。聖經的內容也是一直圍繞在這個問題，以掃就是以東，這個小小的不毛之地，舊約的著墨很多很重要，以色列四圍那些國家，今天還是環繞在她的四周，虎視眈眈要和以色列作對，但是以東在哪裡呢？耶穌傳福音的時候叫以土買，而今安在哉？可能已經變成約旦的一部分，如果這個小小的國家已經不存在，那麼舊約那麼多審判以東的先知預言，今天要傳達的信息是什麼？

舊約最短的一卷書就是俄巴底亞書，一共只有21節，是　神對以東的審判；以東不過是一個小小的彈丸之地，俄巴底亞書的內容和耶利米書四十九章7-22節的內容大同小異，是耶利米參考俄巴底亞呢？還是俄巴底亞參考耶利米？我們無從可考，但是內容近乎一樣，就像以賽亞書二章2-4節和彌迦書第四章1-3節內容完全一樣，表示　神要表達的信息很重要；一般講臺幾乎沒有拿俄巴底亞書作爲題目，而且講臺上引用他的信息也很少。以東，我們從聖地旅遊的錄影帶看見，一眼望去一遍紅通通的，就像以掃全身發紅，也像他以一碗紅豆湯把自己長子的名分賣了，進出都是天險，通道狹長，只容一個人過去，中央開闊，但是四圍的山壁挖了許多通道和房間，人躲在裡面外面看不見，只要進入這個危險之地，就像甕中捉鱉，逃也逃不了，只有任其予取予求；蜿蜒的坑道和房間，就像人的心一樣，人心懷藏詭詐與謀略，不能識透；用以東的地形描寫人的心實在再恰當不過，但是卻是 神最痛恨的地方。

俄巴底亞得了耶和華的默示。論以東說：我從耶和華那裡聽見信息，並有使者被差往列國去，說：起來吧，一同起來與以東爭戰！我使你以東在列國中為最小的，被人大大藐視。住在山穴中、居所在高處的啊，你因狂傲自欺，心裡說：誰能將我拉下地去呢？你雖如大鷹高飛，在星宿之間搭窩，我必從那裡拉下你來。這是耶和華說的。（俄1-4）

盜賊若來在你那裡，或強盜夜間而來，你何竟被剪除，豈不偷竊直到夠了呢？摘葡萄的若來到你那裡，豈不剩下些葡萄呢？以掃的隱密處何竟被搜尋？他隱藏的寶物何竟被查出？與你結盟的都送你上路，直到交界；與你和好的欺騙你，且勝過你；與你一同吃飯的設下網羅陷害你；在你心裡毫無聰明。耶和華說：到那日，我豈不從以東除滅智慧人？從以掃山除滅聰明人？提幔哪，你的勇士必驚惶，甚至以掃山的人都被殺戮剪除。（俄5-9）

因你向兄弟雅各行強暴，羞愧必遮蓋你，你也必永遠斷絕。當外人擄掠雅各的財物，外邦人進入他的城門，為耶路撒冷拈鬮的日子，你竟站在一旁，像與他們同夥。你兄弟遭難的日子，你不當瞪眼看著；猶大人被滅的日子，你不當因此歡樂；他們遭難的日子，你不當說狂傲的話，我民遭災的日子，你不當進他們的城門；他們遭災的日子，你不當瞪眼看著他們受苦；他們遭災的日子，你不當伸手搶他們的財物；你不當站在岔路口剪除他們中間逃脫的；他們遭難的日子，你不當將他們剩下的人交付仇敵。（俄10-14）

這就是以東的心態，幸災樂禍、袖手旁觀、趁火打劫、趁人之危、落井下石。

耶和華降罰的日子臨近萬國。你怎樣行，他也必照樣向你行；你的報應必歸到你頭上。你們猶大人在我聖山怎樣喝了苦杯，萬國也必照樣常常地喝；且喝且咽，他們就歸於無有。在錫安山必有逃脫的人，那山也必成聖；雅各家必得原有的產業。雅各家必成為大火；約瑟家必為火焰；以掃家必如碎秸；火必將他燒著吞滅。以掃家必無餘剩的。這是耶和華說的。（俄 15-18）

南地的人必得以掃山；高原的人必得非利士地，也得以法蓮地和撒瑪利亞地；便雅憫人必得基列。在迦南人中被擄的以色列眾人必得地直到撒勒法；在西法拉中被擄的耶路撒冷人必得南地的城邑，必有拯救者上到錫安山，審判以掃山；國度就歸耶和華了。（俄 19-21）

論以東。萬軍之耶和華如此說：提幔中再沒有智慧嗎？明哲人不再有謀略嗎？他們的智慧盡歸無有嗎？底但的居民哪，要轉身逃跑，住在深密處；因為我向以掃追討的時候，必使災殃臨到他。摘葡萄的若來到他那裡，豈不剩下些葡萄呢？盜賊若夜間而來，豈不毀壞直到夠了呢？我卻使以掃赤露，顯出他的隱密處；他不能自藏。他的後裔、弟兄、鄰舍盡都滅絕；他也歸於無有。你撇下孤兒，我必保全他們的命；你的寡婦可以倚靠我。（耶四十九：7-11）

耶和華如此說：原不該喝那杯的一定要喝。你能盡免刑罰嗎？你必不能免，一定要喝！耶和華說：我指著自己起誓，波斯拉必令人驚駭、羞辱、咒詛，並且荒涼。他的一切城邑必變爲永遠的荒場。（耶四十九：12-13）

我從耶和華那裡聽見信息，並有使者被差往列國去，說：你們聚集來攻擊以東，要起來爭戰。我使你在列國中爲最小，在世人中被藐視。住在山穴中據守山頂的啊，論到你的威嚇，你因心中的狂傲自欺；你雖如大鷹高高搭窩，我卻從那裡拉下你來。這是耶和華說的。以東必令人驚駭；凡經過的人就受驚駭，又因他一切的災禍嗤笑。耶和華說：必無人住在那裡，也無人在其中寄居，要像所多瑪、蛾摩拉，和鄰近的城邑傾覆的時候一樣。仇敵必像獅子從約但河邊的叢林上來，攻擊堅固的居所。轉眼之間，我要使以東人逃跑，離開這地。誰蒙揀選，我就派誰治理這地。誰能比我呢？誰能給我定規日期呢？有何牧人能在我面前站立得住呢？你們要聽耶和華攻擊以東所說的謀略和他攻擊提幔居民所定的旨意。仇敵定要將他們群眾微弱的拉去，定要使他們的居所荒涼。因他們仆倒的聲音，地就震動。人在紅海那裡必聽見呼喊的聲音，仇敵必如大鷹飛起，展開翅膀攻擊波斯拉。到那日，以東的勇士心中疼痛如臨產的婦人。（耶四十九：14-22）

兩位先知預言的內容大同小異，耶利米比較詳細，但是俄巴底亞一針見血說到末日的景況，必有拯救者上到錫安山，審判以掃山，國度就歸耶和華了。這是俄巴底亞書最後一節，也是整個信息的結尾。兩篇信息都提到他們的信息直接從　神而來，並且　神差遣使者到列國去，招聚列國起來和一個小小的以東爭戰；耶和華大而可畏的日子，祂要聚集列國和以色列爭戰；這個信息是針對全人類說的，　神要對付我們每一個人的以東，如果到那天被　神攻擊，下場非常可怕；楊寧亞牧師教導我們，屬靈爭戰的戰場在我們的腦袋，就是我們的心思意念；保羅教導提摩太要作基督的精兵，也是叫我們作精兵；當耶和華呼招摩西將以色列人從埃及帶出來的時候，是怎麼吩咐他的？將耶和華的軍隊以色列民從埃及帶出來（出七：4），當以色列人出埃及的時候，也是說耶和華的軍隊從埃及出來（出十二：41）。

當過兵的人都知道，在長途行軍或是營測驗後，那時候身體非常疲憊，隊伍都亂了，腳底下起水泡，乾脆就把鞋子脫下來，揹在肩膀上，槍也歪歪斜斜的揹著，部隊長官罵我們這群死老百姓；你想想，當初以色列人出埃及的景況，扶老攜幼不打緊，還忙著向埃及人要金子銀子，兜裡兜著麵團，帶著鍋碗瓢盆，趕著牛羊，請你運用你的想象力，這個叫軍隊？當他們來到紅海邊，埃及軍隊就在後面趕上來，他們害怕，就開始抱怨，摩西告訴他們不要怕，看看耶和華將要爲他們作的大事。軍隊的要求就是信心，相信　神是萬能的　神。基督徒的戰場在我們的心思意念，敵人就是我們的以東，讓我們產生不信的惡心。

第二個相同之處，都說到以東的驕傲，你雖如大鷹高飛，在星宿之間搭窩，我必從哪裡拉下你來（俄4），你雖如大鷹高高搭窩，我必從哪裡拉下你來（耶四十九：16b）。

這兩處經文和但八：10的解釋一樣，人不可能將天象星宿拋落在地，用腳踐踏，我們怎麼可能在星宿之間搭窩呢？唯一的解釋就是人造衛星滿天飛，太空站一直有人居住，這項成就就是人心驕傲的表現，這五十年來，人類突破多少科技瓶頸，造就多少新興產業，如果不能在星宿之間搭窩，就不可能將天象拋落在地，用腳踐踏，凡事都是循序漸進的，這是累積多少人的研究和試驗，才有今天的成就；這幾年 AI 人工智慧逐漸取代人力，許多工廠可以削減百分之九十的人力，對將來新的社會形態會帶來什麼衝擊現在還言之過早，但是先進國家少子化帶來的改變，機器人取代現有人力確實有其必要。

這就是我們的成就，人心驕傲到一個地步，把　神都忘了，這些成就都是信仰基督的國家居多；但是　神知道這是必然的，人類一定走向這條路；然而　神的警告也十分嚴厲：

列國啊，要近前來聽！眾民哪，要側耳而聽！地和其上所充滿的，世界和其中一切所出的都應當聽！因爲耶和華向萬國發忿恨，向他們的全軍發烈怒，將他們滅盡，交出他們受殺戮，被殺的必然拋棄，屍首臭氣上騰；諸山被他們的血融化；天上的萬象都要消沒；天被捲起，好像書卷。其上的萬象要殘敗，像葡萄樹的葉子殘敗，又像無花果樹的葉子殘敗一樣。因爲我的刀在天上已經喝足；這刀必臨到以東和我所咒詛的民，要施行審判。耶和華的刀滿了血，用脂油和羊羔、公山羊的血，並公綿羊腰子的脂油滋潤的；因爲耶和華在波斯拉有獻祭的事，在以東地大行殺戮。野牛、牛犢，和公牛要一同下來。他們的地喝醉了血；他們的塵土因脂油肥潤。因耶和華有報仇之日，爲錫安的爭辯有報應之年。以東的河水要變爲石油，塵埃要變爲硫磺；地土成爲燒著的石油，晝夜總不熄滅，煙氣永遠上騰，必世世代代成爲荒廢，永永遠遠無人經過；鵜鶘、箭豬卻要得爲業；貓頭鷹、烏鴉要住在其間。耶和華必將空虛的準繩，混沌的線鉈，拉在其上。以東人要召貴胄來治國；那裡卻無一個，首領也都歸於無有。以東的宮殿要長荊棘；保障要長蒺藜和刺草；要作野狗的住處，鴕鳥的居所。曠野的走獸要和豺狼相遇；野山羊要與伴偶對叫。夜間的怪物必在那裡棲身，自找安歇之處。箭蛇要在那裡做窩，下蛋，菢蛋，生子，聚子在其影下；鷂鷹各與伴偶聚集在那裡。你們要查考宣讀耶和華的書。

這都無一缺少，無一沒有伴偶；因爲我的口已經吩咐，他的靈將牠們聚集；他也爲牠們拈鬮，又親手用準繩給牠們分地；牠們必永得爲業，世世代代住在其間。（賽三十四）

這又是對以東的審判，大家都說以賽亞書是小聖經，聖經一共六十六卷，舊約三十九卷，新約二十七卷，和以賽亞書一樣，前三十九卷是嚴厲的　神，後面二十七卷和前面完全不同，是以恩典慈愛向我們顯現，有人懷疑以賽亞書有兩個作者，其實年輕的以賽亞和年紀較老的時候，心境和領受截然不同，三十四章的指責相當嚴厲，但是他後面的指責更嚴厲：

這從以東的波斯拉來，穿紅衣服，裝扮華美，能力廣大，大步行走的是誰呢？就是我，是憑公義說話，以大能施行拯救。你的裝扮爲何有紅色？你的衣服爲何像踹酒醡的呢？我獨自踹酒醡；眾民中無一人與我同在。我發怒將他們踹下，發烈怒將他們踐踏。他們的血濺在我衣服上，並且污染了我一切的衣裳。因爲，報仇之日在我心中；救贖我民之年已經來到。我仰望，見無人幫助；我詫異，沒有人扶持。所以，我自己的膀臂爲我施行拯救；我的烈怒將我扶持，我發怒，踹下眾民；發烈怒，使他們沉醉，又將他們的血倒在地上。（賽六十三：1-6）

這是末日審判的樣子，很像耶穌的口氣：

我觀看，見天開了。有一匹白馬，騎在馬上的稱爲誠信眞實，他審判，爭戰，都按著公義。他的眼睛如火焰，他頭上戴著許多冠冕；又有寫著的名字，除了他自己沒有人知道。他穿著濺了血的衣服；他的名稱爲神之道。在天上的眾軍騎著白馬，穿著細麻衣，又白又潔，跟隨他。有利劍從他口中出來，可以擊殺列國。他必用鐵杖轄管（轄管：原文作牧）他們，並要踹全能神烈怒的酒醡。在他衣服和大腿上有名寫著說：萬王之王，萬主之主。我又看見一位天使站在日頭中，向天空所飛的鳥大聲喊著說：你們聚集來赴　神的大筵席，可以吃君王與將軍的肉，壯士與馬和騎馬者的肉，並一切自主的爲奴的，以及大小人民的肉。我看見那獸和地上的君王，並他們的眾軍都聚集，要與騎白馬的並他的軍兵爭戰。那獸被擒拿；那在獸面前曾行奇事、迷惑受獸印記和拜獸像之人的假先知，也與獸同被擒拿。他們兩個就活活的被扔在燒著硫磺的火湖裡；其餘的被騎白馬者口中出來的劍殺了；飛鳥都吃飽了他們的肉。（啓十九：11-21）

這是末世審判眞實的景象，主耶穌親自降臨，審判一切不從和不法的人，判決書已經寫好了，就是這本聖經，地上的國在我們的主面前都是獸，　神用幾千年的人類歷史，教導我們認識祂，可謂用心良苦，我們的世界就是一本教科書，聖經已經說明清楚，將來我們一定要面對的事，伊朗的核彈會攻擊以色列，縱使美國如何制裁，他還是偷偷的發展核子武器，但是射向以色列的飛彈，那一天　神會用超自然的能力，讓這些飛彈反彈回去，撒迦利亞書已經透露這個信息。不管我們的科技再發達，武器再精進，耶和華一直坐著爲王，我們今天的一切都在預言中看見，即使太空發展不是　神的心意，但是　神早就知道我們一定會走向這條路；　神借這個事實告訴我們，聖經的話都是眞的，目的是要我們回轉歸向祂。

第十一章　正本溯源

醫生治病，首先要能對症下藥，能否開出正確的藥方，要看醫生是否抓到病灶，病灶抓到了，馬上藥到病除；如果找不到病根所在，縱使用再多再好的藥，也是枉然。

摩西帶領以色列人出埃及，目的地是迦南；出埃及前，埃及的法老王不容許他們離開，耶和華降下十災，埃及的法老才容許他們出埃及；從何烈山到迦南地只需要十一天的路程，但是走官道可能更快，如果曠野一路暢行無阻，的確十一天就可以達到目的地；因爲官道有埃及的軍隊把守，因此耶和華選擇紅海曠野的道路；他們來到紅海邊，埃及的軍隊在他們後面追趕，因爲法老後悔了，耶和華將紅海分開，以色列人走乾地過去；他們出埃及那天，就是逾越節，五十天後，來到西奈山，摩西在那裡頒佈律法，那正好是五旬節。

我們照著耶和華我們　神所吩咐的從何烈山起行，經過你們所看見那大而可怕的曠野，往亞摩利人的山地去，到了加低斯巴尼亞，我對你們說：你們已經到了耶和華我們神所賜給我們的亞摩利人之山地。看哪，耶和華你的　神已將那地擺在你面前，你要照耶和華你列祖的　神所說的上去得那地爲業；不要懼怕，也不要驚惶。你們都就近我來說：我們要先打發人去，爲我們窺探那地，將我們上去該走何道，必進何城，都回報我們。這話我以爲美，就從你們中間選了十二個人，每支派一人。於是他們起身上山地去，到以實各谷，窺探那地。他們手裡拿著那地的果子下來，到我們那裡，回報說：耶和華我們的　神所賜給我們的是美地。你們卻不肯上去，竟違背了耶和華你們　神的命令，在帳棚內發怨言說：耶和華因爲恨我們，所以將我們從埃及地領出來，要交在亞摩利人手中，除滅我們。我們上哪裡去呢？我們的弟兄使我們的心消化，說那地的民比我們又大又高，城邑又廣大又堅固，高得頂天，並且我們在那裡看見亞衲族的人。我就對你們說：不要驚恐，也不要怕他們。在你們前面行的耶和華你們的　神必爲你們爭戰，正如他在埃及和曠野，在你們眼前所行的一樣。你們在曠野所行的路上，也曾見耶和華你們的　神撫養你們，如同人撫養兒子一般，直等你們來到這地方。你們在這事上卻不信耶和華你們的神。他在路上，在你們前面行，爲你們找安營的地方；夜間在火柱裡，日間在雲柱裡，指示你們所當行的路。耶和華聽見你們這話，就發怒，起誓說：這惡世代的人，連一個也不得見我起誓應許賜給你們列祖的美地。（申一：19-35）

從何烈山到加底斯巴尼亞，中間不過是兩年的時間，這時會幕已經完成，他們不論安營或是起行都有耶和華同在，不論做什麼事都是耶和華透過摩西吩咐他們做的；兩年時間，耶和華　神在他們眼前行過多少神跡奇事，人再怎麼健忘，可能就如過往雲煙，忘得一乾二淨嗎？他們已經嘗過多少天恩的滋味，只憑十個弟兄的眼見，就嚇得魂不附體，唉聲嘆氣，這種害怕和不信的惡心會傳染，而且傳染的很快，一下子全部的人都附和他們，難怪　神大發脾氣；我們的　神是大而可畏的　神，他的話絕不徒然返回，摩西叫他們窺探迦南不是明智之舉。加底斯巴尼亞是聖潔的意思，聖潔的首要條件就是信，信是所望之事的實底，未見之事的確據；人非有信就不能得　神的喜悅（來十一：1，6）這種不信的惡心，讓　神深惡痛絕。

然我指著我的永生起誓，遍地要被我的榮耀充滿。這些人雖看見我的榮耀和我在埃及與曠野所行的神蹟，仍然試探我這十次，不聽從我的話，他們斷不得看見我向他們的祖宗所起誓應許之地。凡藐視我的，一個也不得看見；惟獨我的僕人迦勒，因他另有一個心志，專一跟從我，我就把他領進他所去過的那地；他的後裔也必得那地為業。亞瑪力人和迦南人住在谷中，明天你們要轉回，從紅海的路往曠野去。耶和華對摩西、亞倫說：這惡會眾向我發怨言，我忍耐他們要到幾時呢？以色列人向我所發的怨言，我都聽見了。你們告訴他們，耶和華說：我指著我的永生起誓，我必要照你們達到我耳中的話待你們。你們的屍首必倒在這曠野，並且你們中間凡被數點、從二十歲以外、向我發怨言的，必不得進我起誓應許叫你們住的那地；惟有耶孚尼的兒子迦勒和嫩的兒子約書亞才能進去。但你們的婦人孩子，就是你們所說、要被擄掠的，我必把他們領進去，他們就得知你們所厭棄的那地。至於你們，你們的屍首必倒在這曠野；你們的兒女必在曠野飄流四十年，擔當你們淫行的罪，直到你們的屍首在曠野消滅。按你們窺探那地的四十日，一年頂一日，你們要擔當罪孽四十年，就知道我與你們疏遠了，我耶和華說過，我總要這樣待這一切聚集敵我的惡會眾；他們必在這曠野消滅，在這裡死亡。摩西所打發、窺探那地的人回來，報那地的惡信，叫全會眾向摩西發怨言，這些報惡信的人都遭瘟疫，死在耶和華面前。其中惟有嫩的兒子約書亞和耶孚尼的兒子迦勒仍然存活。（民十四：21-38）

詩篇第七十八篇和希伯來書都引用這則故事，說明　神懲罰這惡世代的民，一個也無法進入應許之地，除了約書亞和迦勒兩人，其餘的都在三十八年內倒斃在曠野；加底斯到迦南只要幾天的路程，　神卻叫他們在曠野漂流四十年。

民數記有兩次數點人數的記錄，就像今天的人口普查；但是兩次普查的結果，人數居然不相上下，只差個一兩千人而已；如果以當初以色列人進埃及七十個人計算，到他們出埃及的時候有兩百多萬人，四十年的人口成長，少說至少成長一、二十萬不成問題，但是相差一、兩千人，可以說是稍微負成長；你們以為這兩次數點透露什麼信息？

如果將以色列當作一個個體，三十八年的熬煉，外表沒什麼變化，但是內在卻有實質上的更新；他們這三十八年在哪裡？

　　此後，我們轉回，從紅海的路往曠野去，是照耶和華所吩咐我的。我們在西珥山繞行了許多日子。耶和華對我說：你們繞行這山的日子夠了，要轉向北去。你吩咐百姓說：你們弟兄以掃的子孫住在西珥，你們要經過他們的境界。他們必懼怕你們，所以你們要分外謹慎。不可與他們爭戰；他們的地，連腳掌可踏之處，我都不給你們，因我已將西珥山賜給以掃爲業。（申二：1-5）

　　這是摩西在加底斯巴尼亞，進入迦南地之前向以色列人說的話，這三十八年他們就圍著西珥山不斷地繞。就是圍著曠野繞了三十八年，但是注意　神特別交代，他們的兄弟西珥山的地，連「腳掌可踏之地」　神都不給他們；前面已經說過，以掃和西珥山地就是肉體和血氣的代表；以色列人三十八年來表面上沒什麼變化，但是內心的情欲和肉體已經被　神磨光了，也就是說沒有經過曠野的磨練，人不可能聖潔，我們一生的遭遇，都是　神磨練我們的功課；這三十八年他們就圍著西珥山不停地繞來繞去，　神真的用心良苦，有罪人的身體，不能進入　神的國。西羅非哈的女兒們將答案說出來，我們的父親死在曠野，他不與可拉的同黨聚集攻擊耶和華，是在自己的罪中死的（民二十七：3）他自己什麼罪？就是附和那十個報惡信探子的罪；人有不信的惡心，就不能進入應許之地，必定倒斃在曠野；　神等那世代的惡人都走光了，留下新世代的人，才能夠進入應許之地；今天　神依舊告訴我們：你們繞行這山地的日子夠了。

耶穌受難至今兩千年，兩千年來的教會，無論多麼成功，還是都在曠野，幾千年有人類歷史以來，人人都是身處曠野，爲什麼這麼說？

拿著七碗的七位天使中，有一位前來對我說：你到這裡來，我將坐在眾水上的大淫婦所要受的刑罰指給你看。地上的君王與她行淫，住在地上的人喝醉了她淫亂的酒。我被聖靈感動，天使帶我到曠野去，我就看見一個女人騎在朱紅色的獸上；那獸有七頭十角，遍體有褻瀆的名號。那女人穿著紫色和朱紅色的衣服，用金子、寶石、珍珠爲妝飾；手拿金杯，杯中盛滿了可憎之物，就是她淫亂的污穢。在她額上有名寫著說：奧祕哉！大巴比倫，作世上的淫婦和一切可憎之物的母。（啓十七：1-5）

這朱紅色七頭十角的獸代表人類全部的歷史，約翰被天使帶到曠野看見這頭獸馱著大淫婦晃晃悠悠的在曠野逛著，凡是獸和淫婦的所作所爲，在　神眼中都是可憎惡的，可見我們再如何自誇我們有多麼輝煌的歷史，和天國比起來，連曠野都不如；在　神眼中，人類的歷史就是曠野的漂流史，相較於　神當初造人，把人安置在樂園，那時候的人生活無憂無慮，像天眞無邪的孩子一般，如果和我們今日的環境相比，還能比得下去嗎？耶穌帶三個門徒上到變相山，三個門徒都知道和耶穌說話的是摩西和以利亞，請問有誰給他們介紹？科學家告訴我們，光速每秒十八萬六千英里，也告訴我們如果從地球到某些星球的飛行時間要多少光年，那個距離叫天文數字，想都不敢想；但是先知告訴我們，將來我們的速度是和我們的思想一樣快，想到誰，立刻就出現在他身邊；而且溝通不用語言，心思意念可以互相溝通，所以主耶穌告訴我們，我們一動淫念就是和她行奸淫，恨人就是殺人；今天的人沉迷在高科技的智慧型手機，天天上社群網站瞎扯皮，將來敵基督會利用這些東西掌控人；我國的先賢有句諺語：役於物，勿爲物所役；我們可以利用這些東西作　神的工，但是不要被這些東西捆綁，　神既然允許這些東西被發明，也能叫我們利用這些東西完成祂的工作。

> 耶和華　神所造的，惟有蛇比田野一切的活物更狡猾。蛇對女人說：　神豈是眞說不許你們吃園中所有樹上的果子嗎？女人對蛇說：園中樹上的果子，我們可以吃，惟有園當中那棵樹上的果子，　神曾說：你們不可吃，也不可摸，免得你們死。蛇對女人說：你們不一定死；因爲　神知道，你們吃的日子眼睛就明亮了，你們便如　神能知道善惡。於是女人見那棵樹的果子好作食物，也悅人的眼目，且是可喜愛的，能使人有智慧，就摘下果子來吃了，又給他丈夫，他丈夫也吃了。他們二人的眼睛就明亮了，才知道自己是赤身露體，便拿無花果樹的葉子爲自己編做裙子。（創三：1-7）

這是人犯罪的過程，惡者引誘夏娃，第一個計謀，用話語進入她的心中，讓她對神的話語產生懷疑，「豈是眞說」？夏娃的回答也很奇怪，是不是亞當沒有把　神的話交代清楚，還是夏娃自己想的，「神曾說：你們不可吃，也不可摸，免得你們死。」這和　神當初的交代相去太遠，　神說你吃的日子必定死，斬釘截鐵；夏娃加了不應該加的，　神沒有說不可摸，　神肯定的說，不可吃，而且吃的日子必定死，不是免得你們死。

有人說亞當夏娃並沒有立刻死亡，還活了九百多歲；當初我也是這麼認爲，後來聽人解釋，彼得說：　神看千年如一日，一日如千年，才恍然大悟；看看亞當的家譜，最長壽的瑪土撒拉不過活了九百六十九歲，不到一千年；但是亞當夏娃吃的那一刻，他們的靈就死了，而且在犯罪當下，馬上覺得不對勁，怎麼我們兩個都是光著屁股，以前並沒有這種感覺。

看看但以理書、耶利米書、以西結書就知道，猶太人他們和他們的祖先不聽　神所差遣的先知們規勸他們的話，所以摩西書上的詛咒都臨到他們頭上；因此被擄歸回後，他們眞的不敢再拜偶像，這個教訓至今仍然銘記在心；但是有形的偶像除去了，取而代之的是無形的偶像，其中最大也是最要不得的是守律法，律法是他們生活的重心，因爲不守律法使他們不但聖殿被毀，耶路撒冷被尼布甲尼撒燒得乾乾淨淨；他們被擄到巴比倫，沒有敬拜的聖殿，因此就產生會堂，可以讓他們聚會；這時候文士和法利賽人就是會堂的主角，文士解釋律法，法利賽人恪守律法；爲了避免重蹈覆轍，在摩西的律法加上重重關卡，就像小孩子在家裡，剛剛會翻身，就不讓他在大床上睡覺，給他買一個小嬰兒床，免得跌下去，再大一點，就把床鋪的板子放低，因爲這時候已經會站了；開始學走路，家門口就圍上欄杆，阻止他走出家門，以免意外發生；我們的原意不錯，但是日子久了，難免發生一些奇奇怪怪的事，摩西的律法被他們改得千奇百怪，有加添有減少，甚至於改到完全走樣；這是不必要，也是　神不允許的。耶穌活出律法的義，反倒犯了眾怒；今天猶太人很奇怪，就是他們在律法胡亂加添或減少；摩西說：不可用山羊羔母的奶煮山羊羔，他們居然可以下一個定義，廚房必須準備兩套烹飪器具，一套用來一般膳食，另外一套用作乳製品專門使用。這種事不發生在自己人身上，還眞不知道有這種奇怪的規矩。被擄到巴比倫以後，他們的會堂都設立摩西的位子，耶穌說，文士和法利賽人坐在摩西的位上，凡他們所吩咐的，你們都要謹守遵行，因爲他們能說不能行……（太二十三：2）猶太牧師從希伯來的古抄本馬太福音發現，我們的聖經翻譯錯了，應該作，凡他們吩咐你們的是摩西說的，你們就遵行……這也就是以賽亞說的，也是耶穌說的，他們將人的道理教訓人……

不是猶太人說的還眞不敢相信，以色列居然有妓院，不但有妓院，門口排隊的人還很多，爲什麼？聖經不是規定他們不可以有孌童或是妓女嗎？摩西規定，婦女行經的時候不潔，所以這個時候不可行房，但是這個時候萬一我有需要怎麼辦？他們的拉比討論的結果，特別網開一面，於是今天他們有妓院。

撒旦的誘惑很厲害，你們不一定死，因爲　神知道你們吃的日子眼睛就明亮了，你們便「如神」能知道善惡；從此我們的心眼瞎了，但是肉體的眼睛開了嗎？眞的像以利的媳婦臨終的時候爲兒子取的名字一樣，以迦博，　神的榮耀離開了，從此人就像撒旦一樣，天天想「如神」一般，自己決定善惡；　神的榮耀離開，撒旦的驕傲進來，人類的歷史就像士師記一樣，偏行己路。

他們犯罪的過程，先是聽了謊言，然後心裡思想，眼睛再看一遍，加強自我意識，再想一想，果眞不錯，不但能作食物，悅人眼目，又可喜愛，還能使人有智慧，這一連串的過程，使她下定決心，動手一試，於是千古遺恨就此造成。

西洋哲學家的名言：知識就是力量，Knowledge is Power，造就今天的文明，這是希臘哲學家打下的基礎，文藝復興之後繼續發揚光大，尤其在自然科學上，更是以實驗作基礎，在實證哲學的影響下，人們不斷地提出新的假說，假說擬定之後，再尋找支持其確定的證據，透過實驗等種種方式證明他的理論站得住腳，就成爲定理、定律，今天使用的科學理論，多半經過歸納或演繹的方式成立；在許多不同的現象找出相同的法則，這是歸納；由種種法則再推出可能發生的現象，是演繹，所謂知識是經驗的累積，有知識的人，通常是居上位的人。

自然界有其規律，　神是有規律的　神，祂創造這個世界，當然有祂一套的規律，日出日落，各有定期，歲改月移，也有定期，我們從自然界的種種現象，發展自己的認知系統，叫作知識，叫作學問。如果我們遵守這個法則生活，當然我們和自然界的關係是和諧的，違反這個法則，可能有不好的後果。

人與人的關係也一樣，在人犯罪之後，立刻發生凶殺案，然後又出現殘暴的人，這就是該隱和拉麥給我們看見的；到了人在地上多起來之後，這種現象越來越糟，大家有樣學樣，遍地充滿罪惡：

當人在世上多起來、又生女兒的時候，　神的兒子們看見人的女子美貌，就隨意挑選，娶來爲妻。耶和華說：人既屬乎血氣，我的靈就不永遠住在他裡面；然而他的日子還可到一百二十年。那時候有偉人在地上，後來　神的兒子們和人的女子們交合生子；那就是上古英武有名的人。耶和華見人在地上罪惡很大，終日所思想的盡都是惡，耶和華就後悔造人在地上，心中憂傷。耶和華說：我要將所造的人和走獸，並昆蟲，以及空中的飛鳥，都從地上除滅，因爲我造他們後悔了。惟有挪亞在耶和華眼前蒙恩。（創六：1-8）

挪亞的後代記在下面。挪亞是個義人，在當時的世代是個完全人。挪亞與　神同行。挪亞生了三個兒子，就是閃、含、雅弗。世界在　神面前敗壞，地上滿了強暴。神觀看世界，見是敗壞了；凡有血氣的人在地上都敗壞了行爲。（創六：9-12）

那時候不像我們今天交通便利，資訊發達，大家看別人怎麼做，也就跟著做，套句現代言語，叫作認同；如果不像別人一樣，心中會感不安，怕受到排斥，最糟糕的是「終日所思想的盡都是惡」，可見當時不只是暴力犯罪，也可能有計劃性或組織犯罪的型態產生。

神創造天地花了六天，第七天便安息了，創造天地的來歷，在每一天創造完成，神看都是好的，到了第六天，依祂的形象所造出來的人完成了，　神看一切都甚好，放心的安息了；人一被造立刻就被帶進安息，和　神同享安息。

創世記第六章出現兩次後悔，也是聖經頭一次出現　神後悔，不止一次，是兩次，第四章和第五章是亞當後裔的家譜，第四章是該隱的家譜，第五章是賽特的家譜，到挪亞是亞當的第十代孫子，第六章八節說：只有挪亞在耶和華面前蒙恩。

撒旦將罪的種子撒到這個世界，歷經十個世代，只有一個人蒙　神的恩，足見罪的可怕；壞的事好像不用學就會，夏娃用耳聽，用眼看，再用心思想，這都是痲瘋病傳染的方式，更可怕的是用心思想，主要是在她的心，心是魂、是意志決定的司令部，經過十個世代，賽特的義人傳承只剩下挪亞一家，其他也隨波逐流，認同該隱那系列的行爲。亞當犯罪「地必爲你的緣故受詛咒，你必終身勞苦才能從地裡得吃的」（創三：17b）該隱殺了亞伯，地受到雙重詛咒；亞伯爲了獻祭而牧羊，該隱種地爲了糊口，兩人將勞苦所得的獻祭給　神，一個蒙悅納，一個則否；關鍵不在祭物，而在心態，爲　神作的，討　神喜悅，爲自己作的，　神看不上；當時的人都是吃素，挪亞以後，　神才准許開葷，這一點很重要。

該隱被逐之後，住在挪得之地，挪得是飛、是逃的意思；是不是　神最早設立的逃城，我不敢確定，但是他被詛咒之後，還知道求　神，　神給他一個記號，免得地上的人看見他就要他的命。逃到挪得之後，生了兒子，因此造了一座城，便用他兒子的名字命名。

亞當第一代的後裔就知道要建城，可見他是有危機意識，世人之所以建城，是爲了自保，城市的周圍有圍墻保護，可以防盜賊、搶劫或攻擊，該隱生了兒子才造城，可見惡人也愛自己所生的兒子，所謂虎毒不食子；經過五代，到了第六代的拉麥，他生了三個兒子，老大雅八，是住帳篷、牧養牲畜的始祖，他兄弟猶八是一切彈琴吹簫的始祖，他的妾生了土八該隱，是銅匠和鐵匠的祖師。

該隱一生勞苦種地，雖有所獲，生子生孫之後，那麼多的妻小要養，負擔很重；他殺弟弟之前，或許勞苦所收的還可以勉強維持，但是殺了弟弟之後，又被地詛咒；他弟弟獻祭的時候，他可能在旁邊偷窺吧？當燔祭牲的香味隨風飄散，他也聞到了吧？是不是聞香知味，開始殺牲？而且弟弟獻祭蒙　神悅納，開始學弟弟牧羊也未可知。但是從拉麥三個兒子的成就，多少可以看出一點端倪。

雅八是住帳篷、牧養牲畜的祖師，傳到第七代應該開枝散葉，家大業大的時候，該隱爲他兒子造的城以諾，可能太小，容納不下這麼多的子孫居住，而且糧食可能也是問題，因此，游牧不但可以解決居住的問題，也能解決糧食問題；這時候還是吃素，還沒有開葷，我懷疑從該隱的時候，就有人偷吃肉了，到了第七代，可能公開吃肉，否則爲什麼牧養牲畜；聖經沒有說什麼時間用牛驢耕地，或許那時候已經開始，要不然土巴該隱的銅鐵利器賣給誰？

土八該隱是打造各樣銅鐵利器的祖師，他的祖先該隱是第一個殺人犯，到了第七代，動手殺人太麻煩了，銅鐵利器不但可以殺人，還可以用作狩獵和屠宰的利器，想吃肉不就更方便了嗎？這時候一個社會雛形大致形成，有畜牧業，有娛樂業，有製造業，分工的形態有了基礎，逐漸有群居的需要，彼此互補，本來仰賴　神的供應，這時人心更遠離　神；但是義人的系列出現一個人，亞當的七世孫以諾，在他六十五歲的時候，生了一個兒子，　神讓他給兒子取名叫瑪土撒拉，意思是他死的那一天，洪水就來了；有一點我們要記住，那時候還沒有下雨；沒有人知道下雨是什麼樣子。

以諾一驚非同小可，　神發脾氣了，宣告洪水的審判，他眞的因　神的話戰驚，因此自勉務須與　神同行，因爲他不知道他兒子那一天會死，與　神同行再保險不過；他與　神同行三百年，正三百六十五歲被　神取去，他就不在世上；他是人類第一個沒有經過死亡被提的人。

當挪亞六百歲二月十七日那天，發大水審判當時的世代，這天是瑪土撒拉的忌辰，是他九百六十九歲的時候，挪亞的父親已經死了，在他父親瑪土撒拉之先。

義人的傳承實在不容易，聖經雖然記錄整個傳承的過程，但是每一個世代只提一個人，這個人是蒙　神紀念、因而留名，他們都有很多兒子，因爲聖經是這樣記載，XX生了XX又活了幾百年，又生養兒女，這眾多的的亞當子孫，沒有一個留下來，只有挪亞在　神眼前蒙恩，前面說：有樣學樣；學好不容易，學壞很快，而且不用人教，自自然然的就被罪擄去，就像大痲瘋一樣，一個傳一個，而且不是被動式的傳染，「你若行的好，豈不蒙悅納？你若行得不好，罪就伏在門前；它必戀慕你，你卻要制伏它」（創四：7）。這本聖經一切的教導，就是教我們如何遠避淫行與罪惡，不要被罪惡捆綁轄制，足見罪惡的權勢眞的可怕；洪水來的時候，亞當所有的子孫都遭受洪水審判，只有挪亞一家八口蒙恩。

從以諾和挪亞的故事來看，看見人要得存活必須與　神同行；亞當夏娃被造的時候，賦予他們的使命就是與　神同行；但是罪的誘惑太大了，一方面可能　神並沒有辭嚴厲色的警告他們，以至於他們心生輕忽，犯了罪之後，才知道滋事體大；但雖然如此，理應將這嚴重的教訓教導子孫，由此可見家教與傳承的重要性；有史以來，人類不斷地重蹈覆轍，歷史學家告訴我們，我們從來沒有從歷史得到教訓，傳道書告訴我們日光之下無新事，歷史的殷鑒歷歷在目，人就是喜愛偏行己路，除非像以色列人一樣，得到天大的教訓，才會痛改前非。聖經也告訴我們，歷史會一再重演，眼前的世界局勢印證了傳道書所說的。

挪亞一家可謂是今日世界上一切人類的祖先，因爲洪水過後只有他們一家八口存活下來，今天的人都是挪亞三個兒子閃、含、雅弗的後裔；當洪水退去，挪亞一家出了方舟，方舟的活物也隨著他們出來，挪亞就築壇獻祭，這段聖經很有意思，也很費解。

挪亞爲耶和華築了一座壇，拿各類潔淨的牲畜、飛鳥獻在壇上爲燔祭；耶和華聞那馨香之氣，就心裡說：我不再因人的緣故咒詛地（人從小時心裡懷著惡念），也不再按著我才行的滅各種的活物了；地還存留的時候，稼穡、寒暑、冬夏、晝夜就永不停息了。（創八：20-22）

BBQ很香、很吸引人、也令人垂涎，連　神也被他吸引；當耶和華　神聞那馨香之氣，「就心裡說」，聖經只有在這裡出現這種說法，我到現在都想不透，是不是人犯罪以後受了詛咒，就越變越壞，壞到他不得不出重手而懊惱呢？還是有其他的意思？他不再有因人的緣故詛咒地，也不再……這裡小括符的字很值得玩味，人從小時心裡懷著惡念，爲什麼突然出現這些字，上不接前言，下不接後語；只能這麼解釋，如果一個人學好學壞，都是自己的選擇，自己的意志力很重要，挪亞一心向　神，不隨波逐流，他的靈戰勝他的魂，他的魂受他的靈支配，你要保守你心，勝過保守一切（或作：你要切切保守你心），因爲一生的果效是由心發出（箴四：23）。

亞當是用地上的泥土造的，犯罪之後，地就因他的緣故受詛咒，他必須汗流滿面才得糊口；該隱殺亞伯，又從地受到詛咒，或許耶和華以爲人受到雙重詛咒，亞當之後十個世代的子孫受到的詛咒太重，心裡面所思想的盡都是惡，只留下挪亞一家八口，讓這個世界重新來過；這是　神的憐憫，所以心裡說：我不再因人的緣故詛咒地，但是祂知道人的心裡從小就懷著惡念；世界已經重新來過，但是罪性仍然存在，難以根除；人不再像原創時純潔，從此展開新的救贖計劃。果不其然，到了十一章，人類的犯罪形態改變了，以前是個人犯罪，這時候發展成集體犯罪；「巴別塔」。

那時，天下人的口音、言語都是一樣；他們往東邊遷移的時候，在示拿地遇見一片平原，就住在那裡。他們彼此商量說：來吧！我們要做磚，把磚燒透了。他們就拿磚當石頭，又拿石漆當灰泥。他們說：來吧！我們要建造一座城和一座塔，塔頂通天，爲要傳揚我們的名，免得我們分散在全地上。耶和華降臨，要看看世人所建造的城和塔。耶和華說：看哪，他們成為一樣的人民，都是一樣的言語，如今既做起這事來，以後他們所要做的事就沒有不成就的了。我們下去，在那裡變亂他們的口音，使他們的言語彼此不通。於是耶和華使他們從那裡分散在全地上；他們就停工，不造那城了。因為耶和華在那裡變亂天下人的言語，使眾人分散在全地上，所以那城名叫巴別（就是變亂的意思）。（創十一：1-9）

語言是　神賦予我們的恩賜，使我們的思想感情能夠溝通，但是卻變成使人的意志聯合，共同抵擋　神的工具；他們呼招所有的人起來，要造一座城和一座塔，塔頂通天，「為要傳揚他們的名」。

撒旦驕傲自大的心，在人身上表現到了至極，除了主耶穌的名，這世界沒有一個名，我們可以靠著得著拯救；造城，我們可以解釋為造就堅固的營壘，群居效應很容易形成共識，是最堅固的保障。使人有安全感；城市又是罪惡的集中地，所有犯罪的罪行，多數集中在都市，古今中外都一樣。鄉間也許人與人的接觸不像都市那麼頻繁，機率就比較低；他們除了造城，還要造一座塔，塔頂通天，為要傳揚他們的名；詩篇諷刺人，用自己的名稱自己的城；該隱用兒子的名稱他所造的城，這時大家共同造城，在城中造塔，讓人從遠處就可以看見他們的傑作，這就是驕傲的表現，演變到尼布甲尼撒為自己製造金像，今天許多的名人塑像，羅馬的凱旋門，巴黎鐵塔，東京高塔，世界上知名的都市，摩天大樓都在比看誰的高，百層高樓到處都是，凡此種種都是驕傲的心造成的。

當人共同起來，成為一樣的民，說一樣的話，所謂眾志成城，萬眾一心，那股勢力十分龐大，可以無堅不摧，無險不克， 神為我們好，變亂我們的口音；當交通工具喪失，溝通斷絕之後，這種聯合的危險就減少了；但是人類這種心態還是一直存在，只是表現的方式不同而已，世界上的大都市都在比誰的樓高，尤其後起的杜拜，他們的樓房不只是比高而已，還比奢侈；這些都是看得見的，後面那看不見的更可怕。

巴別塔　神變亂我們的口音，但是也給我們帶來不少娛樂效果，中國人的相聲常常用方言，逗得大家哈哈大笑，用諧音、類似的口音、不同地方有不同的意思，脫口秀也就是這樣造成的；不同語言的隔閡，也會造成誤會，有時變成雞同鴨講。縱使　神變亂我們的口音，但是人類製造一種共同語言，不但可以彼此交通，還十分有效。

那麼看不見的高塔在那裡？在太空，就在我們的頭上，誰知道你現在有沒有衛星在監控你？現在透過 AI 人工智慧和大數據，人臉辨識十分容易，在中國大陸幾乎叫你無所遁形，全世界監視器最多的國家，不要以為闖紅燈沒人看見，透過他們的監視系統，立馬就把你給抓了出來；他乞丐在馬路邊要錢，太落伍了，他們用手機，QR code 一刷，錢自然進入他的銀行戶頭。誰知道那天孩子向父母要零用錢也用 QR Code 一刷，實在不敢想象那一天會變成這樣，大陸的傳統市場早就不流行現金交易，科技帶來的方便性，我們的生活增色不少，出門不用帶錢包，不可少的是手機；但是危險性也相對增加，我們要討論的是他的幕後推手。

我們的語言不一樣，但是可以讓我們彼此溝通的共同語言是數學公式，數學是一切科學的基礎，我們今天一起床，所接觸的一切都和數字有關，範圍包括吃喝拉撒睡，你可能以爲我言過其詞，其實只要仔細想想，我們日常用品，那樣不是現代化產品，工業化的過程，是循序漸進，最早工業化的是機械化，就是瓦特的蒸汽機，改變原始的生產方式，在這之前，人類從來沒有人想過，水居然有這麼大的力量；以前歐洲的磨坊的動力是水車，荷蘭人用風車，但是這些都受到地理和天候環境的限制；文藝復興後，以前存封多年的知識又被當成寶貝，拿出來研究，尤其是數學，更是一日千里，數學公式廣汜的用在各種科學，有一個學物理的朋友，多年前就告訴我，將來 LED 的前途不得了，那時候 LED 不過是發光二極體，用在收音機上面一個紅色或是綠色的小燈泡，你能想象二十年後，居然成爲電視機面板的主流，不但體積更小，還節能省電，畫質更細緻，而且還可以大到一整面墻；他還告訴我，你不知道，數學還有幾百條甚至上千條的公式，工業界還用不上，可見可以發展的空間還很大。前面說過數學是一切科學的基礎，現在不論做什麼東西都是經過計算的成果；最早將數學發揚光大的就是希臘，我們從數學公式發現，許多數學符號都是希臘文，希臘又是哲學的始祖，邏輯理論就是希臘的產物，加上他們原有的人本思想，一個人要追求完美，這些方方面面的學問必須完備，尤其不可少的是體能，所以他們在運動上追求力與美的結合，從他們許多雕像就可以看出來，他們很重視個人表現。

當初全地的人聚集燒磚頭，拿石漆和灰泥磊磚成塔，和現在我們建築房子沒什麼兩樣，我們比他們強的不過是會使用鋼筋水泥而已；我們更進步的是我們也燒磚，也有石漆灰泥連結磚頭；但是這磚頭不比那磚頭，這灰泥不比那灰泥；以前燒窯會搞得灰頭土臉，現在不，現在要在無塵室裡面進行；電視畫面不是經常出現臺積電或是其他晶圓廠的工作室，不但裡面一塵不染，每個人的穿著好像外星人，他們在幹什麼？他們在製造一片片的晶圓，一個個的 IC，這些高科技的東西，必須在這種嚴格的環境下生產，如果有灰塵，只要一點點，產品就變成不良品，損失很大，而且信用受損；這些晶圓 IC 是透過許多工程師絞盡腦汁，夜以繼日的研究，將許多數學公式結合在一起，用許多不同的金屬排列，再用塑膠熱塑而成；石漆灰泥就是 PCBoard 的銀或銅線，將每個 IC 或是晶圓連接在一起，不要小看這些東西，可是價值連城，單價貴得不得了，個個都是我們的智慧結晶，可以把我們送到太空，送到月球，將來還要把我們送到火星。這些人造衛星、太空站，就是今天的巴別塔，科學家儘管國籍不同，但是透過數學公式，他們可以十分順暢的彼此溝通。

二戰後，火箭已經落伍了，取而代之的是飛彈，由短程到中程，進而長程飛彈，人造衛星滿天飛，這都不是新聞，昨天的電視新聞說，以色列也發射一顆衛星到月球，臺灣也發射許多人造衛星在我們的上空，用以觀測氣象和國土變化，聽說我們攝影技術還高人一等，美國人有時也仰賴我們的幫助；如果沒有這些太空科技的幫助，我看可能許多人日子還眞的過不下去。前面我們已經很清楚的說，這是我們撈過界的行爲，　神沒有允許的事，不表示人不會做，好像大家都沒有想到這一層吧？這些醉心於科學及科技研究的人，可能說我杞人憂天；如果繼續發展下去，將來我們的生活秩序可能會變得混亂，如果沒有一個強而有力的人出現，局面勢必難以控制，這條路是爲敵基督預備的；我不是反科技，而是反科技的捆綁，這條路是　神設計的，船一定行在水面上，但是水不可以進到船裡面，如何拿捏、如何取捨，就在個人。

前面不是說六六六就是電腦嗎？電腦對今天的發展有很大的影響，其實我們叫電腦，但是眞正的名稱叫計算機，當初第一步電腦像一個大房間，使用的是眞空管，非常耗電，溫度很高，如果沒有冷氣機讓他降溫，可能隨時當機，而且速度慢；自從 RCA 發明第一顆電晶體，整個電子界完全改觀，晶圓 IC 都是電晶體升級而成。我們今天的成績，都是人類經過多少時間，所累積的成就，中國人說，江山代有才人出，知識是經驗的累積，今天是新產品，明天可能就落伍，近幾年這種現象更明顯；文藝復興帶來的變化，影響世界各個角落，是希臘文化死而復活，我們要特別留意主耶穌的警告：

主神說：我是阿拉法 Alpha，我是俄梅戛 Omega，（阿拉法，俄梅戛：是希利尼字母首末二字），是昔在、今在、以後永在的全能者。（啓一：8）

他又對我說：都成了！我是阿拉法 Alpha，我是俄梅戛 Omega；我是初，我是終。我要將生命泉的水白白賜給那口渴的人喝。（啓二十一：6）

我是阿拉法 Alpha，我是俄梅戛 Omega；我是首先的，我是末後的；我是初，我是終。（啓二十二：13）

仰望爲我們信心創始成終的耶穌（或作：仰望那將眞道創始成終的耶穌）。（來十二：2a）

因爲，耶和華賜人智慧；知識和聰明都由他口而出。（箴二：6）

萬物都是因祂而造，也是爲祂而造，當然祂就是初，也是終了；爲什麼這裡特別用 Alpha 和 Omega 兩個英文字呢？因爲我的 PC 沒有辦法找到希臘文這兩個字，另外一點要和大家討論的，爲什麼耶穌在啓示錄要特別用這兩個希臘字母，強調他是首先的和末後的，這兩個希臘字母就是希臘文頭一個和最後一個字母，你不覺得耐人尋味嗎？尤其是在啓示錄的開始和結尾，結尾還出現兩次。最近經常聽印度神僕撒都孫大索講道，他和澳洲的維諾強森、美國的布魯斯艾倫，以及美國行軍禱告的先驅 Henry Gruver，他們常常有天堂的經歷，他們到天堂，好像都可以來去自如，眼睛一閉，主耶穌就站在他們身邊；他們天天經歷　神，科技對他們來講，不算什麼，因爲他們有疑問，很快的就可以從　神那裡得到答案，所以他們的預言非常正確。我們這條路是祂安排的，祂可以將知識的門打開，也可以將知識的門關了；爲什麼要費那麼大力氣讓我們走這條路？前面出埃及、耶和華向摩西顯現的時候，所行的兩件神跡就說明清楚，藉著杖變蛇，蛇又變成杖，告訴摩西，任何事或物，　神都可以玩弄自如，人不要自以爲了不起，差遠了；摩西在埃及皇宮學了埃及一切的學問，手放在懷裡再伸出來就長滿大痲瘋，再放回去，伸出來又好了，和原來一樣；告訴摩西，你一切所學的，不過是痲瘋病，沒什麼了不起，雙手萬能？老牧師解釋摩西的經歷，前四十年是我能，第二個四十年是我不能，最後四十年是我不能、　神能，摩西經過　神八十年的熬練才能讓　神使用，但是還免不了犯錯。可見人太有限了。耶穌在聖經的結尾特別告訴我們，我們兩個耳朵之間所有的，不過是 Alpha 到 Omega，全被希臘思想充滿，但以理書第二章就清清楚楚的告訴我們，銅的肚腹是審判的重點，藉著預言使我們瞭解自己不過是　神手中的一粒沙子，微不足道的；末日近在眼前還不知道悔改，下場多麼可悲。　神讓希臘文化「得了權柄」

「掌管天下」，今天絕大多數的人都活在他的陰影之下；路加福音大概是唯一一本由希臘人寫的聖經，其他都是希伯來人寫的，意思是寫給全天下人看的，尤其在末世更顯得重要。

耶路撒冷要被外邦人踐踏，直到外邦人的日期滿了。日、月、星辰要顯出異兆，地上的邦國也有困苦；因海中波浪的響聲，就慌慌不定；天勢都要震動，人想起那將要臨到世界的事，就都嚇得魂不附體。那時，他們要看見人子有能力，有大榮耀駕雲降臨，一有這些事，你們就當挺身昂首，因爲你們得贖的日子近了。（路二十一：24b-28）

耶穌又設比喻對他們說：你們看無花果樹和各樣的樹；他發芽的時候，你們一看見，自然曉得夏天近了。這樣，你們看見這些事漸漸的成就，也該曉得　神的國近了。我實在告訴你們，這世代還沒有過去，這些事都要成就；天地要廢去，我的話卻不能廢去。（路二十一：29-33）

日、月、星辰都已經顯出異象了，兩次連環四個血月分別出現在 2013 和 2014 年的逾越節和住棚節，2013 又出現一顆隕石，NASA 給他取名叫「獸」，過兩天新的教宗方濟各就選出來了，也就是將來的假先知，美國和世界幾個地方又出現日全蝕，　神透過天上的異象告訴我們十分重要的信息，就是耶穌再來的日子近了。29 節以後的經文，馬太福音也有類似的經文，但是只提到無花果樹，沒有提到各樣的樹，更說明耶穌很快就到，自從以色列建國以來，但以理書的前三個獸相繼出現，今天更明顯的是，但以理書第八章公綿羊和公山羊對峙局勢已然成形；前一陣子川普宣佈要從敘利亞撤軍，氣得瘋狗國防部長馬提斯辭職；一旦美國眞的撤軍，馬上又會形成另一個權力眞空，是不是以西結書三十八章和三十九章的預言就要成就？而且以賽亞書第十九章19-25節的預言成就以前，第十七章對大馬士革的預言一直沒有實現，是不是先實現第十七章大馬士革被完全摧毀，以西結書第三十八章和第三十九章的預言才會實現？因爲以西結書這兩章預言牽涉到蘇俄、土耳其和德國，將來他們和伊朗聯盟攻擊以色列，哈米吉多頓大戰就是這樣開打？國際局勢瞬息萬變，我們不能憑著臆測，好好禱告吧。

第十二章　保守我們的心

我兒，要留心聽我的言詞，側耳聽我的話語，都不可離你的眼目，要存記在你心中；因爲得著他的，就得了生命，又得了醫全體的良藥。你要保守你心，勝過保守一切（或作：你要切切保守你心），因爲一生的果效是由心發出。（箴四：20-23）

我兒，要將你的心歸我；你的眼目也要喜悅我的道路。（箴二十三：26）

心，說白了就是我們的魂，我們的思想、意念、情感、意志所在，套句教會的術語，也就是我們的老我。老我常常和　神的意念爲敵，保羅書信的教導，就是對付我們的老自己，我是攻克己身，叫身服我（林前九：27a），耶穌基督最大的典範，就是上十字架，叫人活著的乃是靈，肉體是無益的，我對你們說的話就是靈，就是生命（約六：63）。神的話叫我們得生命，但我們讀經，所體會的有多少是自己的解釋，以我們的情感意志解釋，如果沒有聖靈的幫助，我們很難體會　神的用心。

舊約聖經和新約聖經中間相隔四百年，自從猶太人被擄到巴比倫，　神懲罰他們被擄的時間是七十年，七十年一到，　神眞的照先知耶利米的預言，也按以賽亞書四十五章的預言，波斯王古列准許猶太人歸回耶路撒冷，重建聖殿，經費出於王庫；猶太人在省長所羅巴伯，大祭司約書亞的帶領下，由巴比倫歸回，中間經過不少波折，但　神派遣先知哈該和撒迦利亞責備並勉勵，第二聖殿終於完成，但是這殿和所羅門王所建的殿，簡直難以相比；所羅門王所建的聖殿是爲　神的榮耀，所羅巴伯的聖殿是爲主耶穌第一次來預備。

萬軍之耶和華說：我要差遣我的使者在我前面預備道路。你們所尋求的主必忽然進入他的殿；立約的使者，就是你們所仰慕的，快要來到。他來的日子，誰能當得起呢？他顯現的時候，誰能立得住呢？因爲他如煉金之人的火，如漂布之人的鹼。他必坐下如煉淨銀子的，必潔淨利未人，熬煉他們像金銀一樣；他們就憑公義獻供物給耶和華。（瑪三：1-3）

爲了討好猶太人，第二聖殿由希律王加以美化。主耶穌爲我們受苦，祂以自己的身體爲殿，四十年後，第二聖典毀於羅馬提多太子，荒涼的日子已經定了；

爲你本國之民和你聖城，已經定了七十個七。要止住罪過，除淨罪惡，贖盡罪孽，引進（或作：彰顯）永義，封住異象和預言，並膏至聖者（者：或作所）。你當知道，當明白，從出令重新建造耶路撒冷，直到有受膏君的時候，必有七個七和六十二個七。

正在艱難的時候，耶路撒冷城連街帶濠都必重新建造；過了六十二個七，那（或作：有）受膏者必被剪除，一無所有；必有一王的民來毀滅這城和聖所，至終必如洪水沖沒。必有爭戰，一直到底，荒涼的事已經定了。（但九：24-26）

我們現在所處的時間是在第六十九個七和第七十個七之間，有人稱這段時間是福音的恩典時代，猶太人因為不相信耶穌就是他們的彌撒亞，因而被棄絕；因為他們將耶穌交給彼拉多，彼拉多想釋放耶穌，但是他們卻求釋放一個強盜給他們，彼拉多見他們心硬，於是在他們面前洗手：

巡撫說：為什麼呢？他做了什麼惡事呢？他們便極力的喊著說：把他釘十字架！彼拉多見說也無濟於事，反要生亂，就拿水在眾人面前洗手，說：流這義人的血，罪不在我，你們承當吧。眾人都回答說：他的血歸到我們和我們的子孫身上；於是彼拉多釋放巴拉巴給他們，把耶穌鞭打了，交給人釘十字架。（太二十七：23-26）

被擄歸回，猶太人雖然歸回故土，但是沒有自己的國家，在異族的統治下，仍然維持原有的信仰；當他們將耶穌釘上十字架不久，就開始浪跡天涯，正應驗摩西和眾先知的預言；一方面固然是他們自己詛咒自己，祂的血歸到我們和我們的子孫身上，流無辜人的血代價很大，何況是流救主的血呢。

但是我們的　神是信實的　神；雖然如此，他們還是依照　神的應許，在百般艱難之下，1948年在原地復國；雖然在原地復國了，耶路撒冷還在回教徒手下；1967年六日戰爭後，以色列大獲全勝，即使如此，耶路撒冷大部分地區回歸以色列，但是回教的清眞寺在耶路撒冷城東，仍然矗立；他們仍然無法建都耶路撒冷，原因當然很複雜，最大原因就是大家都怕引起第三次世界大戰。

將來一定會有第三個聖殿，這個殿是爲敵基督建的；耶穌第一次來，就以自己的身體爲殿，我們是耶穌的身體，當然也是　神的靈居住的殿。猶太人自從復國以後，無不處心積慮的想要重建聖殿；多年前以色列曾經出現一頭紅母牛，以色列人將它牢牢地看守，生怕這頭牛生病或是出現什麼問題，各國也十分緊張，因爲聽說他們萬事俱備，只欠東風，所有建殿的材料他們早已預備好了，只欠紅母牛的灰作除污穢的水；最後這個顧慮消失了，因爲他們發現這頭母牛不是純紅的，造成虛驚一場。最近兩個月，他們又出現一頭紅母牛，網路上也有很多討論的話題，我相信和第三聖殿有關。

正統猶太人對聖經所抱持的態度是十分謹愼的，這種精神值得我們效法；只有舊約，無法完全認識眞理；只有新約，也無法完全瞭解聖經的全貌，新約和舊約彼此對照，互相解釋，才能眞正認識精義的實際。我們需要猶太人的幫助，才能更深一步的認識聖經；雖然現在有許多彌賽亞新約信徒的猶太人，幫助我們進一步瞭解聖經，但是他們被排除在猶太教外，眞的會有那麼一天，猶太人豁然開朗，知道當年他們祖先所釘十字架的耶穌就是彌賽亞，猶太人一起聚集悔改，一同認罪，那時主耶穌將所有歸於祂名下的人，都聚集歸一，我們得贖就在那時候；那時，耶和華必出去與那些國爭戰，好像從前爭戰一樣（亞十四：3），但在這之先，猶太人和基督徒要受到很大的逼迫；前面引用瑪拉基書第三章2-3節的經文，說明的很清楚；那是我們的期末考。

啓示錄告訴我們，在主耶穌降臨以前，敵基督和假先知會逼迫所有的人接受獸的印記，沒有受獸的印記，都不能做買賣（啓十三：16-18）。現在全世界傾向無現金交易，甚至有人提倡2020年就要讓無現金交易全球化；自從美國人發明塑膠貨幣以來，現金交易逐漸被取代，就是信用卡，但是信用卡仍然需要隨身攜帶，也有被盜用的可能；自從電子商務發達，各種電子支付漸漸的取代信用卡，原因在於信用卡、紙幣的發行成本高，最大的藉口就是所有的毒品交易，和一切不法行爲，都是利用現金交易，避免留下痕跡泄漏身分。當敵基督和假先知迷惑世人，不但利用晶片植入人體，這晶片可以記錄個人的種種資料，例如你的身高、體重、膚色、眼睛的顏色、血型、牙齒、存款記錄，甚至就醫的細節、家庭狀況等等，甚至更能利用晶片操控人的行爲，在不同的地方，同一個時刻，叫世人一同拜他的像，就像尼布甲尼撒透過角、笛、琵琶、琴、瑟、笙演奏的聲音，叫人敬拜他所立的金像一樣。主耶穌在啓示錄警告我們，不要落入陷阱；**那些拜獸和獸的像，受牠名印記的，晝夜不得安寧，聖徒的忍耐就在此，他們是守　神誡命**

和耶穌眞道的。（啓十四：11-12）

有人問，到那個時候我們怎麼辦？先知告訴我們，不要怕，只要信，以前在曠野降下嗎哪，磐石出水，摩西、以利亞、以利沙的神跡奇事會再度出現，或是從我們行出來；　神既然是我們的父，自當有養育兒子的義務，豈有棄我們於不顧之理；我們要作的是信和堅忍，我們信耶穌是本乎恩，將來得勝也要本乎恩，一切都是耶穌爲我們作的。

自從猶太人被擄到歸回，一直到主耶穌降生，近六百年，被擄前耶利米向猶太人呼喊歸回、歸回，他們不聽；被擄巴比倫期間，　神興起先知以西結，再向猶太人呼喊，也不見果效；又興起先知但以理，昭示人類歷史，以色列會產生救主，他們被擄歸回後，一直期盼救主臨到，但是他們萬萬沒想到，他們所釘在十字架上的耶穌就是　神所應許的那一位；耶穌降生前四百年，　神透過瑪拉基先知告訴他們彌撒亞降生的信息；之後，　神就不再說話，直到施洗約翰來到。

既是這樣，被擄歸回後的三篇小先知書的信息就顯得格外重要，其中最大的重點就是建造聖殿，同時再度宣告萬軍之耶和華我們的　神，是大而可畏的　神，祂所吩咐的例律典章都要謹守遵行。

建殿固然重要，那是給被擄歸回的所羅巴伯和大祭司約書亞和眾百姓的督促和勸勉，但是更重要、更實際的，是建造看不見、沒有硬體設施的殿，先是主耶穌成爲我們的榜樣，我們也要成爲聖靈居住的殿，讓　神與我們同居。哈該書和撒迦利亞書就很強烈的透露這個信息；但是三卷小先知書都提到末日的審判，撒迦利亞書更清楚指出，將來第三次世界大戰，會有核彈出現。

第十三章　哈該書以後的啟示

耶穌基督以祂自己的身體當作聖殿，爲我們的罪獻上，成爲我們的挽回祭。應驗先知哈該的預言，**這殿後來的榮耀必大過先前的榮耀**（該二：9a）；現在先知告訴我們，這節經文將要再度應驗在我們身上，因爲末日我們要面對的逼迫是空前的，耶穌也告訴我們：我實實在在的告訴你們，我所做的事，信我的人也要做，並且要做比這更大的事……（約十四：12）末日來臨前，　神已經差遣先知告訴我們將要面臨的挑戰，並且堅定我們的信心；我們所信的是獨一無二的眞　神，除了祂的名，天下沒有賜下任何名我們可以靠著得著拯救。　神要求我們要信心堅定，並要聖潔，非聖潔，沒有人能夠見主。這三篇先知書雖然各有其重點，但是唯一共同的特點就是強調聖潔。

撒迦利亞書讀起來感覺很亂，抓不著頭緒，他的思想是跳躍式的，剛開始當然就他們歸回的情況說預言，勉勵歸回的同胞剛強做工，爲聖殿重建效力，告訴他們　神的憤怒已經止息了，同時使耶路撒冷的四圍平安，讓他們在安定的情況下，重建　神的殿；

神也應許他們自己作他們的保障，耶和華說：我要作耶路撒冷四圍的火城，並要作其中的榮耀（亞二：5）。以前的年代不比今日，城牆有防禦的功能，有保障的作用；但是神自己應許作耶路撒冷的火城，也就是祂自己作他們的保障，使他們在不受擾亂的情況下施工，以今天的科技而言，眞實的城牆功能不大；這個應許，不但鼓舞他們的心情，也給今天屬於祂名下的信徒，很大的安慰，祂看顧每一個屬於祂的子民，也盼望每一個信徒都成爲祂的殿。

概括的說，撒迦利亞書是回應摩西所說耶和華節期，舊約最完整的論述；新約四福音書完全應驗耶和華七個節期的頭四個，也就是逾越節、除酵節、初熟節和五旬節，耶穌是逾越節的代罪羔羊，完全了律法的要求，具體彰顯　神的榮耀，保羅的希伯來書也有詳細的說明。

撒迦利亞書十二章以後，是秋季最後三個節期將要如何應驗的預言；新約則是啓示錄；但以理書第九章七十個七的最後一個七，當然啓示錄也敘述第六十九個七和第七十個七之間的預言；啓示錄十二章以後，則是最後一個七將要發生的事，撒旦被驅逐到地上，氣憤憤的向　神的子民爭戰，說明的比撒迦利亞書更清楚，也更具體。

一般講耶和華的節期有七個，前四個在春季，就是逾越節、除酵節、初熟節和五旬節，連續四個節日在五十天完成；秋季的節期是吹角節、贖罪日和住棚節；猶太曆七月一日吹角節，十日的贖罪日和十五日的住棚節，住棚節前後有八天，就像中國人過年一樣，也是他們所有的男丁都要回耶路撒冷過節的最後一個節期。

利未記二十三章全章記錄耶和華的節期，專門另闢一章討論耶和華的節期，新約信徒不太重視，如果回頭去守節期，是不是走回頭路？耶穌已經完全了律法，應該沒有必要守舊約的節期。近幾年有些猶太牧師在講臺上，常常強調，七個節期是耶和華的節期，不是猶太人專屬的，是給全人類的，不但是過節，也是預言。他們講七個節期都對，可惜忽略了一點，我們從利未記二十三章看起：

耶和華對摩西說：你曉諭以色列人說：耶和華的節期，你們要宣告爲聖會的節期。六日要做工，第七日是聖安息日，當有聖會；你們什麼工都不可做。這是在你們一切的住處向耶和華守的安息日。（利二十三：1-3）

神就照著自己的形像造人，乃是照著他的形像造男造女。神就賜福給他們，又對他們說：要生養衆多，遍滿地面，治理這地，也要管理海裡的魚、空中的鳥，和地上各樣行動的活物；神看著一切所造的都甚好。有晚上，有早晨，是第六日。（創一：27-28,31）

天地萬物都造齊了；到第七日，神造物的工已經完畢，就在第七日歇了他一切的工，安息了。神賜福給第七日，定爲聖日；因爲在這日，神歇了他一切創造的工，就安

息了。（創二：1-3）

當天地萬物都造齊了，　神依照祂們的形象造男造女，　神看一切都「甚好」，當神每天創造完成，聖經都說「　神看都是好的」，只有人被造完成之後，「　神看一切都甚好」，創世記第一章完全講　神創造天地的過程，一共花了六天。當　神看到依照祂們形象所創造的人完成，祂看一切都甚好，就安息了；人被創造之後，馬上被　神帶進祂的安息，和　神同享安息，我們先看看我們被造之後，　神的吩咐。

生養眾多，遍滿地面；我們今天節育的觀念和　神賦予我們的使命完全背道而馳，這種觀念從六零年代開始，廣爲流行，到今天成爲另一種危機，少子化的觀念已經深植人心，甚至許多年輕人已經決定不生育；許多國家估計，將來一個年輕人要養活三個老年人，政府開始憂心將來的財政負擔。這種觀念起先來自第三世界國家的人口過多，糧食供應不足；後來加上工業化，女性的就業人口增加，兒女的教養又成爲另一種問題，聯合國開始提倡節育；臺灣當年的口號「一個不嫌少，兩個恰恰好」；今天的人口問題，都是先進國家憂心的問題；當年提出這些問題的專家們而今安在哉？

第二個使命是治理這地，我們的聖經這裡的翻譯錯了，不是治理，而是制服；我們不知道創世記第一章第一節到第二節之間相差多少年；如果依照聖經的說法，一日如千年，那麼　神創造天地一共有六千年；猶太人的曆法從亞當到現在有五千七百多年，加起來不到一萬兩千年；考古學家告訴我們；他們的考古文物用今天最先進的科技，用碳元素的方法，出土的不論是人類或動物的遺骸，有十幾二十萬年。有的還上看五十萬年以上，我們到底要相信哪一個？如果仔細讀第一章，發現一個共同的特點， 神所造的一切都是好的，新約聖經也告訴我們，一切的美善都是出於 神嗎？（雅一：17） 神創造的都是好的，但是第一節：起初， 神創造天地，那麼天地一定是好的，爲什麼第二節馬上說，地「變成」空虛混沌，淵面黑暗呢？空虛混沌、淵面黑暗絕對不是什麼好字眼；所以 神吩咐人要生養眾多，遍滿地面；然後「制服」（Subdue）這地；如果沒有「背叛」，何須「制服」？接下來 神交代任務，管理空中的鳥，海裡的魚，地上的走獸和爬物；很清楚的賦予人的任務是擔當海陸空大元帥；我想當時將天地搞成空虛混沌、淵面黑暗的撒旦一定在旁邊窺伺，心想這下子牠玩完了， 神把這麼大的權柄托付給人，於是開始牠的奪權計劃；**盜賊來，無非要偷竊，殺害，毀壞；我來了，是要叫羊（或作：人）得生命，並且得的更豐盛**（約十：10）。接下來第二章就是撒旦奪權後我們失落的故事；但是主耶穌要恢復我們原造的地位。

當時人類的心所思想的盡都是惡， 神後悔造人在地上，於是用洪水審判當時的人，只留挪亞一家八口；挪亞出方舟後，做的第一件事就是獻祭。

於是挪亞和他的妻子、兒子、兒婦都出來了；一切走獸、昆蟲、飛鳥，和地上所有

的動物，各從其類，也都出了方舟。挪亞爲耶和華築了一座壇，拿各類潔淨的牲畜、飛鳥獻在壇上爲燔祭。耶和華聞那馨香之氣，就心裡說：我不再因人的緣故咒詛地（人從小時心裡懷著惡念），也不再按著我才行的滅各種的活物了。（創八：18-21）

神賜福給挪亞和他的兒子，對他們說：你們要生養眾多，遍滿了地；凡地上的走獸和空中的飛鳥都必驚恐，懼怕你們，連地上一切的昆蟲並海裡一切的魚都交付你們的手；凡活著的動物都可以作你們的食物。這一切我都賜給你們，如同菜蔬一樣。惟獨肉帶著血，那就是牠的生命，你們不可吃。（創九：1-4）

挪亞出了方舟，獻祭以後，　神第一件事就是祝福他們全家，然後再吩咐他們要執行的任務，和亞當被造以後一樣，豐富的內容，完全一樣，如果今天我們因糧食問題而節育，耶和華的膀臂豈是縮短了呢？不信主的人，可以這麼認爲，但是相信　神的人就不對了；這時候　神允許人吃葷。

猶太人不守安息日，所以被擄到巴比倫，他們歸回以後，十分重視安息日；我們可以從以斯拉記和尼希米記看出來，連外邦人在安息日到耶路撒冷賣魚他們都要處罰，最後乾脆一到黃昏，耶路撒冷的城門統統關了，不讓人進出；這只是表面，安息日的意義絕對不是如此，人可以守安息日，但是你的心滿天飛，誰也管不了你，你可以靜如處子，你的心卻像四海游龍，還是枉然；我小時候就是這樣，兩個眼睛看著黑板，但是心想的是昨天的電影，上課向來心不在焉；所以利未記二十三章一開始就提到安息日，這可以說是基督徒的基本教練，新約的約翰福音就是安息日最好的解說；總歸一句話，就是住在基督裡，**我的心平穩安靜，好像斷過奶的孩子在他母親的懷中；我的心在我裡面眞像斷過奶的孩子**（詩 131：2）。　神對我們的要求很簡單，也很不容易，像前面說的幾位先知，他們之所以能夠來去自如，就是住在基督裡最佳的明證；他們現在傳講的信息也是圍繞這個主題，只要能夠住在基督裡，所有的問題都能夠迎刃而解，撒旦再厲害也傷不了你。

七天休息一天，這是聖經的教導，全世界也是藉聖經這麼教導跟著做；七天有一天休息，根本不是問題；如果六年辛苦耕種，第七年叫你什麼都不做，也許第七年還可以勉強度日，那麼第八年怎麼辦？以色列人在進入迦南地以後，大概四百九十年沒有守安息年，有人說，　神叫他們分期付款他們不肯，乾脆讓他們一次付清，所以他們就被擄到巴比倫七十年；沒有守安息年，那麼五十年的禧年就更不用說了；利未記告訴我們，禧年開始那年的收成有三年的量，到了第三年收成的時候，他們還要爲了新糧移出陳糧，　神的應許都是掛保證的，可見不信的惡心不但可怕，而且　神厭惡。

不要懷疑　神的大能，記得剛信主不久，聽一個海外來的宣教士作見證，就是前面第八章斐濟的見證，他們接受基督的信仰後，生活完全改善，可見福音眞的是要祝福我們的好消息。

創世記第一章講　神創造的過程，人是第六天造成的，　神將一切創造都完成之後，才開始造人，這一切所造的都是爲了我們而造；當人按祂們的形象和樣式造成之後，　神看一切都甚好，因而心滿意足的安息了，人一被造就進入　神的安息。　神所造的一切都非常美好，其中最好的伊甸園，　神將人安置在那裡，祂吩咐他說：園中各樣樹上的果子，你們可以隨意吃，只是分別善惡樹上的果子，你不可吃，因爲你吃的日子必定死（創二：16-17）接下來18節以後的敘述更精彩：耶和華　神說：那人獨居不好，我要爲他造一個配偶幫助他。耶和華　神用土所造成的野地各樣走獸和空中各樣飛鳥都帶到那人面前，看他叫什麼。那人怎樣叫各樣的活物，那就是牠的名字。那人便給一切牲畜和空中飛鳥、野地走獸都起了名；只是那人沒有遇見配偶幫助他（創二：18-20）。

這些都是在安息中進行的，在安息中，有　神的同在，在　神的安息中，執行海陸空大元帥的權柄。每一家的孩子出生，都是爸爸給他們取名字，這是父母對兒女的權柄。這個世界被撒旦搞亂，　神將他重造，一切井然有序，並且賦予我們權柄，生養眾多，遍滿了地，要我們「制服」這地，這些過程，撒旦全看在眼裡，都不是滋味，因此想方設法的要毀壞我們的權柄，才有第三章始祖的犯罪記錄。

當初　神造人的時候，人與　神的關係是和諧的，人和萬物的關係也是和諧的，但是人被誘惑犯罪之後，這種和諧失去了，發現自己赤身露體，馬上用無花果樹的葉子遮蓋自己的赤身，那時候人就知道偷懶，因爲無花果樹的葉子很大一片，信手拈來，毫不費力。　神卻用「皮子」代替樹葉遮蓋人的赤身，表示人犯罪，必須流血，罪才得赦免；流血是與　神重修舊好的重要啓示。既然罪已經進入人心，　神不得不將人逐出樂園，免得他們伸手摘了生命樹上的果子，就永遠活著；如果讓罪永遠活著，後果不堪設想。

主耶和華以色列的聖者曾如此說：你們得救在乎歸回安息；你們得力在乎平靜安穩；你們竟自不肯。（賽三十：15）

這本聖經的教導都在關乎我們得救的問題上打轉，我們得救在乎歸回安息，就是歸回原創的樣子，自從始祖犯罪後，人就沒有平安，就是不信的惡心，所以要將不信的惡心趕出去，舊約的律法，新約四福音和使徒書信，都是教導我們歸回安息，我們原曉得律法是屬乎靈的，但是我們是屬肉體的，是已經賣給罪了（羅七：14）。摩西頒佈十條誡，其他相關的例律典章是十誡衍生出來的施行細則，這些都是外在的規定，施行到後來的結果就變成具文，因爲**我所找到的只有一件，就是神造人原是正直，但他們尋出許多巧計（傳七：29）**；有人說：規定是讓有權利的人破壞的，只要有辦法，沒辦法也變成有辦法；完全正確，現在的社會不就是如此這般嗎？猶太人就是這個樣子，Henry Gruver 在耶路撒冷碰到一個猶太拉比，那天止逢安息日，他坐在公園旁邊的板凳上，有一個猶太人老不情願的來到他旁邊坐下，也不和他打招呼，過一會兒忍不住向他說了一句話，你是到耶路撒冷觀光嗎？他說不是；他說你來幹什麼？回答說我來爲耶路撒冷禱告；那猶太人忍不住和他多聊了幾句，原來他是伯利恆的猶太拉比，安息日到耶路撒冷看他的孫女，遠遠看他女兒和孫女在另一邊玩著呢；Henry Gruver 忍不住問他，伯利恆和耶路撒冷不是有段距離嗎？聖經有約有安息日可走的路程，顯然已經超過了，那個猶太拉比很妙，慢條斯理的站起來，從屁股後面的口袋拿出來一個夾練袋給他看，說：這裡面裝的是我家附近的泥土，只要隨身攜帶，就不違反律法。摩西本來就沒有這樣規定，他們自己設的規矩，還是有辦法突破，是不是很可笑。

猶太人如此，我們也好不了到那裡，我們立了許多法條，還是有許多人走偏門，現在有些律師、會計師就是專門幫助人走偏門；立法千條，犯罪就從此不見？顯然沒有；耶穌道成肉身，爲我們的罪獻上自己，成爲我們的挽回祭，我們只要信靠祂的名，就可以得救，而且還有永生的盼望；四福音就是活出　神子民樣式的具體表現，就是活出十誡，十誡不是具文，要深深的植入我們的心裡，就是愛，讓我們一舉一動都有新生的樣式，不是廢除律法，而是成全律法，不但外面的行爲舉止要合乎律法的要求，連心思意念也要改變，耶穌說：凡看見女子就有淫念的，就是犯奸淫；可見新約的要求更高、更難，還有更難的要求，就是安息。

新約一開始就是馬太福音、馬可福音和路加福音，這三部福音書記錄耶穌傳道到祂就義的生平，一般稱爲符類福音。約翰的執事是補網的工作；有人說約翰福音很容易就可以抓住他的重點；從來沒有人看見　神，只有在「父懷裡」的獨生子將他表明出來；（約一：18）有一個門徒，是耶穌所愛的，側身挨近「耶穌的懷裡」西門彼得點頭對他說：你告訴我們，主是指著誰說的。那門徒便就勢靠著耶穌的胸膛，問他說：主啊，是誰呢（約十三：23-25）。這裡出現兩個懷裡，兩個懷裡道盡一切，十五章的葡萄樹的故事，也是一樣的道理，要常常住在主裡面，就是安息，住在　神裡面，　神就是愛，叫我們完全住在愛裡，從約翰福音十三章到十七章都是講這個道理，能住在主裡面，彼此相愛才能表現出來。

四福音裡面，常常出現主耶穌被文士和法利賽人逼迫的故事，因爲耶穌常常在安息日醫治病人，行了許多神跡奇事，他們就一口咬定耶穌是犯了安息日的誡命；這些故事的後面告訴我們什麼？大家曾經想過嗎？耶穌一面告訴我們，你的病要得醫治嗎？你的問題要解決嗎？安息吧；只有安息在主的懷裡，天大的事無不迎刃而解；一面斥責猶太人拿著雞毛當令箭，不但曲解　神的旨意，還作威作福。

當兵時，第一課就是基本教練，立正稍息，向左轉向右轉，無聊到極點，大太陽底下，汗流滿面，還不得動彈，枯燥無味，還要聽長官大呼小叫；聽說郝伯村將軍當陸軍總司令的時候，有一天不知道那條筋不對勁，叫所有的星星將官們，全部在操場集合，出基本教練操。軍紀的要求從基本教練入門，有時部隊在早晚點名的時候，也會來那麼一下子。

信望愛是我們的口號，信擺在第一位，沒有信，什麼都別談，一個人沒有安息，就是沒有信心，信就是我們的基本教練，有信才能講到盼望，有望才有愛，信是所望之事的實底，是未見之事的確據；這是很難的功課，因爲越現代化的人越難相信，我們一出生，因受到的污染太多了；耶穌說：你們若不回轉向小孩子一樣，就不能進天國；一個赤子之心是　神所喜悅的。**你們要休息**（be still），**要知道我是　神**（詩 46：10）。

第十四章　該亞瑪的啓示

猶太人被擄歸回後，面臨最重要的課題就是重建聖殿，雖然古列王下旨，經費也要出於王庫。但是所羅門王的聖殿是爲　神的榮耀，金碧輝煌，也是前無古人後無來者之作；第二聖殿和他比起來當然寒酸多了；後來希律王加以美化，多多少少帶點希臘味，所以新約聖經四福音有所羅門廊下之說，因爲這是第二聖殿的遺跡。這四五百年之間，猶太人歷經波斯、希臘和羅馬帝國的統治，由於歷經外族統治，許多猶太人思想上都有希臘文化所留下了的痕跡，這也是難免的事；以西結書第二十八章的預言指出，推羅、西頓就是撒旦的化身，到處做生意，以賽亞書也預言撒旦要受到審判，但是在這兩位先知之前，約珥先知早就指出：

推羅、西頓，和非利士四境的人哪，你們與我何干？你們要報復我嗎？若報復我，我必使報應速速歸到你們的頭上。你們既然奪取我的金銀，又將我可愛的寶物帶入你們宮殿（或作：廟中），並將猶大人和耶路撒冷人賣給希利尼人（原文作雅完人），使他們遠離自己的境界。我必激動他們離開你們所賣到之地，又必使報應歸到你們的頭上。我必將你們的兒女賣在猶大人的手中，他們必賣給遠方示巴國的人。這是耶和華說的。（珥三：4-8）

當年安提阿古、以比芬尼慫恿一群希臘化的猶太人跟隨他，才有後來的修殿節，又叫光明節；猶太人自小必修的課程，就是利未記；他們從小就讀聖經，因爲　神強調聖潔，利未記專門討論聖潔，爲了避免沾染污穢，利未記就是必修的課程，平常上他們的會堂，也會起來拿任何一本書來念，他們對聖經都有認識，所以他們個個都是識字的人，沒有一個文盲；古代民智未開的時期，能夠識字是很了不起的事，只要是讀書人，往往都是人所尊重的人士，加上他們謹守律法，守規矩，比一般人誠實，縱使流落異鄉，也往往爲外邦人所樂用；在迦南地他們是最好的農夫、牧人，因爲他們賴以爲生的就是這塊地。被擄以後，在異鄉求生的方法，便是作用人；以前是最好的農夫，被擄後就成爲最好的商人，從商人變成操弄金錢的錢莊主人。今天美其名叫銀行家；耶穌進入聖殿第一件事所做的就是潔淨聖殿：

猶太人的逾越節近了，耶穌就上耶路撒冷去。看見殿裡有賣牛、羊、鴿子的，並有兌換銀錢的人坐在那裡，耶穌就拿繩子作成鞭子，把牛羊都趕出殿去，倒出兌換銀錢之人的銀錢，推翻他們的桌子，又對賣鴿子的說：把這些東西拿去！不要將我父的殿當作

買賣的地方。他的門徒就想起經上記著說：我爲你的殿心裡焦急，如同火燒。（約二：13-17）

兌換銀錢的，用今天的話說就是外幣買賣，靠著匯率的變動，賺取價差，這是最省錢省力的賺錢方法，賣牛羊鴿子的，就像臺灣廟宇旁邊賣香油紙錢之類的，這是要給大祭司們甜頭才有辦法在聖殿擺攤，如果不和他們勾結，這種錢任誰也賺不到。

前面曾經提到亞歷山大曾經讓猶太人到北非地中海沿岸，爲他們修建亞歷山大城和亞歷山大港，還建立大學和圖書館，舊約聖經於西元前兩百五十年左右，完成七十士譯本；猶太人讀經的態度嚴謹，那麼他們在做學問方面，以研究聖經的態度面對，當然成就也就相對可觀。近代影響人類思想最大的四個人，愛因斯坦、弗洛伊德、馬克思和達爾文，除了達爾文以外，其他三個人都是猶太人，更何況達爾文的進化論早就被推翻。今天美國大學三分之一的教授是猶太人，在學術研究上的影響，既深且遠，加上兩千多年歷經滄桑，使他們發展出一套特有的生存方式，今天全世界的財富，多半集中在猶太人手中。前面引用約珥書的預言，推羅西頓將猶太賣給希臘人，耶和華要將報應歸到他們的頭上，這段經文持續在應驗中，希臘聖經原文叫雅完，今天的西班牙叫他施，是雅完的子孫；希臘早年的航海技術是世界一流，後來西班牙崛起，也是海上王國；但是將他們航海技術發揮到極緻的是哥倫布，他是全球知名的航海家，發現新大陸、環繞全球一周、證明地球是圓的，就是一個隱姓埋名的猶太人，雖然他們流落天涯，但是　神的應許始終沒有離棄他們，而且讓他們還高人一等，這世界興風作浪的，少不了猶太人。

美國的聯準會成員多數是猶太人，歷任主席有好幾個都是猶太人，幾年前搞得全世界金融秩序大亂、次貸風暴的雷曼兄弟也是猶太人，作黃金鑽石買賣的大商家，多數是猶太人，歐洲著名的財閥羅斯柴爾德家族就是猶太人，奢侈品名牌 LV 的後臺老闆也是猶太人，他們對鈔票的嗅覺非常靈敏，只要聞到味道，他們的熱錢就湧向那裡，萬事亨通，美國帝國大廈許多保險公司的老闆，都是猶太人，他們的財富加起來，可能超過全世界的一半以上，不要說富可敵國，實際上有過之無不及；他們用金錢操控選舉，到處押寶，不論什麼情況，什麼人當選，都可以隨心所欲，酒能使人快活，錢能叫萬事應心（傳十：19）；現在第三聖殿可謂萬事俱備，只欠東風，只要　神的時間一到，立刻就可以完成，現在又出現一頭紅母牛，他們正好生看管，沒有紅母牛作除污穢的水，也是枉然。

新約開始之前，第二聖殿是經過希律王美化的，所以所羅門的廊子，就顯得突出，因爲是先人留下的，沒有經過希臘化的遺產。我們今天信的福音也是希臘化的福音；最顯著、最讓他們難以接受的就是聖誕節和復活節。摩西曾經嚴嚴的囑咐他們，進入迦南地以後，守節要在耶和華選定的地方過節，就是耶路撒冷，不可以像外邦人一樣，隨隨便便的在山崗或是青翠樹下，拜他們的偶像；現在的聖誕樹就打臉基督徒，聖誕節一定要有聖誕樹，而且還張燈結彩，更何況日子還錯的離譜；復活節搞什麼彩蛋、小兔兔，更讓他們笑掉大牙。

哈該書和撒迦利亞書都講到聖殿重建，同時也都提到所羅巴伯和大祭司約書亞，所羅巴伯是當時古列王派任的省長，大衛王的直系後裔，聖殿重建由政、教領袖共同完成；但是其眞正的目的是預表主耶穌，祂既是君王，也是我們的大祭司；哈該書最重要的一句話，「這殿後來的榮耀必大過先前的榮耀」（該二：9）門徒們在耶穌復活以後才體認這句經文的實意，因爲是指主自己說的；今天先知告訴我們，這句經文將再度應驗，應驗在末日主再來的信徒身上；**我實實在在的告訴你們，我所做的事，信我的人也要做，並且要做比這更大的事，因爲我往父那裡去。你們奉我的名無論求什麼，我必成就，叫父因兒子得榮耀**（約十四：12-13）。

我們都是聖靈居住的殿，如果我們能生養眾多，遍滿地面，這地上的人，都信主耶穌，全地到處都是　神的殿，那麼撒旦就沒有立足之處，這就是創世記第一章，　神要我們生養眾多，遍滿地面的心意了。

撒迦利亞書也可以說是利未記第二十三章最好的詮釋。前面已經說過安息日，主耶穌自己說：**人子是安息日的主（太十二：8，可二：28，路六：5）**。約翰福音耶穌自己說：你們查考聖經（或作：應當查考聖經），因你們以爲内中有永生；給我作見證的就是這經；然而，你們不肯到我這裡來得生命（約五：39，40）查經固然重要，但是更重要的是要到耶穌那裡得生命，眞正的安息是在基督裡；先提安息日，才有後面的七個節期。撒迦利亞書和耶利米書分別出現兩次苗裔，以賽亞書一次，苗裔 BRANCH 欽定版聖經這五個英文字母都用大寫；耶利米書的苗裔，祂的名叫「耶和華我們的義」。

大祭司約書亞啊，你和坐在你面前的同伴都當聽。（他們是作預兆的。）我必使我僕人大衛的苗裔發出。看哪，我在約書亞面前所立的石頭，在一塊石頭上有七眼。萬軍之耶和華說：我要親自雕刻這石頭，並要在一日之間除掉這地的罪孽。當那日，你們各人要請鄰舍坐在葡萄樹和無花果樹下。這是萬軍之耶和華說的。（亞三：8-10）

耶和華的話臨到我說：你要從被擄之人中取黑玳、多比雅、耶大雅的金銀。這三人是從巴比倫來到西番雅的兒子約西亞的家裡。當日你要進他的家，取這金銀做冠冕，戴在約撒答的兒子大祭司約書亞的頭上，對他說，萬軍之耶和華如此說：看哪，那名稱爲大衛苗裔的，他要在本處長起來，並要建造耶和華的殿。他要建造耶和華的殿，並擔負尊榮，坐在位上掌王權；又必在位上作祭司，使兩職之間籌定和平；這冠冕要歸希連（就是黑玳）、多比雅、耶大雅，和西番雅的兒子賢（就是約西亞），放在耶和華的殿裡爲記念。遠方的人也要來建造耶和華的殿，你們就知道萬軍之耶和華差遣我到你們這裡

> 來。你們若留意聽從耶和華你們　神的話，這事必然成就。（亞六：9-15）

基本上撒迦利亞書書寫的方式是跳躍式的，這裡一點，那裡一點，但是這兩處苗裔都是預言主耶穌；第三章預言我們的主是匠人所棄的頭塊房角石，和第六章苗裔的預言一起看，也是預言以賽亞書第十一章將要應驗，祂不但是我們的救主，也是審判的主：

> 從耶西的本（原文作不）必發一條；從他根生的枝子必結果實。耶和華的靈必住在他身上，就是使他有智慧和聰明的靈，謀略和能力的靈，知識和敬畏耶和華的靈。他必以敬畏耶和華爲樂；行審判不憑眼見，斷是非也不憑耳聞；卻要以公義審判貧窮人，以正直判斷世上的謙卑人，以口中的杖擊打世界，以嘴裡的氣殺戮惡人。公義必當他的腰帶；信實必當他脅下的帶子。（賽十一：1-5）

這裡很清楚的告訴我們，千萬務必信主耶穌，如果不信，判決書已經寫好等著你，不要和自己的來生過不去，拿自己的來生開玩笑；根生的枝子就是拿撒勒；所有有關主耶穌的預言都是涵義深邃；

> 耶和華說：日子將到，我要給大衛興起一個公義的苗裔；他必掌王權，行事有智慧，在地上施行公平和公義。在他的日子，猶大必得救，以色列也安然居住。他的名必稱爲『耶和華我們的義』耶和華說：日子將到，人必不再指著那領以色列人從埃及地上來永生的耶和華起誓，卻要指著那領以色列家的後裔從北方和趕他們到的各國中上來、

永生的耶和華起誓。他們必住在本地。（耶二十三：5-8）

耶和華說：日子將到，我應許以色列家和猶大家的恩言必然成就；當那日子，那時候，我必使大衛公義的苗裔長起來；他必在地上施行公平和公義。在那日子猶大必得救，耶路撒冷必安然居住，他的名必稱爲『耶和華我們的義』。（耶三十三：14-16）

耶穌爲我們的罪從容就義，也就成爲我們的義，我們的義是付上血的代價，成爲我們得救的磐石；耶和華親自雕刻這塊磐石，表示磐石要受到極大的痛苦，然後成爲我們的義；我們的　神爲了我們的義，用心良苦，我們千萬不可忽視這麼大的救恩，要時時警醒，獻上我們的感謝和贊美。

撒迦利亞書將耶穌降生和受苦的圖畫勾勒出來，按耶和華所定的日期，一一應驗在新約四福音書裡面，也將耶穌第二次再來的時候勾勒出一個大概，再來的時候也必按耶和華所定的時候日期，大致上作了提示。使我們知道如何預備與因應，迎接主的再來。舊約主再來的日子，通常稱爲耶和華大而可畏的日子，因爲耶斯列的日子必爲大日（何一：11c），也是哈米吉多頓大戰。同時強烈暗示末後的日子必有核戰，但是發動核子戰爭的人不是以色列，是聯合的軍隊向以色列發動核戰，特別指出是伊朗向以色列攻擊時，以飛彈攻打以色列，以色列不但不會受到災害，反而是向以色列發動戰爭的列國遭殃；你很難想象當他們發射出去的飛彈反彈回去的景象，會是什麼模樣。

參考今天的時事，知道那日子近在眼前，而且越來越精彩，讀聖經預言很有趣，我從未想過讀預言居然回到基要眞理；但是感謝主，因爲第一個受益的是自己，祂的意念高過我們的意念，祂的道路高過我們的道路。撒迦利亞書兩處苗裔最好的解釋，就在希伯來書第二章。保羅不但說到，耶穌基督是我們慈悲忠信的大祭司，也是管理萬有的君王：

我們所說將來的世界，　神原沒有交給天使管轄。但有人在經上某處證明說：人算什麼，你竟顧念他？世人算什麼，你竟眷顧他？你叫他比天使微小一點（或作：你叫他暫時比天使小），賜他榮耀尊貴爲冠冕，並將你手所造的都派他管理，叫萬物都服在他的腳下。既叫萬物都服他，就沒有剩下一樣不服他的。只是如今我們還不見萬物都服他。惟獨見那成爲比天使小一點的耶穌（或。作：惟獨見耶穌暫時比天使小）；因爲受死的苦，就得了尊貴榮耀爲冠冕，叫他因著　神的恩，爲人人嘗了死味。原來那爲萬物所屬爲萬物所本的，要領許多的兒子進榮耀裡去，使救他們的元帥，因受苦難得以完全，本是合宜的。因那使人成聖的和那些得以成聖的，都是出於一。所以，他稱他們爲弟兄也不以爲恥，說：我要將你的名傳與我的弟兄，在會中我要頌揚你；又說：我要倚賴他；又說：看哪，我與　神所給我的兒女。兒女既同有血肉之體，他也照樣親自成了血肉之體，特要藉著死敗壞那掌死權的，就是魔鬼，並要釋放那些一生因怕死而爲奴僕的人。他並不救拔天使，乃是救拔亞伯拉罕的後裔。所以，他凡事該與他的弟兄相同，爲要在神的事上成爲慈悲忠信的大祭司，爲百姓的罪獻上挽回祭。他自己既然被試探而受苦，就能搭救被試探的人。（來二：5-18）

再也沒有任何方法用以經解經的方式更清楚，保羅也引用詩篇第八篇5節解釋，中國哲學家的理想，是達到天人合一的境界，保羅不但將天人合一的道理詮釋，還高過我國哲學家的理念；這是　神與人與環境完全和諧，但是要達到這種和諧，主爲我們付出何等的代價。

受苦的僕人如何受苦？過程如何？雖然四福音有完整的記載，撒迦利亞書卻是這裡一點，那裡一點的告訴我們，我們從約翰福音看起，完完全全依照耶和華節期的前四個節期應驗，時間日期，完全合乎節期的要求，就像我們玩拼圖游戲，一片一片的完完整整的拼起來成爲完整的圖畫；

耶和華在埃及地曉諭摩西、亞倫說：你們要以本月爲正月，爲一年之首。你們吩咐以色列全會眾說：本月初十日，各人要按著父家取羊羔，一家一隻，……要無殘疾、一歲的公羊羔，……要留到本月十四日，在黃昏的時候，以色列全會眾把羊羔宰了。各家要取點血，塗在吃羊羔的房屋左右的門框上和門楣上，……這是耶和華的逾越節，……你們要記念這日，守爲耶和華的節，作爲你們世世代代永遠的定例。你們要吃無酵餅七日。頭一日要把酵從你們各家中除去；因爲從頭一日起，到第七日爲止，……頭一日你們當有聖會，第七日也當有聖會。這兩日之內，除了預備各人所要吃的以外，無論何工都不可做。你們要守無酵節，因爲我正當這日把你們的軍隊從埃及地領出來。所以，你們要守這日，作爲世世代代永遠的定例。（出十二：1-17）

羊羔的骨頭一根也不可折斷。（民九：12，約十九：36，詩三十四：20）

匠人所棄的石頭已成了房角的頭塊石頭。（詩118：22，可十二：10）

耶穌說：經上寫著：匠人所棄的石頭已作了房角的頭塊石頭。這是主所做的，在我們眼中看爲希奇。這經你們沒有念過嗎？（太二十一：42，路二十：17，徒四：11，彼前二7）

以賽亞責備瞎眼的僕人，耶穌也提到祂要上耶路撒冷，受鞭打，吐口水，被棄絕，被交給外邦人，被殺，第三天復活；門徒當時也不明白，甚至彼得說，萬萬不可，這事必不臨到你身上；反被耶穌斥責，不體會　神的心意，乃體會人的意思。

逾越節前六日，耶穌來到伯大尼，就是他叫拉撒路從死裡復活之處。（約十二：1）

第二天，有許多上來過節的人聽見耶穌將到耶路撒冷，就拿著棕樹枝出去迎接他，喊著說：和撒那！奉主名來的以色列王是應當稱頌的！耶穌得了一個驢駒，就騎上，如經上所記的說：錫安的民（原文作女子）哪，不要懼怕！你的王騎著驢駒來了。（約十

二：12-15）

錫安的民哪，應當大大喜樂；耶路撒冷的民哪，應當歡呼。看哪，你的王來到你這裡！他是公義的，並且施行拯救，謙謙和和地騎著驢，就是騎著驢的駒子。（亞九：9）

約翰將日期記得清清楚楚的，逾越節前六日，耶穌來到伯大尼，第二天騎驢進耶路撒冷，祂來到伯大尼那天，就是亞筆月九日，第二天進耶路撒冷，就是亞筆月十日；亞筆月十日到十四日，摩西規定以色列人每家要預備一隻沒有殘疾、一歲的公羊羔；一歲的羊羔，相當一個人三十歲，這四天之間，以色列人的大祭司要仔細檢查這隻羊羔是否有缺陷，有一點點缺陷，就不能作爲祭物。耶穌在這四天中，被送到大祭司、祭司長、文士和法利賽人和當時的政府官員彼拉多那裡，尋隙攻擊祂，但是沒有人能從祂身上找到任何瑕疵，最後大祭司問他：你是那當稱頌者的兒子基督不是？耶穌說：我是。你們必看見人子坐在那權能者的右邊，駕著天上的雲降臨。大祭司就撕開衣服，說：我們何必再用見證人呢？你們已經聽見祂這僭妄的話了。你們的意見如何？他們都定祂該死的罪。就有人吐唾沫在祂臉上，又蒙著祂的臉，用拳頭打祂，對祂說：你說預言吧！差役接過他來，用手掌打他（可十四：61-65）。

他們就是這樣定祂該死的罪，於是把祂綁著交給巡撫彼拉多，要求他定耶穌死罪。彼拉多原知道他們因嫉妒將耶穌交給他，想釋放耶穌，然而拗不過猶太人的喧鬧，反照他們所求的釋放一個凶手給他們。他只好照他們的意思：彼拉多見說也無濟於事，反要生亂，就拿水在眾人面前洗手，說：流這義人的血，罪不在我，你們承當吧。眾人都回答說：他的血歸到我們和我們的子孫身上（太二十七：24-25）。

彼拉多又用牌子寫了一個名號，安在十字架上，寫的是：猶太人的王，拿撒勒人耶穌。有許多猶太人念這名號；因爲耶穌被釘十字架的地方與城相近，並且是用希伯來、羅馬、希利尼三樣文字寫的。（約十九：19-20）

彼拉多此舉，代表向全世界宣告，我們的主的確是毫無瑕疵的代罪羔羊；同時宣告我們的主，就是全人類王。

從午正到申初，遍地都黑暗了。約在申初，耶穌大聲喊著說：以利！以利！拉馬撒巴各大尼？就是說：我的神！我的神！爲什麼離棄我？站在那裡的人，有的聽見就說：這個人呼叫以利亞呢！內中有一個人趕緊跑去，拿海絨蘸滿了醋，綁在葦子上，送給他喝。其餘的人說：且等著，看以利亞來救他不來。耶穌又大聲喊叫，氣就斷了。忽然，殿裡的幔子從上到下裂爲兩半，地也震動，磐石也崩裂，墳墓也開了，已睡聖徒的身體多有起來的。到耶穌復活以後，他們從墳墓裡出來，進了聖城，向許多人顯現。（太二十七：45-53）

保羅在希伯來書說，祂除去在先的，立定在後的；殿裡的幔子，聽猶太牧師說，是用羊毛織的，十分厚重，居然在我們的主斷氣的時候裂開，從上到下裂成兩半；猶太人的風俗在至親好友過世的時候，會將他們最好的衣服撕開，這時候，好像天父也傷心至極，爲我們的主撕開自己的衣服；從此，進入至聖所的路打通了，再沒有攔阻，祂成爲我們的道路、眞理、生命，信徒不再需要每年牽著牛羊到祭壇前獻祭，祂已成爲我們的祭壇、祭物、除污穢的水……　神將人類從古至今的罪都歸到祂身上，爲我們開創一條又新又活的路，直通至聖所；保羅的希伯來書就是將舊約有關耶穌的預言，翻譯成新約的文字，讓我們容易瞭解。

猶大用三十塊錢賣主，後來良心發現，將錢在聖殿丟還大祭司，出去上吊死了；他們不敢收那錢，說：這是血價，不可放在庫裡。於是用人所估定的三十塊錢，買了窯戶的一塊田，撒迦利亞描述的很生動

> 耶和華我的　神如此說：你撒迦利亞要牧養這將宰的群羊。買他們的宰了他們，以自己爲無罪；賣他們的說：耶和華是應當稱頌的，因我成爲富足。牧養他們的並不憐恤他們。耶和華說：我不再憐恤這地的居民，必將這民交給各人的鄰舍和他們王的手中。他們必毀滅這地，我也不救這民脫離他們的手。於是，我牧養這將宰的群羊，就是群中最困苦的羊。我拿著兩根杖，一根我稱爲「榮美」，一根我稱爲「聯索」。這樣，我牧養了群羊。一月之內，我除滅三個牧人，因爲我的心厭煩他們；他們的心也憎嫌我。我就

說：我不牧養你們。要死的，由他死；要喪亡的，由他喪亡；餘剩的，由他們彼此相食。我折斷那稱爲榮美的杖，表明我廢棄與萬民所立的約。當日就廢棄了。這樣，那些仰望我的困苦羊就知道所說的是耶和華的話。我對他們說：你們若以爲美，就給我工價。不然，就罷了！於是他們給了三十塊錢作爲我的工價。耶和華吩咐我說：要把眾人所估定美好的價值丟給窯戶。我便將這三十塊錢，在耶和華的殿中丟給窯戶了。我又折斷稱爲聯索的那根杖，表明我廢棄猶大與以色列弟兄的情誼。（亞十一：4-14）

這裡撒迦利亞自比我們的主，從我們的主開始傳道，一直到受難，作概括的描述，祂被猶太人棄絕，祭司、文士和法利賽人無不極力抵擋我們的主，那些最困苦的羊就是門徒和跟隨主的信徒。主後四十年，耶路撒冷城破，猶太人開始他們流亡的命運，那根榮美的杖就是舊約，因爲舊約所有的聖事都在聖所進行，四十年後，不但聖殿沒有了，聖城耶路撒冷也夷爲平地，正應驗但以理的預言，荒涼的事已經定了，現在的考古發現，耶路撒冷分爲好幾層，今天的耶路撒冷和以前的耶路撒冷完全不一樣，考古發現有好幾個層面，希西家王的地下水道已經發現，還有許多古物，證明聖經的記載完全正確，更叫人家驚奇的是，約翰福音九章記載，耶穌醫治一個生來就是瞎子的人，耶穌吩咐他去西羅亞池子洗眼睛，眼睛就看見了，四福音只有約翰福音有這記載，西羅亞池子之所以重要，他的意思就是奉差遣的；當年他們每年過住棚節，祭司們要從這裡挑很多水到上面的聖殿，大祭司在殿門口往下倒。

節期的末日，就是最大之日，耶穌站著高聲說：人若渴了，可以到我這裡來喝。信我的人就如經上所說：從他腹中要流出活水的江河來。耶穌這話是指著信他之人要受聖靈說的。那時還沒有賜下聖靈來，因為耶穌尚未得著榮耀。（約七：37-39）

耶穌就是活水是江河，現在西羅亞池的水出現，讓許多正統猶太拉比更加確信，彌賽亞來的日子很近了，因為紅母牛已經出現了，只有西羅亞池子的水，才能作除污穢的水。

耶穌折斷那根榮美的杖，表示廢棄聖殿和聖殿一切的儀式，這些都是舊約的預表，都已經成就在祂身上，祭祀的儀式都可以免了；祂又折斷稱為聯索的杖，表示廢棄與猶大、以色列的情誼。耶穌騎驢進耶路撒冷，闔城轟動；進城第一件事，就是潔淨聖殿，第二天回耶路撒冷，詛咒，說：從今以後，你永不結果子；那無花果樹就立刻枯乾了（太二十一：19）。馬可福音這樣記載，「因為不是收無花果的時候」（可十一：13）。他們棄絕那生命的主，換來一個凶手，從此開始一連串乖舛的命運，於是福音傳播四方；現在猶太拉比看見紅母牛出現，西羅亞池子重新出土，燃起他們仰望彌賽亞的期望，也是該收無花果的時候了。

每年亞筆月十日，大祭司要從伯利恆牽一隻已經預備好、無瑕無疵、一歲的公羊羔，進到耶路撒冷的聖殿，這時所有的祭司都從城門口到聖殿，在路旁排成兩行，一邊一列，每人手拿一把棕樹枝或柳枝條；當大祭司帶著羊羔進城，他們用力甩著神聖的枝條，發出咻咻的聲音，希伯來話叫 RUA，是風、也是聖靈的意思，口中唱詩篇 113-118 的詩歌，這六首詩篇叫哈利路亞詩篇；當耶穌騎驢進耶路撒冷的時候，文士、法利賽人居然將每年排練的詩歌擱置，反而責備耶穌和迎接耶穌的群眾；聖經記載非常重要，責備他們的是文士和法利賽人，沒有祭司，因爲他們沒空，他們必須排列迎接獻祭的羔羊。我們的　神眞的太偉大了，不但安排祂兒子受苦的日期時間，連祂受苦要唱的詩歌事先安排妥當，不是巧合，是我們的　神刻意的安排。

耶穌往父那裡去，聖靈保惠師就降下來與我們同在；當耶穌復活以後，抹大拉的瑪利亞要過去抱祂，耶穌告訴她：不要摸我，我要上去見我的父，也是你們的父，見我的神，也是你們的　神，這是約翰的記載（約二十：11-18）但是馬太福音卻記載他們上前抱耶穌的腳（太二十八：1-10）爲什麼有這麼大的不同？前面引述馬太福音二十七章46-53節的經文，說到耶穌斷氣的時候，地震動、磐石崩裂；耶穌復活以後，從墳墓出來的聖徒在耶路撒冷向人顯現。

這是應驗初熟節，初熟節大祭司要獻一把禾捆，在　神面前搖一搖，當耶穌復活，帶著初熟的果子（死而復活的聖徒）獻給　神之前，是不能沾染污穢的，這是大祭司每年獻祭作同樣的事，耶穌也不例外，我們都是罪人，耶穌向天父獻祭之前，不能讓祂沾染污穢。

從逾越節到五旬節，五十天，耶穌在橄欖山和門徒告別的故事，使徒行傳這樣記載：

> 他受害之後，用許多的憑據將自己活活的顯給使徒看，四十天之久向他們顯現，講說神國的事。耶穌和他們聚集的時候，囑咐他們說：不要離開耶路撒冷，要等候父所應許的，就是你們聽見我說過的。約翰是用水施洗，但不多幾日，你們要受聖靈的洗。（徒一：3-5）

> 五旬節到了，門徒都聚集在一處。忽然，從天上有響聲下來，好像一陣大風吹過，充滿了他們所坐的屋子，又有舌頭如火焰顯現出來，分開落在他們各人頭上。他們就都被聖靈充滿，按著聖靈所賜的口才說起別國的話來。（徒二：1-4）

接下來是彼得講的第一篇道，洋洋灑灑，動人心弦，聖靈降下來，說的人有聖靈引導，聽的人有聖靈感動；於是第一個教會就在耶路撒冷誕生了。

> 眾人聽見這話，覺得扎心，就對彼得和其餘的使徒說：弟兄們，我們當怎樣行？彼得說：你們各人要悔改，奉耶穌基督的名受洗，叫你們的罪得赦，就必領受所賜的聖靈；因爲這應許是給你們和你們的兒女，並一切在遠方的人，就是主我們　神所召來

的。彼得還用許多話作見證，勸勉他們說：你們當救自己脫離這彎曲的世代。於是領受他話的人就受了洗。那一天，門徒約添了三千人，都恆心遵守使徒的教訓，彼此交接，擘餅，祈禱。（徒二：37-42）

從耶穌在加利利傳道，到祂被釘十字架、復活、升天、教會誕生，不到兩年，耶和華節期的前四個，一一按　神所定的時間應驗；將來耶穌再來，也會照著耶和華節期後三個節期的時間應驗，但是使徒行傳卻這麼說：耶穌對他們說：父憑著自己的權柄所定的時候、日期，不是你們可以知道的（徒一：7）。耶穌向門徒啓示末世，在太二十四章，可十三章，路二十一章，都沒有把話說死，我深信耶和華的節期既有預言的功用；前四個節期應驗主耶穌第一次來，將來第二次來也會應驗在後面三個節期上，只是吹角節出現的時候是在神不知鬼不覺的情況下出現，每個月朔望之交，黃昏日落夕陽西下之前，西邊隱約出現一抹彎月，由兩個見證人共同見證，向守殿官報告，守殿官報告大祭司，由大祭司站在殿墻上呼召他們「上到這裡，上到這裡」，這時就是新的一個月開始，主耶穌自己說祂來的日子要像賊一樣，小偷偷東西都是在人不知鬼不覺的情況下動手，所以主耶穌提醒我們要警醒禱告；祂第一次降臨，沒有敲鑼打鼓，也不是出生在皇宮，乃是卑微的誕生在馬槽；第二次降臨像閃電，（太二十四：27，路十七：24）但是我想，如果照著時間，十五天內完全應驗末日預言，技巧上有困難，依照耶穌在四福音裡面的說法，末日之前有許多預兆必須先出現，如果將最後面三個節期，一天當一年，那麼解釋末日預言就容易多了。

剛剛講到叫兩個見證人「上到這裡來」，是在他們作完見證，證明新月開始，大祭司這麼呼叫他們的，猶太人這個規矩也有預言的意思，啓示錄第十一章12節，兩個在地上傳福音1260天的見證人，他們作完見證一定被殺，地上的人就爲他們歡喜快樂，互相餽贈禮物，因爲他們作見證期間，曾經叫地上的人受痛苦三年半，所以在耶路撒冷曝屍三天半，中東有個規矩，人死後要當天下葬，因爲這三年半，兩個見證人讓他們受了許多苦，所以讓他們曝屍三天半，明明的羞辱他們，但是他們要從死裡復活，於是天上有聲音呼叫他們「上到這裡來」如果從那天開始，十五天就完成末日預言，當然不可能；這兩個見證人和主再來關係至大，瑪拉基書有特別的提醒。

前面講但以理書第八章，敵基督將些天象星宿丟棄在地，用腳踐踏，已經說明2024年敵基督就要在那年現身，因爲當我想到這裡，心中突然出現民數記的一句經文，前面已經引述，「我必照你們達到我耳中的話報應你們」「一日頂一年」（民十四：28，34）雖然耶穌說，那日子只有父知道，連耶穌自己也不知道，只說他來的日子像賊一樣，我們可以從敵基督何時現身推敲耶穌再來的時間，敵基督一定要事先出現，擾亂世界，逼迫　神的子民，就像當年出埃及，法老逼迫以色列人一樣；很可能敵基督這個人早就出現，只是尚未現身，要等待時候滿足才會出現在我們眼前； 神透過我們自己的選擇，讓我們將我們的權柄交給他，這個人用謊言欺騙選票，因爲全世界都稀奇跟從那獸，先是美國人，然後世界各國領袖也隨之起舞；和他聯盟的有十個國家，從但以理書第二章的腳，有十個腳趾頭，啓示錄第十三章七頭十角的獸看出來，這獸是七個頭裡面的一個，從死裡復活，十個角就是合同沆涅一氣的同盟國，沒有人能夠和他抗衡，他來要行非常的毀滅，他的偶像就是現代科技。

必有一個卑鄙的人興起接續爲王，人未曾將國的尊榮給他，他卻趁人坦然無備的時候，用諂媚的話得國。必有無數的軍兵勢如洪水，在他面前沖沒敗壞；同盟的君也必如此。與那君結盟之後，他必行詭詐，因爲他必上來以微小的軍（原文作民）成爲強盛。趁人坦然無備的時候，他必來到國中極肥美之地，行他列祖和他列祖之祖所未曾行的，將擄物、掠物，和財寶散給眾人，又要設計攻打保障，然而這都是暫時的。（但十一：21-24）

他必不顧他列祖的神，也不顧婦女所羡慕的神，無論何神他都不顧；因爲他必自大，高過一切。他倒要敬拜保障的神，用金、銀、寶石和可愛之物敬奉他列祖所不認識的神。他必靠外邦神的幫助，攻破最堅固的保障。凡承認他的，他必將榮耀加給他們，使他們管轄許多人，又爲賄賂分地與他們。（但十一：37-39）

他必在海和榮美的聖山中間設立他如宮殿的帳幕；然而到了他的結局，必無人能幫助他。（但十一：45）

弟兄們，論到我們主耶穌基督降臨和我們到他那裡聚集，我勸你們：無論有靈、有言語、有冒我名的書信，說主的日子現在（現在或作就）到了，不要輕易動心，也不要驚慌。人不拘用什麼法子，你們總不要被他誘惑；因爲那日子以前，必有離道反教的事，並有那大罪人，就是沉淪之子，顯露出來。他是抵擋主，高抬自己，超過一切稱爲神的和一切受人敬拜的，甚至坐在　神的殿裡，自稱是神。我還在你們那裡的時候，曾把這些事告訴你們，你們不記得嗎？現在你們也知道，那攔阻他的是什麼，是叫他到了的時候才可以顯露；因爲那不法的隱意已經發動，只是現在有一個攔阻的，等到那攔阻的被除去，那時這不法的人必顯露出來。主耶穌要用口中的氣滅絕他，用降臨的榮光廢掉他。這不法的人來，是照撒但的運動，行各樣的異能、神蹟，和一切虛假的奇事，並且在那沉淪的人身上行各樣出於不義的詭詐；因他們不領受愛眞理的心，使他們得救。故此，　神就給他們一個生發錯誤的心，叫他們信從虛謊，使一切不信眞理、倒喜愛不義的人都被定罪。（帖後二：1-12）

我們再度引用但以理書十一章的預言，這個人是用選舉的話術欺騙選票；今天大家沉醉在科技的迷思，如今要更上一層樓，達到 5G 的境界，如果 5G 加上 AI，這幾年的變化一定相當劇烈；川普之所以要對付中國大陸就是要在 5G 的發展上取得話語權，因爲中國大陸在這方面，顯然有些超越美國，中國大陸傾全國之力協助華爲和中興兩大公司，使他們在這方面的技術，取得領先；川普的制裁，明顯露出「形狀強橫，過於他的同類」；川普的一舉一動，莫不將這句但以理的預言暴露無遺，全世界懾於他的淫威，敢怒不敢言，只有一個小小的金三胖，川普拿他沒轍；但是就聖經的觀點看，金三胖也起不了什麼作用，川普做做樣子，讓日本、南韓乖乖掏錢，全世界的人都知道原子彈很厲害，只有日本人知道厲害到什麼程度，因爲他們是唯一吃過苦頭的國家；南韓北韓一線之隔，當然害怕戰爭，他們的石油化學工業重鎭就在兩韓交界，一旦不愼戰爭發生，對他們的經濟民生有立即的危險；現在世界上先進國家暗中較勁，不是一天兩天的事，我們臺面上看到的只是其中的一小部分，還有許多未公開的資訊，都是極機密的，只有少許相關人士知道。

敵基督趁人坦然無備的時候，來到國中極肥美之地，就是耶路撒冷，在那裡有假先知爲他立的像，但以理書十一章最後一節說，他要在海和榮美的聖山中間設立如宮殿的帳幕，海是地中海，如何在地中海設立帳幕？我個人的看法，就是第六艦隊的核子動力航空母艦上面的臨時指揮所：

一七之內，他必與許多人堅定盟約；一七之半，他必使祭祀與供獻止息。那行毀壞

可憎的（或作：使地荒涼的）如飛而來，並且有忿怒傾在那行毀壞的身上（或作：傾在那荒涼之地），直到所定的結局。（但九：27）

他要如何如飛而來？當然從航空母艦的直升機起飛，來到耶路撒冷，小布西已經幹過這種事，當然他以前是飛行員，用戰鬥機將他帶到航空母艦勞軍，轟動一時，造成新聞，有一就有二，將來敵基督親自在前線指揮，不無可能，總統的行營，總不能寒酸，是不是？

中東地區，亂局一直存在，中亞非洲亦然，以美國一向的作風，扶植傀儡政權，理所當然，但是每每留下爛攤子，屁股擦不完；但以理書十一章說明的很清楚，爲了賄賂分地給人，將財寶散給人，只要承認他的，與他同夥，就有享受不盡的榮華富貴。這些過程必須一一實現，然後我們的主耶穌才會降臨，那時在耶路撒冷傳道作見證的兩個見證人已經完成任務，敵基督和他的同夥開始興風作浪。

保羅在帖撒羅尼迦後書第二章，已經警告我們；現在第二章所說的已經漸漸實現中，沒有YouTube還真不知道今天美國有Gay Church，Gay Minister，斷袖之癖，向來爲人不齒，如今堂而皇之公開炫耀，難怪耶穌提到末世，不止說挪亞的日子，也說到羅得的日子，將來毀滅之火，比硫磺之火還要厲害千百倍；臺灣的同婚合法化，將爲我們帶來災害，現在回頭還來得及。

吹角節是一個指標性的節日，我個人認爲非常重要，他的重要性，　神並沒有清清楚楚的講出來，但是從摩西五經的蛛絲馬跡可以看出，　神重視這個日子，不言可喻，民數記特別在會幕完成，而且已經完成獻祭的儀式以後吩咐摩西的話，看出　神的心意。

耶和華曉諭摩西說：你要用銀子做兩枝號，都要錘出來的，用以招聚會眾，並叫眾營起行。吹這號的時候，全會眾要到你那裡，聚集在會幕門口。若單吹一枝，眾首領，就是以色列軍中的統領，要聚集到你那裡。吹出大聲的時候，東邊安的營都要起行。二次吹出大聲的時候，南邊安的營都要起行。他們將起行，必吹出大聲。但招聚會眾的時候，你們要吹號，卻不要吹出大聲。亞倫子孫作祭司的要吹這號；這要做你們世世代代永遠的定例。你們在自己的地，與欺壓你們的敵人打仗，就要用號吹出大聲，便在耶和華你們的　神面前得蒙紀念，也蒙拯救脫離仇敵。在你們快樂的日子和節期，並月朔，獻燔祭和平安祭，也要吹號，這都要在你們的　神面前作爲紀念。我是耶和華你們的神。（民十：1-10）

第二年二月二十日，雲彩從法櫃的帳幕收上去。以色列人就按站往前行，離開西乃的曠野，雲彩停住在巴蘭的曠野。這是他們照耶和華藉摩西所吩咐的，初次往前行。（民十：11-13）

（從何烈山經過西珥山到加低斯巴尼亞有十一天的路程。）。（申一：2）

神在他們建立會幕，完成獻祭儀式，起行前往迦南以前，吩咐摩西要製造兩隻銀號；號聲有很多意思，以前在民智未開的時候，的確有警示作用，部隊也常常用號聲叫我們起床；這裡以色列人在出去和敵人作戰要吹號，歡喜快樂也要吹號，聽見號聲就蒙紀念；我們要思想，爲什麼在他們起行前往迦南之前，　神特別吩咐有什麼目的？值得摩西大書特書用十節經文敘述這件事呢？十章1-10節叫他們製造銀號，11-13節他們初次起行前往目的地，迦南；接下來我引用申命記第二節，這節經文用括弧括起來，爲什麼？

從何烈山經過西珥山到加低斯巴尼亞有十一天的路程，如果我們以他們起行那天當作吹角節，那麼第十天就是贖罪日，加低斯巴尼亞是聖潔的意思，他們是第十一天到達那裡，也就是說他們已經經過贖罪日的痛心悔改，而後才有聖潔，可以預備進迦南；雖然接下來的故事是失敗的，但是這件事背後的意思才是重點；爲什麼用銀作材料？銀是救贖；今天我們的主用川普作爲吹角節的預表，意義重大。因爲他的名字就是吹喇叭，五個斗大的字擺在你面前，爲時長達一年之久，我們還不當回事，豈不枉費　神的一片苦心；　神隱約用他作記號，告訴我們每個人都要深切悔改，因爲餘日無多。

從吹角節到住棚節有十五天，中間第十日是贖罪日，就是七月十日，我們看聖經怎麼說：

七月初十是贖罪日；你們要守為聖會，並要刻苦己心，也要將火祭獻給耶和華。當這日，甚麼工都不可做；因為是贖罪日，要在耶和華你們的　神面前贖罪。當這日，凡不刻苦己心的，必從民中剪除。凡這日做甚麼工的，我必將他從民中除滅。你們甚麼工都不可做。這在你們一切的住處作為世世代代永遠的定例。你們要守這日為聖安息日，並要刻苦己心。從這月初九日晚上到次日晚上，要守為安息日。（利二十三：27-32）

什麼工都不可以做，並要刻苦己心，所謂刻苦己心即是禁食禱告，在這裡我們的神說了重話，凡不刻苦己心的，必從民中剪除；猶太人的習慣，在這個節日前，彼此相互勉勵，希望明天能再見到你，過了這個節日，見了面就彼此道賀，因為　神已經赦免你的罪。雖然　神說了重話，但是有史以來，從來沒有看見　神下過重手，沒有人在這一天被剪除；倒是我們的主說了重話，摩西也預告這些重話。將來會有那麼一天，以色列人自動自發都認罪悔改，從此以色列全家都歸向耶穌，承認祂就是彌賽亞。

以後，我要將我的靈澆灌凡有血氣的。你們的兒女要說預言；你們的老年人要做異夢，少年人要見異象。在那些日子，我要將我的靈澆灌我的僕人和使女。（珥二：28-29）

在天上地下，我要顯出奇事，有血，有火，有煙柱。日頭要變為黑暗，月亮要變為血，這都在耶和華大而可畏的日子未到以前。到那時候，凡求告耶和華名的就必得救；因爲照耶和華所說的，在錫安山，耶路撒冷必有逃脱的人，在剩下的人中必有耶和華所召的。（珥二：30-32）

到那日，我使猶大和耶路撒冷被擄之人歸回的時候，我要聚集萬民，帶他們下到約沙法谷，在那裡施行審判。（珥三：1-2a）

第一處經文彼得在五旬節第一次講道就是引用這裡的經文，先知告訴我們，在不久的將來，也會應驗在我們的身上；耶穌說：我所作的事，信我的人也要作，並且作比這更大的事。先知說：我們要 act like God, not on behalf God.　神在末世會在婦女中間興起米利暗族群和底波拉族群，教會的兄弟姐妹都有行神跡奇事的能力，甚至一般人從教會的影子經過，病得醫治，使他們不得不自動悔改歸向　神。

第二處經文，已經出現很多，大地震、海嘯、全球暖化、氣候變遷，全世界有大冰雹，毀壞人、車子、作物，2013 到 2014 連續兩年四個血月，分別落在耶和華的逾越節和住棚節，去年印尼火山爆發，又有海嘯，天災人禍不斷出現，各國領袖紛紛聚集，共商如何節能減碳；2013 年一顆大隕石從地球掠過險些砸中地球，NASA 給他命名叫獸，是無巧不成書嗎？還是　神的警訊？沒過幾天，梵蒂岡就選出新教宗方濟各，先知說，他就是啓示錄十三章的假先知。

2011 年發生在日本的地震海嘯，沒把日本人震垮，反而將臺灣震得雞飛狗跳，爲了核安的問題，爭吵不休，地震專家告訴我們，這是太平洋板塊移動造成的，在這方面我不懂，臺灣的地震，他們說是正常的能量釋放，莫衷一是。如果你聽過美國先知 Henry Gruver 的見證，保證叫你大吃一驚。

地震那天，他準備從日本返國，出發地點就是日本仙台，海嘯發生的地點；不知道爲什麼緣故，由仙台飛東京的班機 delay，他自己心裡就像熱鍋上的螞蟻，只有禱告，神眞的是聽禱告的　神，班機抵達東京的時候，距離他飛洛杉磯班機起飛時間只差二十幾分鐘，他眞的很著急；有搭機經驗、更確定一點說，有轉機經驗的人都知道，轉機時間一定不得少於兩小時，只有二十幾分鐘那裡辦得到？

不顧一切往前衝，經過安檢、移民官種種關卡，大家都告訴他不可能辦到，他說我不管，我還有一件行李，務必隨機送達；因爲他到美國不是直接回家，行李遺失，麻煩就大了，身上穿的是便裝，到時候沒衣服換就很失禮；他們的移民官和安檢人員好煩，日本人龜毛是出了名的，守規矩的日本人居然讓他一路插隊，讓他一路奔跑，關關順利通過，更稀奇的是，二十幾分鐘不但讓他順利轉機，而且行李也隨機送達洛杉磯。

他是　神重用的僕人之一，前面說過，也是行軍禱告的創始人，曾經受邀到臺灣教導我們如何有效的運用行軍禱告，破除地方上各種黑暗勢力；當時安排他的行程的那位弟兄，因爲南部流行登革熱，所以沒有安排南部的行程，他問這位弟兄何以故？這位弟兄說：南部流行登革熱，有致命的危險，已經死了一百多人……他說：開什麼玩笑，我就是爲這個來的。

南部教會很配合，很快就集合一遊覽車的牧者，他們先到臺南市幾個重點地方禱告，隨後車子我忘了到什麼地方，他們下車禱告，他看見大概是異象吧，天空出現一大群蜻蜓，隨行許多牧者也看見了，從此，登革熱就在臺南銷聲匿跡；我們還以爲天天噴灑殺蟲劑奏效，民進黨在南部造神成功。

後來不知道他在美國什麼地方的教會講道，提到臺南登革熱這件事，會後一位弟兄找他，跟他說，他是研究昆蟲這方面的學者，他說的沒錯，蜻蜓是蚊子的天敵。

話說他回到洛杉磯，趁著轉機的空擋打電話回家報平安，他兒子在電話那邊說；爸爸，你還好吧？他很訝異的問，什麼事大驚小怪？兒子告訴他，日本發生地震海嘯，災情慘重。

他來到華府，打電話給以色列駐聯合國大使，提到這件事，他從東京起飛後，二十幾分鐘，大地震就發生，海嘯襲捲仙台，甚至核電廠被迫關門。

他們細推海嘯發生的時間，正好是聯合國安理會在維也納開會，日本是安理會的一員，開會十五國代表，以十四票贊成，一票棄權通過，並且宣佈以色列的屯墾區是非法行爲，必須將土地歸還給巴勒斯坦解放組織；就在他們決議通過兩個鐘頭，仙台大海嘯就衝上來了。他用撒迦利亞書二章8節解釋這件事：萬軍之耶和華說，在顯出榮耀之後，差遣我去懲罰那擄掠你們的列國，摸你們的就是摸他眼中的瞳人。如果　神讓他用這節經文解釋日本的海嘯事件，足見我們的　神眞的是輕慢不得；創世記　神很清楚的告訴亞伯拉罕，爲你祝福的，我必祝福他，詛咒你的，我也必詛咒他；二戰後，1947年，以色列籌劃建國，英國千方百計的阻擾，1948年五月四日，以色列宣佈獨立，全世界領頭羊的美國率先承認，以色列是獨立國家，雖然遭至多國不滿，但是　神的祝福一直沒有離開美國；反觀英國，沒幾年的光景，日不落帝國的稱號就消失了，耶和華說：這一切都是我手所造的，所以就都有了。但我所看顧的，就是虛心（原文作貧窮）痛悔、因我話而戰兢的人（賽六十六：2）。接下來要說的，更令人震驚：

耶和華論以色列的默示。鋪張諸天、建立地基、造人裡面之靈的耶和華說：我必使耶路撒冷被圍困的時候，向四圍列國的民成爲令人昏醉的杯；這默示也論到猶大（或作：猶大也是如此）。那日，我必使耶路撒冷向聚集攻擊他的萬民當作一塊重石頭；凡舉起的必受重傷。（亞十二：1-3）

今天的世界如果沒有石油，很難想象日子怎麼過下去，尤其是美國，出入的交通工具都是汽車，一個家庭擁有兩輛或以上的汽車，尤其到了冬季，暖氣用的重油和天然氣更是不可或缺，歐洲都用天然氣，石油對今天人類的影響眞的太大了，許多專家預估到西元2050年，這個世界的原油即將用罄，他們也積極的尋找替代能源，用以因應未來的需要；如果照他們所說 2050 年石油用罄，我可以很肯定的告訴他們，這個顧慮是多餘的；你想想，這個世界還有多少時間讓我們折騰？科學家告訴我們，光速每秒十八萬六千英里，到那時候不但不用汽車，我們的速度比光速還快得多。我們的速度是和我們的思想的速度一樣，那時候已經進入新天新地的時代，也用不著汽車，不會有污染，不會有戰爭，這是先知告訴我們的，他們禱告，眼睛一閉，立刻察覺耶穌就在他的身邊，亞十二：1-3的預言已經應驗，但是這個應驗並非一夕完成，正在進行中，持續應驗。如果世界各國不瞭解這個嚴重性，就是自討苦吃。

之前對川普名字的意思說了大概，他終於在歐巴馬暫停將大使館遷到耶路撒冷的國會咨文到期，馬上將美國大使館遷入耶路撒冷，引起世界一片譁然，但是他仍然不顧一切，實現競選那諾言；這等於宣佈耶路撒冷就是以色列的國都，耶路撒冷已經是令人昏醉的杯，這些反對國家有多少是耶穌基督的信徒，到現在還不明就裡，實在可嘆。川普這個不按牌理出牌的人，跌破多少人的眼鏡，在一片不看好的情況下，靠著罵人起家，美國幾個主要媒體，都被他罵得無地自容，因爲大炮的個性，都是媒體追逐和批評的對象，遇到這麼好的機會，豈肯輕易放手；當時的民意和媒體，顯然傾向希拉蕊，民調也是如此，媒體記者向他提出尖銳的問題，他反嗆美國主流媒體別再提問，因爲他們面目可憎，專門作假新聞，而且操弄民意，根本不値得信任；媒體反過來問他，他就將 911 事件的事情說出來；當年 911 事件發生，當然是全世界的重要新聞，其中最高興的當然就是巴勒斯坦解放組織，他們許多人在他們的地方，向天舉空鳴槍，大肆慶祝，彼此擁抱祝賀，這則新聞當然世界上的媒體也不放過，美國人的媒體也播出，但是過不多久，這則新聞從美國完全消失，他可能有這則新聞的錄影帶，CNN 新聞網，只有播出兩次就消失得無影無蹤，這件事給他口實，他大罵美國媒體沒有媒體該有的格調，只知道害怕、妥協，他用聖經的教導大罵媒體被革撒加的靈轄制，他不知道從哪裡得知，CNN 及各大新聞網在將那則新聞播出後，幾乎所有媒體的電話，都被灌暴，時間長達十二個小時之久，警告他們如果繼續播出這則新聞，將對他們實施恐怖攻擊；美國各媒體被他罵得無地自容、啞口無言；到現在他和媒體之間的關係，還是沒有改善，他也沒必要召開記者招待會，有事就用推特發自己的新聞。像這樣捉摸不定的人，實在很難預料他下一步會有什麼動作，過去歐巴馬政府和太平洋國家簽訂的貿易條約，他也要廢棄重新談判，因爲他一口咬定所有人都要占美國人的便宜，以他的競選口號美國第一，要求所有美商將所有工廠遷回美國製造；先知說：　神就是要利用這種人，改變華府和華爾街的暗黑勾當，美國雖然說是很民主的國家，其實都是背後的財團操控白宮施政，難怪他上台以後，美國政治圈風氣大爲改變。但是背後陰謀要他下臺的聲浪也不小。

啓示錄第六章開始就講四個印，第一印就是美國，接著第二印，我們說是指著蘇俄說的，二戰後。國際間形成以美國爲主的民主陣營和以蘇聯爲主的鐵幕陣營對峙的局面，雖然蘇聯現在已經瓦解，其附傭國也紛紛獨立，但其影響力仍在；第三印，我的解釋是石油、能源、以及有關石油衍生出來的危機；更要緊的是伊朗再起，又形成公綿羊和公山羊對峙、重回但以理書第八章希臘和波斯相互較勁的局面，也可能是將來第三次世界大戰誘因肇端於此，公山羊自西而來，公綿羊當然不是對手；從巴勒維下臺到現在，伊朗有廣大油田，坐擁油田，應該有享受不盡的榮華富貴，但是只能看不能吃，因爲美國從巴勒維下臺以後，就開始對伊朗制裁，有那麼多的油，卻賣不出去，只能偷偷摸摸的賣一點點，他們的民生困苦，仇恨之心，至今難以忘懷，歐巴馬解除制裁，川普上臺又恢復制裁，新仇舊恨加在一起，此仇不報非君子，那種苦毒之心才是最可怕的；蘇聯雖然瓦解，取而代之的是中國大陸，現在已然僅次於美國的世界第二大經濟體，臥榻之伴豈容鼾睡；當習近平籌躇志滿，一帶一路遠伸非洲，宣佈 2025 中國製造，驕傲在敗壞以先，狂心在跌倒之前，川普一聲令下，制裁大陸，習近平噤若寒蟬；這些現象代表什麼？無他，「形狀強橫，過於他的同類」，如果美國確實執行他一貫標榜的民主自由，就不應該有這種舉動；一帶一路確實是將來的隱憂，爲東方眾王鋪路；如果伊朗有復仇之心，難道中國人就沒有？現在大陸民族主義抬頭，列強對中國的瓜分和凌虐還歷歷在目；伊斯蘭的教導許多是來自摩西的舊約五經，以牙還牙、以眼還眼，你踢我一腳，我還你一腿，你告訴猶太人，要愛人，不可恨人，愛你的仇敵，爲恨你的人禱告，他會告訴你，這是你們基督徒的事，我們猶太人不講這一套；伊朗是什葉派的領袖，今天回教徒許多激進行動都是他們幕後策劃，你可以說今天世界的亂原是回教徒，毋寧說是美國人和歐洲列強事先所埋下的禍根，但以理書第七章的第四獸，我們的　神居然無以名之，從這裡就可以想象　神對我們的厭惡，連稱爲祂名下的民，祂也不知道拿什麼字眼描述我們的罪行是如此不堪。

很顯然　神用川普進行拆毀、建造的工作，我們的痲瘋病是到了應該去除的時候了，不能再執迷不悟，以爲　神只是說說而已，現在是來眞的；川普制裁中國，靠中國大陸支撐近半的世界經濟也隨之遭殃，美國的股市也是起起落落，影響全世界，美國的一舉一動，對世局影響頗大，二戰後，他一直是全球最大經濟體，全世界仰賴他作爲出口的最大市場，所以川普會這麼說，全世界都想占美國的便宜，也不無道理，因爲美國是許多國家經濟的支撐，少了美國市場，他們的景氣馬上下滑，臺灣就是要看它的臉色，花別人的三倍價錢，買一些破銅爛鐵，我們還當寶，以爲是無上的恩典，如果不看他的臉色，他只要凍結你的產品輸入，你就吃不了兜著走，我們當了那麼多年的冤大頭，總統選舉前還得先向他朝貢，天底下再沒有比臺灣人更笨的，尤其是民進黨的一群政客，藉著仇恨，操弄選票，目的只有一個，就是奪權，他們只要政權，不會治國，這次選舉，就是他們積小勝爲大敗的明證；他們還要再敗，因爲他們不學好，敗壞我們的國家，當尤美女強行通過同婚法我就預言他們即將大敗，民主自由是讓我們隨便亂搞的嗎？我們只學皮毛，以爲別人家的都好，全世界的人權鬥士一齊贊揚臺灣眞的是民主的先進，在亞洲第一個通過同婚法，我們不知羞恥便罷，還自鳴得意，原來保守的鄉下人，向來是民進黨的支持者，現在他們不得不回頭；還好教會還是堅持立場，不爲所動，反而起來反對，作國家的中流砥柱。

川普爲了他那堵大墻，也不惜和國會對幹，兩黨領袖他都得罪了，甚至不惜關閉聯邦政府，搞得民怨四起，連過個聖誕節的小確幸都沒有，現在大家拿他沒轍，他準備利用聯邦預備金建他的大墻，有好幾個州已經先告狀了，但是他制裁中國的政策卻得到兩黨支持，美國人那種自大心態，在他的競選口號「美國第一，美國再度偉大」暴露無遺，但是他還是每天口出狂言，在推特上發表他的談話，華府慣行的政治生態確實被他打破了，先知說，這是　神的憐憫，給他們最後的機會，可以悔改。前一陣子，他又宣佈要從敘利亞撤軍，向來支持他和他同一陣線的國防部長瘋狗馬提斯也憤而辭職；美國從伊拉克撤軍留下來的屁股還沒有擦乾淨，這下子又要從敘利亞撤軍，歐洲各國期期以爲不可，以色列心慌，只有伊朗、土耳其、蘇俄心中竊喜，一向是美國在中東地區最好的戰鬥夥伴庫德族更是頓失所措，美國背棄盟友不是新聞；只是敘利亞自從阿拉伯之春學運以後，內戰不斷；美國從伊拉克撤軍，留下的錙重武器，就像當年在伊朗同樣的情況下，他的傀儡政權都是不爭氣的小混混，沒兩下子就被海珊舊部打垮，養大了 ISIS 成爲尾大不掉的禍害；如今這個外行管內行，要從敘利亞撤軍，是不是以賽亞書十七章的預言就要成就？大馬士革向來都是中東的名城，自古以來沒有經過戰亂，從巴比倫開始，歷經波斯、希臘、羅馬帝國、拜占庭帝國、鄂圖曼土耳其帝國的統治，從未經歷風霜，留下許多文物古跡，都沒有遭受破壞，是歐美人士的旅遊據點，也是考古學家的首選之地；自從內戰開始，死的死、逃的逃，難民營內，孤兒寡母一堆；敘利亞一面內戰，一面應付 ISIS，現在過去的古老名城，如今斷垣殘壁到處可見；我們看看以賽亞先知的預言：

論大馬色的默示：看哪，大馬色已被廢棄，不再爲城，必變作亂堆。亞羅珥的城邑已被撇棄，必成爲牧羊之處；羊在那裡躺臥，無人驚嚇。以法蓮不再有保障；大馬色不再有國權；亞蘭所剩下的必像以色列人的榮耀消滅一樣。這是萬軍之耶和華說的。（賽十七：1-3）

我看　神沒那麼容易善罷甘休，他的苦頭還沒有嘗盡，時間還有得等，最可憐的還是庫德族，他們一直想要獨立建國，就是被幾個國家百般阻撓，因爲他們的分佈範圍太廣，從土耳其經敘利亞、伊拉克到伊朗都有他們的蹤跡，又牽涉油田的重要資源，你說，哪一個國家肯讓他們獨立，龐大的利益，誰也不肯拱手讓人，他們多數是東正教徒，信仰和當地人伊斯蘭教不同，已經夠亂的中東，川普這麼一攪和，如果眞的撤軍成眞，眞的後果堪憂，是不是　神要借此加速賽十七章的預言應驗，那麼以賽亞書第十九章的預言也應該同時應驗才對，那時就是新天新地了。

到那日，埃及人必像婦人一樣，他們必因萬軍之耶和華在埃及以上所掄的手，戰兢懼怕。猶大地必使埃及驚恐，向誰提起猶大地，誰就懼怕。這是因萬軍之耶和華向埃及所定的旨意；當那日，埃及地必有五城的人說迦南的方言，又指著萬軍之耶和華起誓。有一城必稱爲「滅亡城」。當那日，在埃及地中必有爲耶和華築的一座壇；在埃及的邊界上必有爲耶和華立的一根柱。這都要在埃及地爲萬軍之耶和華作記號和證據。埃及人因爲受人的欺壓哀求耶和華，他就差遣一位救主作護衛者，拯救他們。耶和華必被埃及人所認識。在那日，埃及人必認識耶和華，也要獻祭物和供物敬拜他，並向耶和華許願還願。耶和華必擊打埃及，又擊打又醫治，埃及人就歸向耶和華。他必應允他們的禱告，醫治他們。當那日，必有從埃及通亞述去的大道。亞述人要進入埃及，埃及人也進入亞述；埃及人要與亞述人一同敬拜耶和華。當那日，以色列必與埃及、亞述三國一

律，使地上的人得福；因爲萬軍之耶和華賜福給他們，說：「埃及我的百姓，亞述我手的工作，以色列我的產業，都有福了！（賽十九：16-25）

美國每逢四年一次大選，他連任失敗，雖然很多人不滿他的施政，但是自從他上任以來，失業率下降許多，面對中國崛起，也只有他有魄力向中國施壓，這一點，很難得，民主共和兩黨都承認他做得很好，美國政治經濟兩個大圈圈都要改變，歐洲面臨英國脫歐的窘境，尤其這幾年歐洲大陸還有難民大量湧入，也是難題一個，極右派正在興起，許多傳統的政治領袖漸漸式微，取而代之的都是激進派，地中海的動蕩方興未艾，而且一波比一波強，波斯、土耳其的聯盟逐漸形成，蘇俄也虎視眈眈，以西結書第三十八、三十九章的預言大概快要實現，我們引頸以盼吧。

2024年又是美國的大選年，這一年選出來的美國總統，料必是將來的敵基督，他一定是一個絕頂聰明的人，全世界對他的期望很高，因爲前面八年，被川普天翻地覆的一搞，以前的既定秩序已經走樣，民心思治，這是必然的道理，先知已經告訴我們，不久就要實施無現金交易，現在許多電子支付已經流行，這是爲敵基督鋪路，將來每個人將被迫在人體植入晶片，體積比一顆小米粒還小，二、三十年前，這種技術已經有人開始使用，主要在北歐，他們在農場的牛植入類似晶片的東西，以前所有牧場的牛都是用烙印區別各個農場的牲畜，我們從美國電影的西部片就知道，他們用烙印區別個人的財產，這種方法來自歐洲的傳統；歐洲每個國家的面積，有的不如美國的一個州，牛隻常常亂走動，爲了防疫，幾十年前已經放棄這種殘忍的烙印方式，改用植入晶片區別各國的牛隻；現在美國已經用這種植入晶片的方法，在機密或是極機密的地區，對出入的人員，采用人體植入晶片的方式，取代識別證或通行證，一方面可以防止遺失、一方面防止盜用或造假；這種技術已經相當成熟，你想想，我們日用的手機，SIM 卡只不過是一片薄薄的銅片，就能裝載許多資料，將來利用這種技術，也可以將我們的個資完全載入，啓示錄警告我們千萬不可受獸的印記，先知也多次警告我們千萬不要上當，萬一受獸的印記，你以爲隨時可以從身上拿出來，那可就大錯特錯，受了獸的印記，就已經落入萬劫不復的境地，你就是後悔也來不及了。「面貌兇惡、能用雙關的詐語」，面貌兇惡是他的本質，雙關的詐語表示這個人口才極好，可以討好所有人，心甘情願的將選票投給他，他的話可以讓他隨意解釋，怎麼說都對他有利，辯才無礙。他上臺以後，的確能滿足許多人的期待，這些期待都是掛保證的，有白紙黑字在作保證，因爲「一七之內，他必與許多人堅定盟約」（但九：27 a）從這句經文，看看川普所作所爲，他一上臺，就宣佈他根本不相信什麼勞啥子全球暖化、氣候變遷，宣佈退出巴黎的氣候峰會，恢復塵封已久的煤礦，開始用煤炭發電，他也宣佈退出與蘇俄簽訂的廢止中長程飛彈限制發展的條約，因爲中國沒有這種條約的限制，這方面顯然中國已經超前，美國豈能屈居人下，這種武器競賽，又是末世的隱憂。

先知撒都孫大索解釋啓示錄第十二、十三章是同時發生，似乎十一章也在同一時間發生，因此這三章的預言發生的時間在一七之內，因爲在這段時間，第三聖殿應該完成，兩個見證人也在這一千兩百六十天傳道作見證，「他們就是那兩棵橄欖樹，兩個燈臺，立在世界之主面前的」（启十一：4）。

撒迦利亞書讀起來眞的一片霧水，他那種跳躍式的思想，很難抓住重點，只有一讀再讀，才能窺見一點端倪，亞四章就是講這兩個見證人。這章鑰句就是「這是耶和華指示所羅巴伯的。萬軍之耶和華說：不是倚靠勢力，不是倚靠才能，乃是倚靠我的靈方能成事」（亞四：6）。

撒迦利亞書第十二章1-3節，給我們看出吹角節已經來到，也就是七月一日新月出現，接下來十天，　神要我們預備心悔改，迎接七月十日贖罪日；贖罪日和逾越節不同的地方在，逾越節是個人的拯救，耶穌的寶血洗淨我們的罪；贖罪日是以色列全家悔改歸向　神，到了住棚節，從民數記二十九章他們過節獻祭看出來，七天過節，每天獻祭，獻祭屠宰的牛隻，七天總共加起來有七十頭，表示以色列是　神的子民，是祭司的國度，爲全世界的人獻祭，使耶和華我們的　神不再紀念我們的罪。現在先知講道，不像以前，講眞理，講造就，而是切中時弊，將個人、家庭、教會、社團，整理乾淨，完全合乎主的要求，就是聖潔公義，預備心，作心理建設，有堅定的信心，對末世有更深的認識，不要受引誘被迷惑，因爲將來的逼迫不像從前，甚至這些逼迫來自教會內部的弟兄姐妹，這些向世俗妥協的人，撒旦會利用他們從內部腐蝕我們。

教會受到逼迫，猶太人也不能例外，經過兩千多年的滄桑，到處流離飄蕩，雖然復國了，但是有許多人對他們的信仰是扭曲的，我們不能向猶太人傳福音，他們認爲基督徒是可恨的一群，這點我們應該反省悔改；我們的信仰，多少也被希臘化；他們遭受羅馬政權逼迫，十字軍欺壓，甚至當時歐洲人拿他們出氣，因爲他們說，你們把耶穌釘在十字架上，我們要替耶穌報仇，宗教裁判所是最大的禍害，強迫他們皈依天主教，如果不從，那管外面颼風下雪，叫你細軟一包，全家掃地出門，財產都歸教廷，教廷至今仍是全世界最大的地主，其中有不少是從猶太人搜刮來的；西班牙皇帝覬覦猶太人的財產，假借宗教裁判之名，逼迫猶太人交出他們的財產，如果不是哥倫布發現新大陸，他們只能跳大西洋；二戰期間，反閃主義抬頭，希特勒屠殺六百萬猶太人；猶太人今天仍然讀經，但是有很多已經對　神失去信心，轉而歸向伊斯蘭教；自從他們的屯墾區在歐巴馬的默許下，全世界的矛頭指向以色列，逼迫他們歸還給巴解，唯一的盟友背棄他們，以致孤立無援，他們內心痛苦，可想而知；　神罵他們，以色列是強項硬心的，好像一點不錯；二、三十年前，有一幅照片很有趣，那時以色列人和四周的國家常常打仗，沒事不知道從哪裡就來一顆飛彈，他們的危機意識很高，遇到飛彈來襲，馬上進入防空洞，防毒面具也順便戴上；那張照片就是一對新人結婚，婚禮進行一半，突然飛彈來襲，這對新人毫不猶豫的，馬上戴上防毒面具，婚禮繼續進行，照片看起來十分好笑；猶太拉比笑虐自己說：總有一天，　神要將所有以色列人逼到墻角，那時候以色列人才肯悔改。現在耶路撒冷已經成爲令人昏睡的杯，他們一面慶幸美國人將大使館遷到耶路撒冷，一面爲孤立無援煩惱，這時候出現第十頭紅母牛，他們雀躍之心又起，也值得我們期待。

歷史學家說，巴爾幹半島是歐洲的火藥庫，中東是世界的火藥庫，幾十年來，國際間爲了油源，中東地區一直是列強角力的所在，自從美國扶植巴勒維失敗後，轉向扶植伊拉克的海珊，沒想到把海珊養大了，他就不聽話，中東地區向來就不平靜，伊拉克和伊朗是世仇，本來以爲伊拉克可以制衡伊朗，沒想到伊拉克不肯就範，自成另一股勢力；回教徒我眞的想不通他們的想法，就是每個人都喜歡當老大，記得我在阿拉伯工作的時候，有時候必須出差，必須搭乘沙烏地航空公司的班機，所以事先申請他們的免費機票；當我送申請函到他們的辦公室，如果裡面有四個辦公桌，不幸四個桌子都有人在，你請問他們應該將申請函交給誰批，每個人都說拿給我，那時候我眞的不知如何是好，其實他們每個人都一樣，就像日本人一樣，英英美代子，每個人都有後臺，其實也不必工作，每個月按時領薪水就是了，工作都有外勞處理，上班對他們來說只是應卯而已；沙烏地、伊拉克、伊朗都爭領導地位，人人都想當老大，最後形成什葉派和遜尼派對峙。遜尼派以沙烏地阿拉伯爲主，什葉派是伊朗當家，伊拉克國內兩派都有，所以海珊利用民族主義，以恢復舊巴比倫榮光的口號，讓伊拉克人民供他驅使，開始興風作浪，他們共同的敵人以色列就遭殃，因爲四圍阿拉伯國家都是回教徒，巴解有他們的奧援，常常和以色列衝突，如果以色列地有平安，全世界的油價就穩定，如果巴解又和以色列起衝突，油價立刻上揚，所以歐美各國經常出面調停，但是調停鮮有效果，迦南地有和平，只不過短短幾個小時，不超過二十四小時，衝突又現，巴解之於以色列，有如芒刺在背，正應驗士師記所說的：

耶和華的使者從吉甲上到波金，對以色列人說：我使你們從埃及上來，領你們到我向你們列祖起誓應許之地。我又說：我永不廢棄與你們所立的約，你們也不可與這地的居民立約，要拆毀他們的祭壇。你們竟沒有聽從我的話！爲何這樣行呢？因此我又說，我必不將他們從你們面前趕出；他們必作你們肋下的荊棘。他們的神必作你們的網羅。（士二：1-3）

耶和華留下這幾族，爲要試驗那不曾知道與迦南爭戰之事的以色列人，好叫以色列的後代又知道又學習未曾曉得的戰事。（士三：1-2）

不聽話的結果就是後患無窮，禍延子孫，當年以色列總理拉賓和巴解領袖阿拉法特和談，拉賓願意撤出部分屯墾區給巴解，就要達成協議，兩人在美國總統的斡旋下，曙光初現，在白宮的草坪簽訂和約，全世界電視新聞即時轉播；以色列有許多人不滿，拉賓回到以色列，十二小時不到，一顆步槍子彈結束拉賓的命，耶和華說，這是我的地，豈容人隨便拿我的地換和平；於是曙光初現的和平，就此結束。今天更危險，以色列發現巴解挖了好幾條隧道在以色列底下，以後的恐怖攻擊可能在以色列境內隨時發生。耶穌說，我來不是叫地上太平，乃是叫地上動刀兵（太十：34）。

和約不能成立的原因很多，但是最重要的就是他們彼此間的心結，從歷史的眼光看，一點不錯，猶太人經過兩千多年的流離失所，教廷加在他們身上的那股怨氣，他們對歐美人士不敢心存奢望，猶太人知道，歐美國家爲了自己的利益，可以無所不用其極，歷史的教訓，永遠銘刻於心，代代相傳；小時候聽說一個猶太人的故事，有一個猶太人教導兒子，必須隨時有危機意識，把兒子擺在水泥墻壁上，叫兒子跳下來，兒子小，不敢跳；父親說，沒關係，我在下面會接你；兒子不疑有他就跳下去，結果父親在一邊看著，動也不動，任憑兒子摔跤，然後告訴兒子，千萬不要信別人的話；偷雞還得蝕把米，別人對你好千萬要小心，要不然後面的苦頭就大了。

中東國家那些回教徒，對歐美國家當然不會信任，英法等歐洲國家在他們的土地上予取予求，他們早就看透了，美國人當然不能例外，縱使他們願意出面調解，也不過是爲了自己的利益，否則他們何必多費工夫，雖然他們也願意有和平，但是他們的利益還是擺在第一；以色列人和周圍國家就更不用說了，他們唯一的目的就是把以色列人趕出去，最好統統下到地中海。三方面都沒有共識，而且各懷鬼胎，表面上敷衍，和談不會有結果，所以中東問題一直存在，但是最近什葉派和遜尼派的衝突加劇，又成爲新的亂源。將來敵基督興起，這很可能是關鍵之一；由方濟各的所行所爲，我們可以窺見一些端倪，他上臺以後，致力於宗教之間彼此和諧而努力，上任後馬上訪問伊斯坦布爾的回教領袖，和他們一起禱告，又訪問東正教領袖，尋求彼此共識，又到耶路撒冷訪問，讓猶太教和回教徒尋求和平相處的途徑；如果美國這個世界上最大的權力機器落入一個猶太裔的美國人身上，到那時候，猶太人會相信這個美國總統，因爲是他們的同胞，回教徒也會相信，因爲有猶太人作保證，加上這個美國總統，口才很好，能說雙關的詐語，全世界對他佩服的五體投地，短暫的中東和平可期；但是唯一一點讓我納悶的是，回教徒和猶太人與基督徒一樣，不拜偶像，他如何說服他們呢？

敵基督可以帶來短暫的和平，但是不久就會出現猙獰的面目，在以色列人，不，應該是猶太人呼天天不應，叫地地不靈的狀況下，耶穌說，他降臨要像閃電一樣（太二十四：7，路十七：24），那時他們發現原來他們祖先所釘十字架的耶穌就是他們的彌賽亞，就在那時候，他們錐心泣血的悔改，主耶穌及時相救，腳踏在橄欖山，橄欖山分裂成兩半，請看　神給他們悔改的靈發生的場面：

我必將那施恩叫人懇求的靈，澆灌大衛家和耶路撒冷的居民。他們必仰望我（或作：他；本節同），就是他們所扎的；必為我悲哀，如喪獨生子，又為我愁苦，如喪長子。那日，耶路撒冷必有大大的悲哀，如米吉多平原之哈達臨門的悲哀。境內一家一家地都必悲哀。大衛家，男的獨在一處，女的獨在一處。拿單家，男的獨在一處，女的獨在一處。利未家，男的獨在一處，女的獨在一處。示每家，男的獨在一處，女的獨在一處。其餘的各家，男的獨在一處，女的獨在一處。（亞十二：10-14）

可見我們悔改也需要　神的恩典，因為　神將那施恩叫人懇求的靈澆灌他們，我們現在正處於恩典的末期，人人都要及時悔改，不要到福音的門一關，就懊悔莫及了。

男的獨在一處，女的獨在一處，葉光明牧師說，這是以色列人守孝的場面，他在以色列住過一段時間，曉得他們的習慣，他們辦喪事就是這樣；大衛家代表大衛譜系的子孫，利未家代表祭司譜系的子孫，拿單是大衛的兒子，大衛王有一個先知叫拿單，我個人認為，是代表先知，更清楚地說，應該指無用的先知或瞎眼的先知們，示每我個人的看法是講便雅憫一族，因為大衛逃難的時候，遭示每詛咒。

這裡為什麼分這麼細呢？所羅門晚節不保，所以　神將以色列分裂為二，十個支派歸以法蓮的耶羅波安，僅留一個支派便雅憫給猶大家，以色列從此分爲南北兩國，南國猶大繼承法統，仍然定都耶路撒冷，北國耶羅波安作王，因爲怕百姓每年三次要回耶路撒冷過節，恐怕日久民心思變，於是製造兩個金牛犢，一個在伯特利，一個在但，叫百姓每年上那裡獻祭；更可惡的是，他擅作主張，將住棚節延後一個月，這是極大的罪，住棚節預表耶穌誕生，支搭帳篷在人間的日子，猶太人在這天過節，就像中國人過新年一樣，歡天喜地大肆慶祝，撒迦利亞書最後一章結束前，敘述大災難過後，新天新地的日子，那時存留在地上的人，每年要上耶路撒冷過住棚節，其重要可見一斑。他又將凡民立爲祭司，原先的祭司和利未人因爲生活無著，極大多數被迫歸回猶大和耶路撒冷，他們也歡然接納他們。

以色列王出自猶大譜系，聖經經常出現猶大的獅子，獅子是百獸之王，用大衛代表猶大譜系十分貼切，我們再回到創世記，當全地遭受大饑荒，只有埃及有糧食，那時全地的人都上埃及糴糧，雅各家也不例外，約瑟預表我們的主，掌管糧倉。

他們坐下吃飯，舉目觀看，見有一夥米甸的以實瑪利人從基列來，用駱駝馱著香料、乳香、沒藥，要帶下埃及去。猶大對眾弟兄說：我們殺我們的兄弟，藏了他的血有甚麼益處呢？我們不如將他賣給以實瑪利人，不可下手害他；因爲他是我們的兄弟，我們的骨肉。眾弟兄就聽從了他。有些米甸的商人從那裡經過，哥哥們就把約瑟從坑裡拉

上來，講定二十舍客勒銀子，把約瑟賣給以實瑪利人。他們就把約瑟帶到埃及去了。（創三十七：25-28）

從前法老惱怒臣僕，把我和膳長下在護衛長府内的監裡。我們二人同夜各做一夢，各夢都有講解。在那裡同著我們有一個希伯來的少年人，是護衛長的僕人，我們告訴他，他就把我們的夢圓解，是按著各人的夢圓解的。後來正如他給我們圓解的成就了；我官復原職，膳長被掛起來了。（創四十一：10-13）

出主意賣約瑟的是猶大，賣主耶穌是猶大，將我們的主耶穌交給彼拉多的是猶太人；當時他們的大祭司可能不是利未人，因爲和羅馬官方交好的人，都可能讓他們利用職權任命爲大祭司。耶穌被釘在十字架上，左右各有一個強盜和他一起，同釘十字架，結果一個得救，一個滅亡，就如同約瑟一樣，膳長被殺，酒政復職；將來就像前面說一家一家聚集悔改得救一樣。

當約瑟的十一個兄弟第二次下埃及，又受到約瑟刁難，他們在歸途折返埃及，約瑟執意要將他的親弟弟便雅憫留下，猶大情急之下，聲淚俱下地說出：……我父親的命和童子的命相連……（創四十四：30）約瑟聽到猶大這麼說，再也忍不住了，回到屋内大哭，再出來與兄弟們相認，將來撒迦利亞書第十二章10-14的預言實現後，接下來撒迦利亞書第十三章的預言立刻跟著應驗，也就是約瑟和他的哥哥們相認的故事要重演，大致相同，細節不一。

這裡沒有提到其他十個支派，自從北國以色列被亞述擄到北方，十支派就此銷聲匿跡，淪落天涯；今天的猶太人用盡各種辦法，想從世界各國角落尋找他們回來，聽說有流落印度的部分瑪拿西人已經回去，非洲衣索披亞也有部分以色列人用DNA驗證，也回到以色列，耶路撒冷的城墻，在北方特別留一個門，叫以法蓮門，他們早已有心和其他失散的弟兄們相認，中國也有部分以色列人流連到開封；我們不知道有猶太人、以色列人，只知道他們或許是回教徒，因爲他們都不吃豬肉，但是他們又和回教徒有些不同，因爲雅各的緣故，他們不吃筋，所以我們管他們叫挑筋回回；四川有一族叫羌族，聽說也是以色列人的後裔，但是他們的顧慮是多餘的，因爲：

耶和華的話又臨到我說：人子啊，你要取一根木杖，在其上寫『爲猶大和他的同伴以色列人』；又取一根木杖，在其上寫爲約瑟，就是爲以法蓮，又爲他的同伴以色列全家。你要使這兩根木杖接連爲一，在你手中成爲一根。你本國的子民問你說：這是什麼意思？你不指示我們嗎？你就對他們說：主耶和華如此說：我要將約瑟和他同伴以色列支派的杖，就是那在以法蓮手中的，與猶大的杖一同接連爲一，在我手中成爲一根。你所寫的那兩根杖要在他們眼前拿在手中，要對他們說，主耶和華如此說：我要將以色列人從他們所到的各國收取，又從四圍聚集他們，引導他們歸回本地。我要使他們在那

地，在以色列山上成爲一國，有一王作他們眾民的王。他們不再爲二國，決不再分爲二國。（結三十七：15-22）

神有辦法將他們趕散，也有辦法將他們招聚回來，這場大悔改之後，撒迦利亞書第十二章結束，十三章一開始：

那日，必給大衛家和耶路撒冷的居民開一個泉源，洗除罪惡與污穢；萬軍之耶和華說：那日，我必從地上除滅偶像的名，不再被人記念；也必使這地不再有假先知與污穢的靈。（亞十三：1-2）

必有人問他說：你兩臂中間是什麼傷呢？他必回答說：這是我在親友家中所受的傷。（亞十三：6）

耶和華說：這全地的人，三分之二必剪除而死，三分之一仍必存留；我要使這三分之一經火，熬煉他們，如熬煉銀子；試煉他們，如試煉金子。他們必求告我的名，我必應允他們。我要說：這是我的子民。他們也要說：耶和華是我們的　神。（亞十三：8-9）

他們終於承認耶穌就是活水的泉源，聖殿不再需要了，獻祭也免了，活水泉源使他們死而復活，紅母牛、除污穢的水，白忙一場，沒有比錐心泣血眞正的悔改來的有功效，前面亞十二：10-14的經文有一句「他們必仰望我，就是他們所扎的」，從亞十二：

10到亞十三：6之間，間隔兩千多年，這時候猶大全家歸主，猶大人心中喜悅摻雜許多懊悔，那種心情難以言喻。但是這一扎，十分重要，他的重要性，是約翰在隱約中告訴我們的。

當耶穌從山上被帶到大祭司家裡，門徒四處逃散，只有約翰跟隨，後來彼得也來了，才有後來彼得三次不認主的故事。耶穌在十字架上，只有約翰在旁邊守候，馬太福音二十七章告訴我們耶穌被釘十字架和祂在十字架斷氣的經過；當耶穌將自己交付父神，殿裡的幔子從上到下裂爲兩半，「地也震動，磐石崩裂，墳墓也開了」，耶穌眞正斷氣的時間在下午三點過後不久，但是黃昏前必須將他們的屍體從十字架上取下來，免得誤了過節的時刻，這之後的過程只有約翰記載：

猶太人因這日是預備日，又因那安息日是個大日，就求彼拉多叫人打斷他們的腿，把他們拿去，免得屍首當安息日留在十字架上。於是兵丁來，把頭一個人的腿，並與耶穌同釘第二個人的腿，都打斷了；只是來到耶穌那裡，見他已經死了，就不打斷他的腿。惟有一個兵拿槍扎他的肋旁，隨即有血和水流出來。看見這事的那人就作見證，他的見證也是眞的，並且他知道自己所說的是眞的，叫你們也可以信。這些事成了，爲要應驗經上的話說：他的骨頭一根也不可折斷。經上又有一句說：他們要仰望自己所扎的人。（約十九：31-37）

> 勝過世界的是誰呢？不是那信耶穌是　神兒子的嗎？這藉著水和血而來的，就是耶穌基督；不是單用水，乃是用水又用血，並且有聖靈作見證，因爲聖靈就是眞理。作見證的原來有三：就是聖靈、水，與血，這三樣也都歸於一。我們既領受人的見證，　神的見證更該領受（該領受：原文作大）了，因　神的見證是爲他兒子作的。（約壹五：5-9）

磐石崩裂不是一件容易的事，耶穌斷氣，地動天搖，那些祭司、文士、法利賽人是不知不覺呢？還是強項硬心？不肯承認這個事實。據猶太牧師 Michael Rood 麥克儒得說，各各他山上有許多洞，十字架就插在這些洞裡，當地震動、磐石崩裂時，這時耶穌的十字架下面的洞也裂開，有一道很寬的裂痕；當兵丁來到耶穌那裡，見祂已經斷氣，爲要確定祂已經死亡，就用槍刺祂的肋旁；人死後血小板和紅血球會分離，所以約翰就看到血和水就由傷口順著耶穌的身體流到地上的裂痕，這時約翰彷佛看見聖靈和水和血一直滴到藏在磐石下邊的約櫃，這血和水就滴在約櫃的右邊；大祭司每年進入至聖所要倒血，要倒在施恩座左邊；當然司提反受難前看見天開了，人子站在　神的右邊，就是這個。但以理披麻蒙灰禁食禱告之後，　神給他七十個七的啓示，這個啓示非常重要：

> 爲你本國之民和你聖城，已經定了七十個七。要止住罪過，除淨罪惡，贖盡罪孽，引進（或作：彰顯）永義，封住異象和預言，並膏至聖者（者：或作所）；你當知道，

當明白，從出令重新建造耶路撒冷，直到有受膏君的時候，必有七個七和六十二個七。正在艱難的時候，耶路撒冷城連街帶濠都必重新建造。（但九：24-25）

止住罪過，除盡罪惡，贖盡罪孽，引進永義，封住異象和預言，都在耶穌就義那一剎那完成，摩西、眾先知和詩篇上有關耶穌第一次來的預言已經實現，接下來的「並膏至聖者。者或作所」這兩個字，中文聖經的翻譯是錯的，原文和英文翻譯本沒有「者」這個字，也不是「所」，就是「並膏至聖」，英文 TheMost Holly，這世界除了耶穌以外，什麼是至聖？只有約櫃，裡面有　神親手刻畫的十誡，所以這就是猶太人解經的長處。

爲什麼這麼肯定這種解經呢？一個不太爲人所知的祕密已經揭露，約櫃已經由一個美國業餘的考古學家發現，RonWyyte，羅維恩，他是專業的痲醉師，只要不在以色列，回家的時候，就努力接案子，因爲沒有任何財團或機構協助他的考古工作，有空下來的時間只好拼命賺錢；他在聖地考古方面的成就，連以色列人也十分佩服，據 Henry Gruver 的說法，前面不是提到他搭飛機連闖層層嚴格關卡的檢查嗎？他說羅維恩進出特拉維夫機場就像進廚房一樣方便，以色列人對他從懷疑到相信，並且知道他的努力與成就勝過他們。但是也有許多人說他一派胡言，一方面是嫉妒，另一方面，考古學上在短時間內有那麼多的成就，不只令人懷疑，也有人說他作假；然而事實勝於雄辯，羅維恩說：神告訴他，如果他能謙卑、順服，祂會親自指示他該怎麼作。挪亞方舟已經找到，不是在亞拉臘山，而是在烏拉圖山，他取了方舟結構的樣本，已經碳化了，眞的就是用松香合成的七層夾板，歌斐木土耳其話就是合板；他不是備受禮遇嗎？有一次已經計劃好時間到某處挖掘古跡，但是申請的案件卻遭擱置否決，他只好帶著團隊到地中海邊戲水，沒想到腳踩在沙灘上，發現腳底下有異樣，他們將沙土慢慢撥開，出現一個藏骨頭的瓦甕仔，他們挖出來一看，將那些骨頭排列起來，和我們現代人比，居然大上三倍，可見十二個探子的回報不假，眞的有巨人。這一發現，當然引起以色列的文物當局重視；當他再去申請原先要去工作的案件，發現這時候當局已經換了主管，這個新主管不知道他們的工作內容，舊主管也沒有交接下來，一個美麗的錯誤，造成驚人的發現，你能說是偶然？

所羅門是個相當聰明的人，否則 神也不會將建殿的工程交給他，他應該熟讀律法，不能與異族通婚，然而在他建殿之前卻有這樣的記載：

> 所羅門與埃及王法老結親，娶了法老的女兒爲妻，接他進入大衛城，直等到造完了自己的宮和耶和華的殿，並耶路撒冷周圍的城牆。當那些日子，百姓仍在邱壇獻祭，因爲還沒有爲耶和華的名建殿。（王上三：1-2）

據麥克儒德的解釋，聖經這裡的翻譯不清楚，這種婚姻結構，有某種利益交換的意思，也就是說，在建殿的過程中，有些關鍵技術，只能透過婚姻關係，才有辦法拿到，他說有一個很明顯的矛盾：

> 他製造兩根銅柱，每根高十八肘，圍十二肘；又用銅鑄了兩個柱頂安在柱上，各高五肘。柱頂上有裝修的網子和擰成的鍊索，每頂七個。網子周圍有兩行石榴遮蓋柱頂，兩個柱頂都是如此。廊子的柱頂徑四肘，刻著百合花。兩柱頂的鼓肚上挨著網子，各有兩行石榴環繞，兩行共有二百。他將兩根柱子立在殿廊前頭：右邊立一根，起名叫雅斤；左邊立一根，起名叫波阿斯。（王上七：15-21）

當尼布甲尼撒將銅海銅柱打碎運到巴比倫：

> 這一根柱子高十八肘，柱上有銅頂，高三肘；銅頂的周圍有網子和石榴，都是銅的。那一根柱子，照此一樣，也有網子。（王下二十五：17）

柱子上面的銅頂顯然少了兩肘，但耶利米的記載又回到原來的尺寸：

> 這一根柱子高十八肘，厚四指，是空的，圍十二肘。柱上有銅頂，高五肘；銅頂的周圍有網子和石榴，都是銅的。那一根柱子照此一樣，也有石榴。（耶五十二：21-22）

首先先就雅斤、波阿斯兩個名稱弄清楚，西方許多不同的解說詞和看法，他說希伯來文的說法十分簡單，就物理學上說，就是一個叫支點，一個叫施力點，耶利米又藏了一個玄機，柱子是空的，這兩根柱子和聖殿的結構完全無關，平時當作裝飾，使聖殿顯得宏偉，但是緊急的時候就發生作用。

埃及的金字塔，古今中外有名，到今天仍然是許多人觀光必到的景點，還有許多人爲了探險或考古到金字塔看看；金字塔在法老生前就起建，法老死了就送到金字塔裡面，他們有一個特殊技巧，將金字塔封閉，裡面出不來，外面進不去，據先知撒都說，最早的金字塔是以諾所建，有關他的傳聞很多，就是吉薩金字塔，是金字塔中最古老的一座，到現在仍然許多人對他和星象有很多奇怪的連結；這兩根銅柱的作用是用流沙沉降、杠桿操作的原理，將貴重物品，在人不知鬼不覺的情況下，從地上沉降到地下。我們從摩西會幕的至聖所和所羅門聖殿的至聖所比較，所羅門王聖殿的至聖所的空間，二十肘平方，比摩西會幕的至聖所大四倍。

他說猶太次經馬加比書記載，當尼布甲尼撒圍困耶路撒冷，耶利米和一群忠心的祭司利未人，將約櫃從至聖所，利用流沙沉降的杠桿操作方式，將約櫃沉降到至聖所下方，他們從地下道扛著約櫃，一直往前奔跑，到了一個地方，力氣用盡，停在那裡休息，後來又想將約櫃運走，受到耶利米斥責，所以約櫃一直停在那裡，所羅門王在獻殿的時候這麼說：

> 那時所羅門說：耶和華曾說，他必住在幽暗之處。我已經建造殿宇作你的居所，爲你永遠的住處。（王上八：12-13）

幽暗之處，他的解釋是明、暗各一處：

羅維恩的發現，當然以色列人十分興奮，但是他的團隊只能照相、記錄，同時在約櫃的右邊取樣，這些血塊的樣本，送到兩個著名的實驗室化驗，一個在美國，一個在德國，當然以色列自己也化驗，結果都一樣，他們說這血是活的，更特殊的是，一般人血液有四十六對染色體，他們化驗出來的，只有二十四對。證明瑪麗亞童女受孕的事實。

這個發現當然令他們興奮無比，他們因大衛前車之鑒，找了六位敬虔的利未人到現場，設法將約櫃扛出來，沒想到又發生讓他們震驚的事，他們六個人同時死在現場，以色列人束手無策，連忙越洋電話，又發給羅維恩，請他無論如何一定要趕到以色列，幫忙他們解決這事。他發現這六個人死的樣子都一樣，都是鬥雞眼，顯然是心肌梗塞。

神的見證如今我們自己解開了，耶穌的寶血至今仍然有效，能洗淨我們所有的罪，除盡我們的罪惡過犯。

末日來臨前必有大戰，這些人是耶和華招聚圍困耶路撒冷的軍隊，眼下川普擬由敘利亞撤軍，中東局勢的平衡出現缺口，前面提到賽十七：1－3的預言是否就要應驗；他又提出從阿富汗撤出一半的經費，這個大家一致認爲經商致富的政治素人，施政方針向來以鈔票導向爲考量，美國優先的口號，天天掛在口邊，如果眞的從敘利亞撤軍，那麼以西結書第三十八、三十九章的預言就會出現，那是世界大戰的局面，土耳其會聚集伊朗和蘇俄、利比亞，但是這之前，以西結書三十七章枯骨復活的預言必先實現。我們看看末日戰爭的慘狀：

耶和華用災殃攻擊那與耶路撒冷爭戰的列國人，必是這樣：他們兩腳站立的時候，肉必消沒，眼在眶中乾瘪，舌在口中潰爛。那日，耶和華必使他們大大擾亂。他們各人彼此揪住，舉手攻擊。猶大也必在耶路撒冷爭戰。那時四圍各國的財物，就是許多金銀衣服，必被收聚。那臨到馬匹、騾子、駱駝、驢，和營中一切牲畜的災殃是與那災殃一般。（亞十四：12-15）

這種慘狀只有在軍訓課，或是當兵時上核生化戰爭的課程，教官播放的影片看到廣島長崎在原子彈爆炸以後，一個活生生的人，就這樣消失；今天廣島的核戰紀念館也陳列許多照片，紀錄原子彈的可怕，全世界都知道原子彈很可怕，只有日本人知道而且親身經歷他的可怕，所以金三胖沒事搞個核彈、飛彈，雖然不是針對日本，但是他們的技術不保險，萬一不幸落到日本，那可不是開玩笑的。

撒迦利亞書最後提到這可怕的畫面。但是你仔細讀，發現，這些軍隊衝著以色列來，遭殃的反而是他們自己，如果說，末世的人心瘋狂，現在製造核炸彈的技術很普遍，印度、巴基斯坦都有能力製造，這個敏感的時代，牽一髮動全局，會不會其他地方也會出現局部戰爭，會不會也發生同樣的事呢？聖經沒有說，我想大致不至於有人也隨著瘋狂起舞。但是從但以理書第三章的記述，從沙得拉、米煞、亞伯尼歌三個但以理的同伴，不拜尼布甲尼撒的金像得知，原子彈、氫彈、核子彈威力再大，也不必怕，尼布甲尼撒被他們三個人當面拒絕後：

當時，尼布甲尼撒怒氣塡胸，向沙得拉、米煞、亞伯尼歌變了臉色，吩咐人把窯燒熱，比尋常更加七倍；……捆起來，扔在烈火的窯中。這三人穿著褲子、內袍、外衣，和別的衣服，被捆起來扔在烈火的窯中。因爲王命緊急，窯又甚熱，那抬沙得拉、米煞、亞伯尼歌的人都被火焰燒死；沙得拉、米煞、亞伯尼歌這三個人都被捆著落在烈火的窯中。那時，尼布甲尼撒王驚奇，急忙起來，對謀士說：我捆起來扔在火裡的不是三個人嗎？他們回答王說：王啊，是。王說：看哪，我見有四個人，並沒有捆綁，在火中遊行，也沒有受傷；那第四個的相貌好像神子。於是，尼布甲尼撒就近烈火窯門，說：至高神的僕人沙得拉、米煞、亞伯尼歌出來，上這裡來吧！沙得拉、米煞、亞伯尼歌就從火中出來了。那些總督、欽差、巡撫，和王的謀士一同聚集看這三個人，見火無力傷他們的身體，頭髮也沒有燒焦，衣裳也沒有變色，並沒有火燎的氣味。尼布甲尼撒說：沙得拉、米煞、亞伯尼歌的神是應當稱頌的！他差遣使者救護倚靠他的僕人，他們不遵王命，捨去己身，在他們神以外不肯事奉敬拜別神。（但三：19-28）

耶和華的膀臂豈是縮短了，不能拯救？耶穌說：在信的人，凡事都能作；保羅說：

要站穩了；屬靈爭戰的原則就是站穩，不被外在環境的壓迫所影響；以賽亞說：堅心倚賴你的，你必保守他十分平安。天地萬物都是我們的　神一手造成的，在祂豈有難成的事？這個故事，給我們最佳的保證。

Michael Rood 麥克儒德說，伊朗會發動抗戰，他說如果沒有過去的經驗，他也不會瞭解撒迦利亞書第五章所云何物，我聽了許多撒迦利亞書的解經，聽了那麼多，也是一頭霧水。他是猶太後裔的美國人，年輕的時候，在美軍陸戰隊服役，他的職務有點類似彈藥官，當陸戰隊的飛機出勤，負責彈藥裝載，飛機回來後，負責取回炸彈，數點，確保軍火沒有外流。當2011年，他回耶路撒冷過住棚節，他一些彌賽亞基督徒朋友都在自己家門前的帳篷。他一個人在旅館，半躺半臥的在床上讀聖經，那天正好讀撒迦利亞書，讀到第五章，百思不得其解，反復思想，他認爲聖經的翻譯有誤。

我又舉目觀看，見有一飛行的書卷。他問我說：你看見什麼？我回答說：我看見一飛行的書卷，長二十肘，寬十肘。他對我說：這是發出行在遍地上的咒詛。凡偷竊的必按卷上這面的話除滅；凡起假誓的必按卷上那面的話除滅；萬軍之耶和華說：我必使這書卷出去，進入偷竊人的家和指我名起假誓人的家，必常在他家裡，連房屋帶木石都毀滅了。(亞五：1-4)

與我說話的天使出來，對我說：你要舉目觀看，見所出來的是什麼？我說：這是什麼呢？他說：這出來的是量器。他又說：這是惡人在遍地的形狀。（我見有一片圓鉛被舉起來。）這坐在量器中的是個婦人。天使說：這是罪惡。他就把婦人扔在量器中，將那片圓鉛扔在量器的口上。我又舉目觀看，見有兩個婦人出來，在他們翅膀中有風，飛得甚快，翅膀如同鸛鳥的翅膀。他們將量器抬起來，懸在天地中間。我問與我說話的天使說：他們要將量器抬到哪裡去呢？他對我說：要往示拿地去，爲它蓋造房屋；等房屋齊備，就把它安置在自己的地方。（亞五：5-11）

第一處經文最後說連金銀和木石都毀滅了，這位猶太牧師告訴我們，這是現代典型中長程飛彈的樣子，猶太人的聖經都是一卷一卷的，整卷聖經捲起來，好像卷軸，和我們中國人的字畫相似，只是他們的聖經卷軸比我們的字畫要大上好幾倍，　神啓示信息，只能用當時人所能理解的方式，再用文字表達，長度有二十肘，那有誰能讀？前面講所羅門聖殿的門口兩根銅柱子，高十八肘，寬十二肘；這就是圍十肘長度二十肘的圓柱體，這種飛彈的射程幾千公里，威力嚇人，我們可以常常在中共、蘇俄、北韓的閱兵畫面看到他們展示飛彈的威力。

第二處經文才是關鍵所在，首先講到量器，他說是「伊法」，伊法是以色列度量衡的單位，也可以作容器解，容器內坐的是「婦人」，又見兩個「婦人」出來；那天下午他躺在旅館床上？讀亞五章，這就是現在噴射戰鬥轟炸機的掛彈方式，兩個婦人就是噴射機後面噴射出來的兩道火焰，這是雙引擎的飛機。這東西保存在示拿地，示拿地，以聖經的說法，古代由亞述一直到伊朗，統稱示拿地；今天美國懷疑伊朗製造原子彈是有聖經根據的；歐巴馬宣佈解除對伊朗的制裁，川普又恢復了，他們的過節越來越深，終有爆發的一天，結果不堪設想。（他說希伯來文的婦人和火的寫法相差只有一點，點的位置決定是火還是婦人）

撒迦利亞書是小先知書最長的一卷，其中所表達的思想也是最豐富的，也是對耶和華七個期最好的說明，最後以全人類每年都要上耶路撒冷過住棚節結束，也是天地同歡的時刻，值得期待；但是末日來臨前，我們要忍受生產之難，這是我們的期末考，我們這世代的人最有福氣，能看到天國降臨，先知也鼓勵我們傳天國的福音，以前的先聖先賢也引頸期盼這日；保羅的希伯來書第十一章是信心名人堂的故事，一開始就說：信就是所望之事的實底，是未見之事的確據；古人在這信上得了美好的證據，我們因著信，就知道諸世界是藉著　神的話造成的，這樣，所看見的，並不是從顯然之物造出來的（來十一：1－3）接著從亞伯拉罕起，講到撒母耳他們信心的故事，和這些先聖先賢因信所忍受的苦難，是因爲　神爲我們預備了更美好的事，叫他們若不與我們同得，就不能完全（來十一：40）。

前面講到美國是痲瘋病的大本營，痲瘋病症是希臘文化，但是病灶在我們的腦袋，也就是魂，魂和肉體結合互相作用，造就今日的文明，也出現許多光怪陸離的現象，我們身上的以掃一定要治死，俄巴底亞書最後一句話，「必有拯救者上到錫安山，審判以掃山，國度就歸耶和華了」（俄21）。猶太人被　神擺在一邊，作獨居之民的見證，但是終究要承認耶穌就是當來的彌賽亞。耶穌誕生前四百年，　神最後用瑪拉基書叮嚀他們，以後就不再說話了。這篇信息一開始就切中要害，人自己認爲最有力的地方，就是神最痛恨、最厭惡的，使我們只靠自己，產生不信的惡心，就是魂，就是雙胞胎哥哥以掃所代表的。

> 耶和華藉瑪拉基傳給以色列的默示。耶和華說：我曾愛你們。你們卻說：你在何事上愛我們呢？耶和華說：以掃不是雅各的哥哥嗎？我卻愛雅各，惡以掃，使他的山嶺荒涼，把他的地業交給曠野的野狗。以東人說：我們現在雖被毀壞，卻要重建荒廢之處。萬軍之耶和華如此說：任他們建造，我必拆毀；人必稱他們的地爲『罪惡之境』；稱他們的民爲『耶和華永遠惱怒之民』。你們必親眼看見，也必說：願耶和華在以色列境界之外被尊爲大！（瑪一：1-5）

一開始　神就表現對以掃恨之入骨，語調口氣之強烈，聖經上難得一見，因爲以掃輕看長子的名分，我們也是一樣，我們是根據祂們的形象和樣式造的，有　神的威嚴和尊榮，反而墮落到變成撒旦的奴隸，歸根結底，就是我們魂的潛勢力太大了；保羅的教導，耶穌作我們的根基，我們要在這個根基上建造，而且要用金銀寶石建造，不可以用草木禾稭，草木禾稭經不起火燒，911 雙子星大樓活生生的在我們眼前垮下來，現在他們又蓋新的大樓，這都是以掃的建造，終有一天都要拆毀。

當麥克儒德牧師回到旅館，飛彈、核子彈的問題解決了，他又問　神，接下來會怎麼樣？　神告訴他，繼續看下去；911 造成世界大震動，也驚醒了美國人，兩次大戰、戰後的區域戰爭，戰場到處都是，從來沒有發生在美國本土，這個事件不但發生在全世界最大的都市，也是全球的金融中心，聯合國總部所在地紐約，就連攻擊的武器也是就地取材，幾個受過十幾個小時飛行訓練的塔利班分子，就把他們搞得人心惶惶。但是沒幾年功夫，他們又重新建造，而且更富麗堂皇。事件發生後，根據美國教會統計，上禮拜堂作禮拜的人明顯增加，但是沒有幾個月，就漸漸下滑了，我的民哪，從巴比倫出來……（耶五十：8）你們離開吧，離開吧，從巴比倫出來，不要沾不潔淨的物，要從其中出來，你們扛抬耶和華器皿的人哪，務要自潔……（賽五二：11）啓示錄第十七章七頭十角的獸上面坐的大淫婦，約翰在十七章最後一句話，把他點了出來，這個淫婦就是管轄地上眾王的大城；但以理書從巴比倫帝國開始，巴比倫一直都是管轄地上眾王的大城，羅馬帝國以後，直到改教運動以後，羅馬取代巴比倫，成為管轄地上眾王的大城，今天聯合國總部設在紐約，就是今天的巴比倫，美國眾多的城市，紐約的猶太人最多。

曾經聽一位牧師講道，他提到一位紐約的牧師，在異象中看見紐約陷入一片火海，所有的人驚慌失措，他說，即便如此，在火海中，我仍然願意大聲呼叫，叫眾人悔改。911只是兩棟大樓垮了，　神叫麥克儒德繼續看下去，就是第六章，講到兩座銅山，他說，就是雙子星大廈，銅山不是銅的，是人造合金 man made alloy，現代建築高樓的帷幕墻在陽光下閃閃爍爍，尤其在夕陽下，看上去就像一面銅鏡子，911 以後，確實世界上的戰爭多了不少。

瑪拉基書開頭就嚴重警告，任憑他們建造，我必拆毀，人必稱他們的地是罪惡之境，稱他們的民為耶和華永遠惱怒之民，這嚴厲的指責是向全人類說的，俄巴底亞書和耶利米書都提到「我從耶和華那裡聽到信息，並有使者被差往列國去，說：起來吧，一同起來與以東爭戰」到了舊約最後的一卷書還特別交代，我們的血氣肉體，我們的　神是多麼厭惡；　神一再的反復提醒，表示非常重要，我們有　神兒子的名分，卻像以掃一樣，輕看我們作兒子的名分，反而成為撒旦的奴隸，叫我們認賊作父；有人問這本聖經是什麼？有人說是尋人啓事，自從罪進入我們的世界，我們都成為「倒人」，耶穌來，要尋找拯救失喪的人，把我們重新端正過來，救我們免於沉淪。

約翰福音三章16節，教會通常用這節聖經作金句，也常常用這節聖經傳福音；　神愛世人，甚至將他的獨生子賜給他們，叫一切信他的不致滅亡，反得永生。的確，這節聖經拯救了很多人，但是還有許多聽者渺渺，我們傳主的道，要傳全備的道，所謂全備的福音，這節經文只將眞理說了一半，　神是愛，也是公義的　神，如果只講愛而忽略了公義就不完全，因爲後面18節說，**信他的人，不被定罪，不信的人，罪已經定了，因爲他不信獨生子的名；又說：棄絕我，不領受我話的人，有審判他的，就是我所講的道，在末日要審判他**（約十二：48）。

聖經不單是尋人啓事，也是判決書，我們的　神很溫柔，不會強迫人信他，只把生與死的道路擺在我們面前，讓我們自己選擇；摩西在申命記後面告誡以色列民，要揀生不要揀死；以賽亞說：**耶和華阿，我們在你行審判的路上等候你，我們心裡所羨慕的是你的名，就是那可紀念的名，因爲你在世上行審判的時候，地上的民就學習公義**（賽二十六：8，9）。我們怕得罪朋友，所以都沒有把不信的後果和他的嚴重性說出來，那些同性戀團體就更離譜，居然用彩虹爲記號，當挪亞出方舟，　神與他重新立約，以彩虹爲記。不錯，以彩虹爲記，表示　神不再用洪水滅絕人類，反而要謹記，將來的審判是用火代替水，更何況落入永火的可怕，能如此曲解聖經，眞的難以想象，難怪主耶穌會提到羅得的日子。

仔細再讀這五節經文，弦外之音，好像告訴以色列人你們已經變成以掃的樣子，這個弦外之音才是重點，敬畏耶和華是智慧的開端，認識至聖者便是聰明（箴九：10）瑪拉基書第一章第六節到第二章結束，幾乎都是在責備警誡猶太人對　神的輕忽，不守律法，不敬畏　神，輕視自己的妻子，不把婚姻當回事，講休妻的事只是表面，背地裡更斥責他們與　神的關係隨便，聖經用婚姻關係表示　神與人之間的關係，這是永約，叫我們不要嫌煩，因爲這是我們的生命。

萬軍之耶和華說：我要差遣我的使者在我前面預備道路。你們所尋求的主必忽然進入他的殿；立約的使者，就是你們所仰慕的，快要來到。（瑪三：1）

施洗約翰是耶穌的先鋒，介紹耶穌就是我們尋求的彌賽亞，將舊約更新；難怪，瑪拉基這麼一宣佈以後四百年，　神就不再說話，因爲該說的已經說夠了，等時間一到，完全具體化，立約的使者將　神兒子應有的形象活出來，成爲人人學習、效法的榜樣。我們的主眞的忽然進入祂的殿，第一件事就是潔淨聖殿；猶太人心裡所期盼的救主，希望祂能像大衛王一樣，帶領他們南征北討，到處打勝仗，脫離異族鐵蹄的統治，重新揚眉吐氣，他們只期盼政治上的救贖，而非靈性的解脫，思想完全屬世，眼睛所見，心裡所想，完全跳脫不了周圍環境的框框；不止猶太人如此，我們也不能免俗；我們一般世俗的思想，都違背聖經的法則，水能載舟，亦能覆舟，船可以在水面上航行，但是水不能進到船裡面，水進多了，有沉船的危險；我們活在這個世界上，不能免俗，不可能不沾染污穢，但不能世俗化，世俗在不知不覺中啃蝕我們的生命，主耶穌具體活出生命的樣式，叫我們學習如何過在地如在天的生活。

他來的日子，誰能當得起呢？他顯現的時候，誰能立得住呢？因爲他如煉金之人的火，如漂布之人的鹼。他必坐下如煉淨銀子的，必潔淨利未人，熬煉他們像金銀一樣；他們就憑公義獻供物給耶和華。那時，猶大和耶路撒冷所獻的供物必蒙耶和華悅納，彷佛古時之日、上古之年。（瑪三：2-4）

萬軍之耶和華說：我必臨近你們，施行審判。我必速速作見證，警戒行邪術的、犯姦淫的、起假誓的、虧負人之工價的、欺壓寡婦孤兒的、屈枉寄居的，和不敬畏我的。因我耶和華是不改變的，所以你們雅各之子沒有滅亡。（瑪三：5-6）

非聖潔不能見主，前面提到以色列人從小必讀的就是利未記，利未記全章討論聖潔，我們覺得枯燥無味，文物典章，不會像故事一般，生動有趣；一開始就是獻祭，我們透過獻祭來到　神面前，獻祭就是成聖的道路，凡是不潔淨的人都要審判，耶穌說：父怎樣叫死人起來，使他們活著，子也照樣隨自己的意思使人活著。父不審判什麼人，乃將審判的事全交與子，叫人都尊敬子如同尊敬父一樣。不尊敬子的，就是不尊敬差子來的父（約五：21-23），末日我們都要面對審判。煉金的火溫度相當高，鋼鐵兩百多度就燒紅了，鑄造的人，將鐵水倒入模具就可以鑄造成合用的器皿；煉金的火，比煉鐵的熔點高出好幾倍，鹼是漂白劑的重要材料，被燒鹼灼到，連骨頭都蝕了，表示末世前的審判非常嚴厲，不只是基督徒，以色列人也一樣，都要面臨嚴厲考驗，煉淨我們一切的污穢。第二處經文，警告我們不要貪婪，不要淫亂，主旨仍然講聖潔。

接下來警告他們不可偷竊　神的錢，十一奉獻早在亞伯拉罕遇見麥基洗德的時候就定下規矩，雖然有些人用保羅的教導，捐的樂意是　神所悅納的，我認爲是指十一奉獻以外說的，而且奉獻要奉獻在　神的心意上。基督的教導就是給，越給的出去，進來的更多，基督將自己的生命都給了我們，我們有什麼可以推拖的呢？雖然　神已經定規他們浪跡天涯的命運，但是仍然警戒他們務必要敬畏　神，生命冊隨時記錄我們所有每一件事情，祂是無所不知，無所不在，無所不能的　神。

第四章可謂舊約聖經的結尾，也是本書的重頭戲，隱藏許多眞理，並有承先啓後的啓示，言簡意賅，最值得我們深思。

萬軍之耶和華說：那日臨近，勢如燒著的火爐，凡狂傲的和行惡的必如碎秸，在那日必被燒盡，根本枝條一無存留。但向你們敬畏我名的人必有公義的日頭出現，其光線（原文作翅膀）有醫治之能。你們必出來跳躍如圈裡的肥犢。你們必踐踏惡人；在我所定的日子，他們必如灰塵在你們腳掌之下。這是萬軍之耶和華說的。（瑪四：1-3）

這裡一開始就提到末日的大火，聖經對這火描寫的最清楚的，舊約撒迦利亞書第十四章的12和13兩節，新約就是彼得後書三章：

主的日子要像賊來到一樣。那日，天必大有響聲廢去，有形質的都要被烈火銷化，地和其上的物都要燒盡了。這一切既然都要如此銷化，你們爲人該當怎樣聖潔，怎樣敬虔，切切仰望　神的日子來到。在那日，天被火燒就銷化了，有形質的都要被烈火鎔化。但我們照他的應許，盼望新天新地，有義居在其中。（彼後三：10-13）

烈火銷化好比亞十四：12、13兩節的描寫，如果沒有圖片參考，很難想象他威力之猛烈；但再猛烈的火，主都能保守。這裡提到其「光線」有醫治之能，有人說這光線或翅膀都不對，四福音記載許多人摸耶穌的衣裳的故事，這裡的光線就是衣裳的繸子：

耶穌說這話的時候，有一個管會堂的來拜他，說：我女兒剛才死了，求你去按手在她身上，她就必活了。耶穌便起來跟著他去；門徒也跟了去。有一個女人，患了十二年的血漏，來到耶穌背後，摸他的衣裳繸子；因爲她心裡說：我只摸他的衣裳，就必痊愈。耶穌轉過來，看見她，就說：女兒，放心！你的信救了你。從那時候，女人就痊愈了。（太九：18-22）

那裡的人一認出是耶穌，就打發人到周圍地方去，把所有的病人帶到他那裡，只求耶穌准他們摸他的衣裳繸子；摸著的人就都好了。（太十四：35-36）

再三的求他，說：我的小女兒快要死了，求你去按手在她身上，使她痊愈，得以活了。耶穌就和他同去。有許多人跟隨擁擠他。有一個女人，患了十二年的血漏，在好些醫生手裡受了許多的苦，又花盡了她所有的，一點也不見好，病勢反倒更重了。她聽見耶穌的事，就從後頭來，雜在眾人中間，摸耶穌的衣裳，意思說：我只摸他的衣裳，就必痊愈。於是她血漏的源頭立刻乾了；她便覺得身上的災病好了。耶穌頓時心裡覺得有能力從自己身上出去，就在眾人中間轉過來，說：誰摸我的衣裳？門徒對他說：你看眾人擁擠你，還說『誰摸我』嗎？耶穌周圍觀看，要見做這事的女人。那女人知道在自己身上所成的事，就恐懼戰兢，來俯伏在耶穌跟前，將實情全告訴他。耶穌對她說：女兒，你的信救了你，平平安安的回去吧！你的災病痊愈了。（可五：23-34）

有一個女人，患了十二年的血漏，在醫生手裡花盡了她一切養生的，並沒有一人能醫好她。她來到耶穌背後，摸他的衣裳繸子，血漏立刻就止住了。耶穌說：摸我的是誰？眾人都不承認。彼得和同行的人都說：夫子，眾人擁擁擠擠緊靠著你。（有古卷加：你還問摸我的是誰嗎？）耶穌說：總有人摸我，因我覺得有能力從我身上出去。那女人知道不能隱藏，就戰戰兢兢的來俯伏在耶穌腳前，把摸他的緣故和怎樣立刻得好了，當著眾人都說出來。耶穌對她說：女兒，你的信救了你；平平安安的去吧！（路八：43-48）

符類福音用相當的篇幅記載這件事，這個患血漏的婦人，應該對聖經瑪拉基書很熟悉，否則她不敢這麼作，甘冒大不諱。有漏症的人，必須隔離，不可以進城，要關在營外，不能因她的血漏使人沾染污穢，血漏的人，摸什麼，什麼就污穢，坐過躺過的地方、物件，也都污穢；耶穌被她一摸，也就沾染污穢，這裡耶穌提到「有能力從我身上出去」「你的信救了你」，可見猶太人的解釋是對的，耶穌說：信的人就有神跡奇事隨著他們；這個患血漏的婦人知道只要摸到耶穌的衣裳繸子，她的血漏就會好；耶穌特別點名叫她出現，不是責備，而是讓人看到她身上展現信心的能力，猶太人解經的確有獨到的地方。同時證明聖經的話的的確確是照著字面上應驗。

最後的勝利是屬於我們的，先知書都是先責備、後勸勉、鼓勵，只是勝利好像遙遙無期，有時不禁令人灰心，我們讀先知書，如果沒有啓示錄輔佐，所有的異象都是封住的，尤其瑪拉基書四章最是關鍵。

你們當記念我僕人摩西的律法，就是我在何烈山爲以色列眾人所吩咐他的律例典章。（瑪四：4）

爲什麼將這節經文特意如此分開呢？如果只讀第一句，很顯然是指摩西五經說的，創出利民申都包括在內，範圍相當廣汎；的確，摩西五經很重要，是整部聖經的靈魂，聖經所有的解釋都以他爲基礎，尤其新約，耶穌引用摩西五經的地方很多，新約保羅書信更是將他融會貫通之後，嘔心瀝血之作，由一個逼迫教會的正統法利賽人，一瞬間成爲耶穌最忠心的僕人，當然聖靈給他的啓示也很多，但是沒有五經爲基礎，我想不可能有這麼大的成就；他在哥林多前書講到愛，你很難想象他以前逼迫教會的嘴臉，耶穌說：人要把你們趕出會堂，並且時候將到，凡殺你們的就以爲是事奉　神（約十六：2）。今天猶太人還有很多人存這種心態，聽說，猶太人如果女兒信了耶穌，他們會抬一口棺材上街，表示他們不認這個女兒了。申命記有一句很重要的話：

耶和華你的神要從你們弟兄中間給你興起一位先知，像我，你們要聽從他。正如你在何烈山大會的日子求耶和華你神一切的話，說：求你不再叫我聽見耶和華我神的聲音，也不再叫我看見這大火，免得我死亡。耶和華就對我說：他們所說的是；我必在他們弟兄中間給他們興起一位先知，像你。我要將當說的話傳給他；他要將我一切所吩咐的都傳給他們。誰不聽他奉我名所說的話，我必討誰的罪。（申十八：15-19）

腓力找著拿但業，對他說：摩西在律法上所寫的和眾先知所記的那一位，我們遇見了，就是約瑟的兒子拿撒勒人耶穌。（約一：45）

因此，主自己要給你們一個兆頭，必有童女懷孕生子，給他起名叫以馬內利（就是神與我們同在的意思）。（賽七：14，太一：23）

神四百年沒說話，但是眞正的救主出現，他們卻有眼無珠，實在可惜，瑪拉基書四章4節，如果單讀下一句，就是我在何烈山所吩咐……

摩西五經很重要，但是重中之重是利未記，就像三明治中間夾的那片肉，缺了那片肉，就失去意義；在何烈山吩咐什麼？我們用狹義的方式將他規範在一個範圍內，就是從出埃及記第十九章開始，一直到民數記十章10節爲止，這些日子，他們在何烈山；神在這個時候宣佈律法和種種規條，同時在這個時候，興建會幕；民數記十章11節開始，他們就拔營前往目的地迦南，重點仍然在利未記；利未記有二十七章，很稀奇，你會發現中間的十三、十四兩章都在討論有關痲瘋病和痲瘋病得醫治以後如何處理，如何獻祭等等，如果沒有耐心，有不勝其煩的感覺，過程繁瑣；但是仔細讀起來，卻不是想象中那麼平常。再者，申命記的尾聲，摩西語重心長的再次叮嚀：

在大痲瘋的災病上，你們要謹慎，照祭司利未人一切所指教你們的留意遵行。我怎樣吩咐他們，你們要怎樣遵行。當記念出埃及後，在路上，耶和華你　神向米利暗所行的事。（申二十四：8，9）

摩西說這話時是在迦南門口，他知道　神並不允許他領以色列人進入迦南，米利暗因爲嫉妒而毀謗她的弟弟，　神的僕人，所以讓她染上痲瘋症，摩西因爲哥哥亞倫哀求，所以替她求情，　神應允他，於是米利暗被關鎖在以色列營外七天；七是完全的數字，林書豪的球衣就是選擇七號；如果我們患了痲瘋病，就不被允許進入　神的國，這

是　神深惡痛絕、不喜悅的事，我說的不是身體上的痲瘋病，而是我們靈性上的痲瘋，就是魂帶來的一切。

這裡和第一章1-5節的經文相互呼應，我愛雅各、惡以掃，我們選擇雅各、棄絕以掃；雅各受了多少折磨？他一生除了在家得母親寵愛，其他時間多受管教，在岳家「白日受盡乾熱，黑夜受盡寒霜，夜裡不得合眼睡著」，這是他的常態，不是一天兩天的偶發事件；回到父家途中，和天使摔跤，大腿窩被扭了一把，瘸著腿一拐一拐的回迦南，啓示錄告訴我們，凡我所疼愛的，我就責備管教（啓三：19）不受管教，就是私子（來十二：8）。

前面講痲瘋病的時候，不是說痲瘋病很可怕嗎？得這種病的人，有潰爛的瘡口，但不會疼痛，就讓爛瘡越爛越大，終至要了命；屬靈的痲瘋更可怕，就像今天的民主政治，造成今天的亂象，各種學說思想，不斷的侵蝕人心；聖經明示不可以發生同性戀，摩西甚至規定，不可以男扮女裝或是女扮男裝，意思就是說男女有別，防止同性戀，今天的人以民主自由爲口號，保護個人的隱私權，尊重他人的權利，說起來冠冕堂皇，不知羞恥還當街遊行，這種怪異的現象，已經濫觴全球，　神說「這是大罪，趕快回頭」，我們現在的人說，同性戀是一種病，而不承認是罪，而是他們選擇另一種生活方式，自欺欺人，我們可以愛同性戀者，但是不能愛他們的罪行，可以爲他們禱告，求神醫治他們的病症，但是不能容許他們爲所欲爲，自以爲不會影響他人；一個有病識感的人就有救，沒有病識感，下場就是沉淪，太可路三符類福音書在開頭就記錄這事：

耶穌下了山，有許多人跟著他。有一個長大痲瘋的來拜他，說：主若肯，必能叫我潔淨了。耶穌伸手摸他，說：我肯，你潔淨了吧！他的大痲瘋立刻就潔淨了。耶穌對他說：你切不可告訴人，只要去把身體給祭司察看，獻上摩西所吩咐的禮物，對眾人作證據。（太八：1-4，可一：40-44，路五：12-14）

我們有特別注意耶穌說的話，這是一個有病識感的人，求耶穌醫治，耶穌豈有不答應的道理，祂只要伸手一摸，病就好了。耶穌說的話很奇怪，先吩咐他，切不可告訴人，最後叫他對眾人作證據，前後矛盾，我怎麼想都想不通，是不是怕文士、法利賽人知道了來找麻煩？還是有其他原因，痲瘋病人和患漏症的人一樣，都要關在營外，不可和人接觸，痲瘋病人更嚴厲，不止必須隔離，而且他走動的時候，還要用手捂著上唇，一邊呼喊「不潔淨了、不潔淨了」，耶穌在眾目睽睽之下，親自用手摸他，使他一瞬間不藥而愈；這是耶穌主動摸他，這個人就好了；最後叫他獻祭完了以後，還要對眾人作證據，這是什麼道理？我想一想，會不會像路加福音講的那樣：

我告訴你們，一個罪人悔改，在天上也要這樣爲他歡喜，較比爲九十九個不用悔改的義人歡喜更大。（路十五：7）

馬太、馬可、路加三福音的記載都一樣，耶穌在病人得醫治以後，切切囑咐他，不可告訴人，但是必須給祭司察看，獻上摩西的禮物，然後再對人作證據，是什麼道理？這和摩西的申命記二十四章8、9節有什麼關係？我們先看利未記有關痲瘋病得潔淨獻祭的禮儀：

耶和華曉諭摩西說：長大痲瘋得潔淨的日子，其例乃是這樣：要帶他去見祭司；祭司要出到營外察看，若見他的大痲瘋痊愈了，就要吩咐人為那求潔淨的拿兩隻潔淨的活鳥和香柏木、朱紅色線，並牛膝草來。祭司要吩咐用瓦器盛活水，把一隻鳥宰在上面。至於那隻活鳥，祭司要把牠和香柏木、朱紅色線並牛膝草一同蘸於宰在活水上的鳥血中，用以在那長大痲瘋求潔淨的人身上灑七次，就定他為潔淨，又把活鳥放在田野裡。求潔淨的人當洗衣服，剃去毛髮，用水洗澡，就潔淨了；然後可以進營，只是要在自己的帳棚外居住七天。第七天，再把頭上所有的頭髮與鬍鬚、眉毛，並全身的毛，都剃了；又要洗衣服，用水洗身，就潔淨了。第八天，他要取兩隻沒有殘疾的公羊羔和一隻沒有殘疾、一歲的母羊羔，又要把調油的細麵伊法十分之三為素祭，並油一羅革，一同取來。行潔淨之禮的祭司要將那求潔淨的人和這些東西安置在會幕門口、耶和華面前。祭司要取一隻公羊羔獻為贖愆祭，和那一羅革油一同作搖祭，在耶和華面前搖一搖；把公羊羔宰於聖地，就是宰贖罪祭牲和燔祭牲之地。贖愆祭要歸祭司，與贖罪祭一樣，是至聖的。祭司要取些贖愆祭牲的血，抹在求潔淨人的右耳垂上和右手的大拇指上，並右腳的大拇指上。祭司要從那一羅革油中取些倒在自己的左手掌裡，把右手的一個指頭蘸在左手的油裡，在耶和華面前用指頭彈七次。將手裡所剩的油抹在那求潔淨人的右耳垂上和右手的大拇指上，並右腳的大拇指上，就是抹在贖愆祭牲的血上。祭司手裡所剩的油要抹在那求潔淨人的頭上，在耶和華面前爲他贖罪。祭司要獻贖罪祭，爲那本不潔淨、求潔淨的人贖罪；然後要宰燔祭牲，把燔祭和素祭獻在壇上，爲他贖罪，他就潔淨了。（利十四：1-20）

他若貧窮不能預備夠數，就要取一隻公羊羔作贖愆祭，可以搖一搖，爲他贖罪；也要把調油的細麵伊法十分之一爲素祭，和油一羅革一同取來；又照他的力量取兩隻斑鳩或是兩隻雛鴿，一隻作贖罪祭，一隻作燔祭。第八天，要爲潔淨，把這些帶到會幕門口、耶和華面前，交給祭司。祭司要把贖愆祭的羊羔和那一羅革油一同作搖祭，在耶和華面前搖一搖。要宰了贖愆祭的羊羔，取些贖愆祭牲的血，抹在那求潔淨人的右耳垂上和右手的大拇指上，並右腳的大拇指上，祭司要把些油倒在自己的左手掌裡，把左手裡的油，在耶和華面前，用右手的一個指頭彈七次，又把手裡的油抹些在那求潔淨人的右耳垂上和右手的大拇指上，並右腳的大拇指上，就是抹贖愆祭之血的原處。祭司手裡所剩的油要抹在那求潔淨人的頭上，在耶和華面前爲他贖罪。那人又要照他的力量獻上一隻斑鳩或是一隻雛鴿，就是他所能辦的，一隻為贖罪祭，一隻為燔祭，與素祭一同獻上；祭司要在耶和華面前為他贖罪。這是那有大痲瘋災病的人、不能將關乎得潔淨之物預備夠數的條例。（利十四：21-32）

這兩處聖經可以說一氣呵成，只是我把他們分為兩段，其實內容一致，沒什麼兩樣，差別何在？只是獻祭的人，貧富之分而已，放那一隻活鳥，有點像利未記十六章兩隻羊一樣，一隻獻祭，一隻帶著以色列人的罪，帶到曠野歸阿撒瀉勒放生，表示　神不再紀念他們的罪：

為那兩隻羊拈鬮，一鬮歸與耶和華，一鬮歸與阿撒瀉勒。亞倫要把那拈鬮歸與耶和華的羊獻為贖罪祭，但那拈鬮歸與阿撒瀉勒的羊要活著安置在耶和華面前，用以贖罪，打發人送到曠野去，歸與阿撒瀉勒。（利十六：8-10）

但是這裡更重要的是獻贖愆祭，還有獻祭的過程很不一樣，只有大祭司在承接聖職的時候才有這麼隆重的儀式，我們在聖經上看到的，只發生在亞倫身上：

又把膏油倒在亞倫的頭上膏他，使他成聖。（利八：12）

他又奉上第二隻公綿羊，就是承接聖職之禮的羊；亞倫和他兒子按手在羊的頭上，就宰了羊。摩西把些血抹在亞倫的右耳垂上和右手的大拇指上，並右腳的大拇指上，又帶了亞倫的兒子來，把些血抹在他們的右耳垂上和右手的大拇指上，並右腳的大拇指

上，又把血灑在壇的周圍。（利八：22-24）

我們將這些過程一一比較，痲瘋病患者得潔淨的禮和祭司成聖的禮大同小異，但是痲瘋病患者潔淨的禮還多了素祭，素祭表示　神的話更新他的生命；更稀奇的是，一般祭司承接聖職的禮，膏油沒有抹在額頭上，只有大祭司有，痲瘋病患者也有；祭司不能進入至聖所，只有大祭司一年一度可以進入至聖所，先爲自己、再爲我們獻祭；耶穌爲我們開了一條又新又活的路，從幔子經過，這幔子就是他的身體（來十：20）所以我們只管坦然無懼的來到施恩寶座前，爲要得憐卹、蒙恩惠、作隨時的幫助（來四：16）痲瘋病患者還有贖愆祭：

若有人聽見發誓的聲音（或作：若有人聽見叫人發誓的聲音），他本是見證，卻不把所看見的、所知道的說出來，這就是罪；他要擔當他的罪孽。或是有人摸了不潔的物，無論是不潔的死獸，是不潔的死畜，是不潔的死蟲，他卻不知道，因此成了不潔，就有了罪。或是他摸了別人的污穢，無論是染了什麼污穢，他卻不知道，一知道了就有了罪。或是有人嘴裡冒失發誓，要行惡，要行善，無論人在什麼事上冒失發誓，他卻不知道，一知道了就要在這其中的一件上有了罪。（利五：1-4）

若有人犯罪，行了耶和華所吩咐不可行的什麼事，他雖然不知道，還是有了罪，就要擔當他的罪孽；也要照你所估定的價，從羊群中牽一隻沒有殘疾的公綿羊來，給祭司

作贖愆祭。至於他誤行的那錯事，祭司要為他贖罪，他必蒙赦免。（利五：17-18）

「他不知道，一知道就有罪」，這是贖愆祭的特點，我們活在這個世界上，很難不沾染世俗，尤其是種種遺傳、風俗、文化，甚至學校的教育，各種思想、觀念，我們的腦袋瓜子成爲別人思想的運動場，這些很多都是得罪　神的，葉光明牧師和他的師母常用這節經文禱告：

誰能知道自己的錯失呢？願你赦免我隱而未現的過錯。（詩十九：12）

這個世界陷阱太多了，我們有太多的無心之過，其實，　神用這整個世界作教材，引導我們一步一步的歸向祂讓我們在錯誤中認識自己，四福音記載耶穌很多的神跡奇事，使徒行傳裡面，使徒借耶穌的名，也行了許多神跡；以前許多學科學的人，常常用他們所學的抵擋　神的道，殊不知這是他們的無知，以爲學了點東西，就班門弄斧，我們今天口口聲聲的要民主，以爲這是一條正確的道路，如果本文能給你一點幫助，你能說這就是　神的心意嗎？以色列民要求撒母耳爲他們立王，耶和華就打雷下雨，美國獨立，亞略巴古的雷聲就出現，我們今天還沉醉在這種迷思當中嗎？我們只能說，這是神特別爲我們設計的路，讓我們從錯誤中悔改，這些都是痲瘋病交互傳染的結果，我們的歷史，就是最好的教材，聯合國、各種國際的高峰會議，都是我們遠離　神的明證，看看詩篇怎麼譏諷我們，彼得在使徒行傳也曾引用，但是用在今天的我們身上，我覺得更加貼切。

外邦爲什麼爭鬧？萬民爲什麼謀算虛妄的事？
世上的君王一齊起來，臣宰一同商議，要敵擋耶和華並他的受膏者，
說：我們要掙開他們的捆綁，脱去他們的繩索。
那坐在天上的必發笑；主必嗤笑他們。
那時，他要在怒中責備他們，在烈怒中驚嚇他們，
說：我已經立我的君在錫安我的聖山上了。
受膏者說：我要傳聖旨。耶和華曾對我說：你是我的兒子，我今日生你。
你求我，我就將列國賜你爲基業，將地極賜你爲田產。
你必用鐵杖打破他們；你必將他們如同窯匠的瓦器摔碎。
現在，你們君王應當省悟！你們世上的審判官該受管教！
當存畏懼事奉耶和華，又當存戰兢而快樂。
當以嘴親子，恐怕他發怒，你們便在道中滅亡，因爲他的怒氣快要發作。凡投靠他的，都是有福的。

這是詩篇第二篇全篇，我們看看自己，看看我們四周的環境，不都全包括在這十二節經文裡面嗎？今天我們說這是世界的榮景，洋洋自得，但是有識之士早就大聲疾呼要

環保，這個世界已經不適合人類居住了，今天先進國家大多數是有聖經基礎的，曾經受過聖經的洗禮，但是聖經在他們心裡的地位如何？可以說毫無地位，世上的君王一齊起來，臣宰一同商議，就是今天的共同現象，不知道回歸聖經，只知道用自己的方法，試圖扭轉頹勢，結果就是緣木求魚，毫無功效，自取其辱。這個世界最大的污染源就是我們自己，這幾年極端氣候搞得我們七上八下，整個天氣好像亂了套，還不知道悔改，難怪坐在天上的要發笑，嗤笑我們，後面幾節正式警告我們，當與子親嘴，不要等他生氣了，那就懊悔莫及。

耶穌難道沒有爲我們提出解決痲瘋病的藥方嗎？現在沒有祭司爲我們獻祭，我們屬靈的痲瘋病怎麼治療？答案就在約翰福音第十二章，這帖藥方是我們一生的功課，也是我們最難接受的考驗，我們看看聖經怎麼說：

那時，上來過節禮拜的人中，有幾個希利尼人。他們來見加利利伯賽大的腓力，求他說：先生，我們願意見耶穌。腓力去告訴安得烈，安得烈同腓力去告訴耶穌。耶穌說：人子得榮耀的時候到了。我實實在在的告訴你們，一粒麥子不落在地裡死了，仍舊是一粒，若是死了，就結出許多子粒來。愛惜自己生命的，就失喪生命；在這世上恨惡自己生命的，就要保守生命到永生。（約十二：20-25）

這是在什麼時候說的？第十二章開頭，就說逾越節前六天，次日耶穌騎驢進耶路撒冷，全城的人聽說耶穌要來，就拿棕樹枝前來迎接祂；耶穌這一天進到耶路撒冷是爲了應驗逾越節的必要條件，當天大祭司要從伯利恆帶一隻毫無瑕疵的羊羔，準備在逾越節獻祭用的；果然，經過四天，猶太人、羅馬官員、祭司、文士、法利賽人，都不能從祂身上找到一點過錯；這時候耶穌準備上十字架了，希利尼人就是希臘人，希臘人公稱是有學問的人，也就是我前面所說的痲瘋病患的代表，約翰這裡特別提到希臘人是有用意的，他們求見耶穌，耶穌見了他們沒有，聖經連提都不提，只說到耶穌聽到消息的反應，馬上說：人子得榮耀的時候到了，接著就說一粒麥子必須落到地裡死了，才能結出許多子粒；這個明顯的暗示，就是解決痲瘋病的藥方就是十字架。難怪保羅說：但我斷不以別的誇口，只誇我們主耶穌基督的十字架；因這十字架，就我而論，世界已經釘在十字架上；就世界而論，我已經釘在十字架上。（加六：14）

看哪，耶和華大而可畏之日未到以前，我必差遣先知以利亞到你們那裡去。他必使父親的心轉向兒女，兒女的心轉向父親，免得我來咒詛遍地。（瑪四：5，6）

舊約最後以一句詛咒遍地結束，如果沒有前面幾句話，我們的人生就毫無盼望，神必先差遣先知以利亞到我們這裡，爲我們作見證，使爲父的轉向兒女，兒女歸回父親：

太初有道，道與神同在，道就是神。這道太初與神同在。萬物是藉著他造的；凡被造的，沒有一樣不是藉著他造的。生命在他裡頭，這生命就是人的光。光照在黑暗裡，黑暗卻不接受光。有一個人，是從　神那裡差來的，名叫約翰。這人來，爲要作見證，就是爲光作見證，叫眾人因他可以信。他不是那光，乃是要爲光作見證。那光是眞光，照亮一切生在世上的人。（約一：1-9）

約翰所作的見證記在下面：猶太人從耶路撒冷差祭司和利未人到約翰那裡，問他說：你是誰？他就明說，並不隱瞞，明說：我不是基督。他們又問他說：這樣，你是誰呢？是以利亞嗎？他說：我不是。是那先知嗎？他回答說：不是。於是他們說：你到底是誰，叫我們好回覆差我們來的人。你自己說，你是誰？他說：我就是那在曠野有人聲喊著說：修直主的道路，正如先知以賽亞所說的。那些人是法利賽人差來的（或作：那差來的是法利賽人）；他們就問他說：你既不是基督，不是以利亞，也不是那先知，爲什麼施洗呢？約翰回答說：我是用水施洗，但有一位站在你們中間，是你們不認識的，就是那在我以後來的，我給他解鞋帶也不配。這是在約但河外伯大尼（有古卷：伯大巴喇），約翰施洗的地方作的見證。（約一：19-28）

你們若肯領受，這人就是那應當來的以利亞。（太十一：14）

耶和華啊，求你應允我，應允我！使這民知道你耶和華是　神，又知道是你叫這民的心回轉。於是，耶和華降下火來，燒盡燔祭、木柴、石頭、塵土，又燒乾溝裡的水。

（王上十八：37-38）

人類從沒有盼望，到盼望出現，四百年，這期間　神沒有說話，四百年後，　神的兒子出現，而且說話，不但說話，並且將判決書一並寫好，叫人無可推諉；以利亞是耶穌的先鋒部隊，爲　神預備合用的百姓，舊約最後三節經文，使舊約和新約無縫接軌，應驗摩西的預言：

> 耶和華你的　神要從你們弟兄中間給你興起一位先知，像我，你們要聽從他。正如你在何烈山大會的日子求耶和華你　神一切的話，說：求你不再叫我聽見耶和華我　神的聲音，也不再叫我看見這大火，免得我死亡。耶和華就對我說：他們所說的是。我必在他們弟兄中間給他們興起一位先知，像你。我要將當說的話傳給他；他要將我一切所吩咐的都傳給他們。誰不聽他奉我名所說的話，我必討誰的罪。（申十八：15-19）

摩西代表律法，以利亞代表先知，耶穌一切道理的總綱就是律法和先知們所說的話，就是愛，如果　神不愛我們，就不必費這麼大的勁，繞一個大圈圈，一再反復的告訴我們，這是正路，你們要行走在其間，我們已經到了歷史的盡頭，這本歷史是祂爲我們寫的，歷史很忠誠的表現預言的可靠性，我們也應該忠實的面對自己，不必懊悔，而需悔改，因爲　神知道我們一定會犯錯，祂也爲我們預備一條悔改的路，引導我們走向永生。摩西還有一個職事，就是代替　神，因爲耶和華囑咐他，你要將當說的話傳給他；我也要賜你和他口才，又要指教你們所當行的事。他要替你對百姓說話；你要以他當作口，他要以你當作　神。你手裡要拿這杖，好行神蹟（出四15-17），耶穌就是摩西書上所講的那一位，凡耶穌所說的，我們都應當聽從，我們不要以爲無關緊要，這是我們的生命。

耶穌帶了三位門徒在變相山上，忽然有摩西和以利亞出現和耶穌談論出去的事，這出去和出埃及，英文是同一個字，那時正是住棚節的時候；三個門徒看見耶穌在變相山上榮耀的形象，過了六天，耶穌帶著彼得、雅各、約翰暗暗的上了高山，就在他們面前變了形像，衣服放光，極其潔白，地上漂布的，沒有一個能漂得那樣白；忽然，有以利亞同摩西向他們顯現，並且和耶穌說話。彼得對耶穌說：拉比（就是夫子），我們在這裡眞好！可以搭三座棚，一座爲你，一座爲摩西，一座爲以利亞。彼得不知道說什麼才好，因爲他們甚是懼怕。有一朵雲彩來遮蓋他們；也有聲音從雲彩裡出來，說：這是我的愛子，你們要聽他。門徒忽然周圍一看，不再見一人，只見耶穌同他們在那裡。下山的時候，耶穌囑咐他們說：人子還沒有從死裡復活，你們不要將所看見的告訴人。門徒將這話存記在心，彼此議論「從死裡復活」是什麼意思。他們就問耶穌說：文士爲什麼說以利亞必須先來？耶穌說：以利亞固然先來復興萬事；經上不是指著人子說，他要受許多的苦被人輕慢呢？我告訴你們，以利亞已經來了，他們也任意待他，正如經上所指著他的話（可九：2-13）。

忽然，有摩西、以利亞向他們顯現，同耶穌說話。彼得對耶穌：主啊，我們在這裡眞好！你若願意，我就在這裡搭三座棚，一座爲你，一座爲摩西，一座爲以利亞。說話之間，忽然有一朵光明的雲彩遮蓋他們，且有聲音從雲彩裡出來，說：這是我的愛子，我所喜悅的。你們要聽他！門徒聽見，就俯伏在地，極其害怕。耶穌進前來，摸他們，說：起來，不要害怕！他們舉目不見一人，只見耶穌在那裡。下山的時候，耶穌吩咐他們說：人子還沒有從死裡復活，你們不要將所看見的告訴人。門徒問耶穌說：文士爲什麼說以利亞必須先來？耶穌回答說：以利亞固然先來，並要復興萬事；只是我告訴你們，以利亞已經來了，人卻不認識他，竟任意待他。人子也將要這樣受他們的害。門徒這才明白耶穌所說的是指著施洗的約翰。（太十七：3-13）

親愛的弟兄啊，我們現在是　神的兒女，將來如何，還未顯明；但我們知道，主若顯現，我們必要像他、因爲必得見他的眞體。（約壹三：2）

弟兄們，論到我們主耶穌基督降臨和我們到他那裡聚集，我勸你們：無論有靈、有言語、有冒我名的書信，說主的日子現在（現在或作就）到了，不要輕易動心，也不要驚慌。人不拘用什麼法子，你們總不要被他誘惑；因爲那日子以前，必有離道反教的事，並有那大罪人，就是沉淪之子，顯露出來。他是抵擋主，高抬自己，超過一切稱爲神的和一切受人敬拜的，甚至坐在　神的殿裡，自稱是神。我還在你們那裡的時候，曾把這些事告訴你們，你們不記得嗎？現在你們也知道，那攔阻他的是什麼，是叫他到了的時候才可以顯露。因爲那不法的隱意已經發動，只是現在有一個攔阻的，等到那攔阻的被除去，那時這不法的人必顯露出來。主耶穌要用口中的氣滅絕他，用降臨的榮光廢掉他。這不法的人來，是照撒但的運動，行各樣的異能、神蹟，和一切虛假的奇事，並且在那沉淪的人身上行各樣出於不義的詭詐；因他們不領受愛眞理的心，使他們得救。故此，　神就給他們一個生發錯誤的心，叫他們信從虛謊，使一切不信眞理、倒喜愛不義的人都被定罪。（帖後二：1-12）

耶穌眞正的榮光，只有這三位門徒在變相山上看過，我們將來也要像耶穌那樣，保羅警告我們，末世有很多奇奇怪怪的事出現，我們千萬不要被勾引誘惑，現在這不法的隱意已經慢慢顯現，AI會將敵基督造得惟妙惟肖，運用大數據可以回答任何問題；耶穌口中的氣就是這本聖經，將來類似摩西和以利亞的人會再度同時出現，在耶路撒冷傳道一千兩百六十天，

有一根葦子賜給我，當作量度的杖；且有話說：起來！將神的殿和祭壇，並在殿中禮拜的人都量一量。只是殿外的院子要留下不用量，因爲這是給了外邦人的；他們要踐踏聖城四十二個月。我要使我那兩個見證人，穿著毛衣，傳道一千二百六十天。他們就

是那兩棵橄欖樹，兩個燈臺，立在世界之主面前的。若有人想要害他們，就有火從他們口中出來，燒滅仇敵。凡想要害他們的都必這樣被殺。這二人有權柄，在他們傳道的日子叫天閉塞不下雨；又有權柄叫水變爲血，並且能隨時隨意用各樣的災殃攻擊世界。他們作完見證的時候，那從無底坑裡上來的獸必與他們交戰，並且得勝，把他們殺了。他們的屍首就倒在大城裡的街上；這城按著靈意叫所多瑪，又叫埃及，就是他們的主釘十字架之處；從各民、各族、各方、各國中，有人觀看他們的屍首三天半，又不許把屍首放在墳墓裡。住在地上的人就爲他們歡喜快樂，互相餽送禮物，因這兩位先知曾叫住在地上的人受痛苦。過了這三天半，有生氣從神那裡進入他們裡面，他們就站起來；看見他們的人甚是害怕。兩位先知聽見有大聲音從天上來，對他們說：上到這裡來。他們就駕著雲上了天，他們的仇敵也看見了。(啓十一：1-12)

兩個見證人就是兩個燈臺、兩棵橄欖樹，他們作見證三年半後被殺，因爲他們的權柄太大，曾經叫地上的人受苦三年半，所以不但被殺，而且在耶路撒冷曝屍三天半，過了三天半，有生氣從　神那裡進入他們裡面，看見他們的人很害怕，有聲音從天上叫他們「上到這裡來」，他們駕著雲升天，他們的仇敵也看見了。這就是吹角節的樣子，敵基督和假先知在他們作見證的同時，踐踏聖城三年半，耶穌說：先知在耶路撒冷以外喪命是不能的；瑪拉基書最後三節不但在耶穌誕生的時候應驗，在即將來到的末日也要應驗。

正在那時候，地大震動，城就倒塌了十分之一，因地震而死的有七千人；其餘的都恐懼，歸榮耀給天上的神。第二樣災禍過去，第三樣災禍快到了。（啓十一：13-14）

這個時候應該有很多人悔改，我們的俗話說：不到黃河心不死，我們眞的要等到那天才肯悔改嗎？最末了是　神末次的號角吹響了：

第七位天使吹號，天上就有大聲音說：世上的國成了我主和主基督的國；他要作王，直到永永遠遠。（啓十一：15）

從以上的經文可以知道，魔鬼迷惑人的伎倆十分可怕，我們的確要好好的保守我們的心；兩個見證人被呼招上天以後，眞正的大君王耶穌才會出現，那時候哈米吉多頓的戰爭可能一觸即發；七個碗將要一一傾倒下來，那種慘狀，實在難以想象；啓示錄第十八章以後的預言，就是羔羊的婚宴和新天新地，　神爲我們安排這條曲折的路，那時候就要完全實現。

後記

前面所記述的是幾年前寫的手稿，那時我還不會使用電腦，直到兩年前才開始學習，但是還是不靈光，然而，還是克服某些障礙，慢慢的將內容輸入電腦；當然兩年來世界局勢變化不少，尤其前年開始，川普不斷的對中國施壓，其中經過漫長的談判，害得股民的心情起起落落，其中讓我們看清楚一件事，就是美國只能占人便宜，只要吃虧，他立刻要回來，今年更讓我們看清楚美國是什麼貨色，當新冠疫情在美國擴散，人人自危的時候，他們在搶防疫物資，眞的臉不紅氣不喘，這些物資在美國轉運的時候，馬上被他們攔截下來，氣的巴西、加拿大等等國家大罵，連在曼谷轉運的東西，也被他們半路攔截，聖經但以理書說他的形狀強橫，過於他的同類一點不錯，這個世界的超強，就是不要臉，但是又如之奈何？這幾天看到美國一位年輕的彌賽亞先知 Jonatan Cahn的信息，他說今天的美國，就像當年以色列北國滅亡前的景況，如出一轍，因爲全世界只有兩個國家最蒙我們的　神祝福，舊約是以色列，新約就屬美國，因爲他們的立國先祖，宣稱他們的立國根本是那一本黑書，也就是聖經，尤其對以色列更是一路相挺。耶和華對亞伯拉罕說：祝福你的，我也祝福，咒詛你的，我也咒詛。美國從二戰以來，一路風光到如今，不是沒有道理的，這是聖經一貫的原則，雖然目前有中國崛起，但是到底還不能與之抗衡；從這次的新冠疫情來看，美國早已把一些輕工業產品，都委外生產，他們只賣高單價的先進產品，這些小東西他們向來看不在眼裡；這次連一個小小的口罩，就將他們搞得人仰馬翻，不擇手段的搶這些小東西，實在有失風範。

這位年輕的猶太拉比說：自從克林頓開始，美國就一路走下坡，在他的著作 The Oracle, The Harbinger, The Paradigm 裡面提到，克林頓就像王上十六章的亞哈王，在位二十二年，他是第一個允許軍中同性戀的總統，在靈命上說，美國的中央政府開始敗壞，就像亞哈王一樣，娶了西頓王的女兒耶洗別為妻，耶洗別有四百五十個巴力先知，到處建造巴利廟，耶洗別的父親，就是巴利的祭司，耶洗別的邪惡自然不可言喻，居然能夠將以利亞嚇跑。

今天的美國，又回到民主黨執政，2020 年，川普連任失敗，但是還是讓他將美國搞得天翻地覆，美國有史以來從未有過，雖然得票數差距甚大，那些川普的死忠支持者持續抗爭到底，相信拜登的得票數是造假的，占據國會大廳，要求重新計票，一連串的事，沒完沒了。從這些事我們好好想一想，為什麼？美國向來就是自由世界的模範生，爲什麼在這次選舉有這麼不可思議的事情發生？成爲全球最大的笑話？到今天還有很多人相信，拜登是造假當選，川普有什麼魅力，叫這些人繼續相信他，這不是很奇怪的事嗎？2016年開始，2020年下台，下台前後製造這麼多多的響動， 神爲什麼叫這些事發生在全世界你我的眼前？前面提到美國那位年輕的猶太拉比 Johnaton Cahn 給我們非常好的解釋，雖然他沒有直接說出來，但是我從他解釋聖經，可以看出些端倪。

去年 2020 年，先知撒督在 2019 年預言 2020 年會有瘟疫流行，果然在 2019 年底，covid-19 從中國武漢發生，然後遍滿全球，起先歐美國家都不怎麼在意，後來卻日趨嚴重，大家開始驚慌，這次病毒的威力，比起以前的禽流感嚴重多了，到今年還沒有找到眞正可以抗拒病毒的疫苗。

這位年輕的拉比說， 神給美國人一個悔改的機會，就是川普，他是政治素人，不按牌理出牌，前面提到從克林頓開始，美國就像當年北國以色列進入滅亡之前的光景，但是 神還給以色列一個悔改的提醒，就是耶戶，耶戶是個粗人，他趕車的樣子，聖經形容是 furiously，他的目的是敗壞耶洗別和亞哈。這個故事從列王記上十六章開始。川普的作爲也是 furiously，罵東罵西，毫無顧忌，接著他說，2019 年的吹角節開始，猶太歷進入 5780 年，5780 這四個數字加起來 20， 神給我們每個人一雙眼睛，2020 年是西歷，等於是 double eyes，藉這兩個數字，叫全世界都要睜開眼睛，好好看看，好好反省，耶穌再來的時候的確很近了。今年 2021 年，全世界的天災不斷，而且比以前更嚴重。先知撒督也常常提醒我們，耶穌再來的時候很近，但是　神的子民卻沒有預備。神藉著種種跡象提醒我們，預備迎接耶穌再來。

所以我一直以爲川普就是耶和華七個節期的第五個，就是吹角節，吹角節到住棚節有十五天，2016 加 15 是 2031。同時，從民數記看，第十章，以色列人開始前往應許的迦南地，從申命記一章二節，聖經特別用（）將這節聖經記載，從何烈山到迦底斯巴尼亞有十一天的路程，因此，如果以川普在世界政壇出現 2016 年起算，加 11，2027，這時已經到了迦南門口，既然到了門口，就是預備打仗的時候了，就聖經預言說，就是一七之半開始，也就是敵基督開始逼迫　神的選民開始，牠會用盡一切手段，逼迫全人類受獸的印記。

因此，從這兩個觀點看，時間是吻合的，但是畢竟是個人的看法，如果從科技的角度來看，種種跡象都是朝著末日預言的方向前進，比方說，5G 的發展，太空科技的發展，登陸火星很可能就在這幾年實現，我只是不揣冒昧提出個人的領受，希望能引起大家注意，望先進們不吝指教。

國家圖書館出版品預行編目資料

白馬　白宮　痲瘋院：起底敵基督／林克華著.
--初版.--臺中市：樹人出版，2023.4
面；　公分
ISBN 978-626-96763-3-0（平裝）

1.CST：聖經研究 2.CST：讀經
241.01　　111021076

白馬　白宮　痲瘋院：起底敵基督

作　　者　林克華
校　　對　林克華
發 行 人　張輝潭
出　　版　樹人出版
412台中市大里區科技路1號8樓之2（台中軟體園區）
出版專線：（04）2496-5995　傳真：（04）2496-9901
專案主編　黃麗穎
出版編印　林榮威、陳逸儒、黃麗穎、水邊、陳媁婷、李婕
設計創意　張禮南、何佳諠
經紀企劃　張輝潭、徐錦淳
經銷推廣　李莉吟、莊博亞、劉育姍、林政泓
行銷宣傳　黃姿虹、沈若瑜
營運管理　林金郎、曾千熏
經銷代理　白象文化事業有限公司
401台中市東區和平街228巷44號（經銷部）
購書專線：（04）2220-8589　傳真：（04）2220-8505
印　　刷　基盛印刷工場
初版一刷　2023年4月
定　　價　350元